普通高等院校"十三五"规划教材

资产评估
理论与实务

第二版

张　晗　张小芳◎**主　编**

李新颖　王　蓓　王力伟◎**副主编**

邢姝媛　王吕蓉　张丽庆◎**参　编**

朱连周

清华大学出版社

北　京

内容简介

本书对资产评估的理论、方法、程序和准则进行了详尽的阐述,就目前市场主要的评估对象——机器设备、不动产及其他资产的评估实务进行了举例说明。

本书紧扣资产评估相关法律、法规、制度准则变化的脉搏,图文并茂,理论、方法介绍同实例紧密结合,尽可能使理论及方法简单、易懂,便于理解和掌握,并能同实际有机结合,以适应我国应用型人才培养的需要。

本书适合应用型本科资产评估、财务、会计等商科专业及高职资产评估专业的学生使用。

图书在版编目(CIP)数据

资产评估理论与实务/张晗,张小芳主编.—2 版.—北京:清华大学出版社,2019(2023.7重印)
(普通高等院校"十三五"规划教材)
ISBN 978-7-302-52977-4

Ⅰ.①资…　Ⅱ.①张…　②张…　Ⅲ.①资产评估—高等学校—教材　Ⅳ.①F20

中国版本图书馆 CIP 数据核字(2019)第 085467 号

责任编辑:刘志彬
封面设计:李伯骥
责任校对:宋玉莲
责任印制:刘海龙

出版发行:清华大学出版社
   网　　　址:http://www.tup.com.cn,http://www.wqbook.com
   地　　　址:北京清华大学学研大厦 A 座　　　　邮　编:100084
   社 总 机:010-83470000　　　　　　　　　　邮　购:010-62786544
   投稿与读者服务:010-62776969,c-service@tup.tsinghua.edu.cn
   质量反馈:010-62772015,zhiliang@tup.tsinghua.edu.cn
印 装 者:三河市龙大印装有限公司
经　　销:全国新华书店
开　　本:185mm×260mm　　　　印　张:14.25　　　字　数:333 千字
版　　次:2015 年 1 月第 1 版　　2019 年 6 月第 2 版　　印　次:2023 年 7 月第 10 次印刷
定　　价:40.00 元

产品编号:083077-01

前　言

应用型本科教育是我国经济建设现代化和高等教育大众化推动下产生的一种新类型本科教育。作为一种独立的教育类型，它具有自己的人才培养目标、培养规格、培养过程、培养方式和评价标准。随着办学规模的快速扩大和分类指导、分层教学的开展，应用型本科的人才培养定位日益清晰，但作为实现培养目标重要工具的教材建设却远远滞后。本书是针对目前应用型本科理论够用、突出实践、内容简明易懂的特点而编写的。

经济越发展，资产评估就越必要。因为经济发展速度越快，资产的重组、整合、交易就越频繁，资产价值的合理确定就成为必须。我国资产评估行业经过近 30 年的迅速发展，已经深入市场经济的各个领域，且服务范围越来越广，在促进经济发展中发挥了重要作用。目前已经成为与会计、律师并列的三大中介服务行业之一，是我国市场经济体系的重要组成部分。

近年来，资产评估在我国发展速度较快，资产评估的相关法律、制度、准则也得到不断地完善。如 2012 年 7 月 1 日实施《资产评估准则——企业价值》，2013 年 7 月 1 日实施《资产评估准则——森林资源资产》《资产评估准则——利用专家工作》和《资产评估职业道德准则——独立性》；2014 年 8 月，国务院印发《关于取消和调整一批行政审批项目等事项的决定》，其中包括资产评估专业的专业技术人员准入类职业资格。2015 年 4 月，人力资源社会保障部、财政部颁发了资产评估师职业资格考试实施办法，考试科目和原来的注册资产评估师考试科目一样。2018 年，资产评估师职业资格考试由原来的 5 科变成了 4 科，报名条件进一步放宽，考试难度有所降低。经过十年的博弈，中国资产评估行业迎来首部基本大法——《资产评估法》，该法共八章、五十五条，包括总则、评估专业人员、评估机构、评估程序、行业协会、监督管理、法律责任和附则等内容，于 2016 年 12 月 1 日施行。鉴于此，我们希望通过本书的编写，能够反映资产评估领域最新的内容，并使学生将所学内容应用于实际工作当中。本书主要具有以下特色：

1. 适应我国目前的经济形式和教育发展形式，根据新的资产评估准则编写而成。

2. 理论描述言简意赅、简单易懂、实务性强，能满足学生学习理论和实务的需要。

3. 每章配有练习题，有助于学生快速掌握本章要点。

我们在本书编写过程中参考了注册资产评估师考试用书和国内专家优秀成果。此外，本书的顺利出版得到了清华大学出版社的大力支持和帮助，在此一并表示衷心感谢。

由于时间和水平有限，本书的缺点和不足在所难免，真诚欢迎广大读者给予批评指正。

编　者

目 录

第三章　资产评估基本方法 　50

第四章　机器设备评估 　88

第五章 不动产评估

125

第六章 其他资产评估

163

第一章
Chapter 1　资产评估概论

学习目标

1. 了解资产评估的产生与发展
2. 了解资产评估的含义及特点
3. 了解资产评估的主体和依据
4. 了解资产评估的目的及价值类型

能力目标

1. 掌握资产评估的假设和原则
2. 掌握资产评估的特点和资产评估的主体

章节导言

　　资产评估产生已有悠久的历史,欧美国家发展相当成熟,我国随着市场经济的发展,近30多年发展迅速。什么是资产评估?为什么要进行资产评估?资产评估的主体和客体是什么?资产评估有什么特征?资产评估和其他学科有什么联系?初次接触资产评估学,对其应进行充分了解。

案例导入

人社部发布资产评估师考试政策最新改革文件

2017/05/27　来源：人力资源和社会保障部

人力资源社会保障部财政部关于修订印发《资产评估师职业资格制度暂行规定》和《资产评估师职业资格考试实施办法》的通知

人社部规〔2017〕7 号

各省、自治区、直辖市及新疆生产建设兵团人力资源社会保障厅（局）、财政厅（局），国务院各部委、各直属机构人事部门，中央管理的企业：

根据《中华人民共和国资产评估法》要求，为加强资产评估专业人员队伍建设，适应资产评估行业发展，在总结资产评估师职业资格制度实施情况的基础上，人力资源社会保障部、财政部修订了《资产评估师职业资格制度暂行规定》和《资产评估师职业资格考试实施办法》，现印发给你们，请遵照执行。

自本通知施行之日起，《人力资源社会保障部 财政部关于印发资产评估师职业资格制度暂行规定和资产评估师职业资格考试实施办法的通知》（人社部发〔2015〕43 号）同时废止。

人力资源社会保障部

财政部

2017 年 5 月 23 日

（案例来源：人力资源和社会保障部）

案例思考：

（1）《资产评估师职业资格制度暂行规定》和《资产评估师职业资格考试实施办法》到底有什么改变，对资产评估行业有什么影响？

（2）资产评估行业的未来发展前景如何？

第一节　资产评估的产生和发展

一、资产评估的产生

资产评估是商品经济发展到一定阶段的产物。随着剩余产品的出现和交换的需要，市场经济的发展，资产的交易不断发展和扩大，为保证交易的科学性和合理性，资产评估应运而生。一般认为，资产评估大体经历了三个阶段，即原始评估阶段、经验评估阶段和科学评估阶段（图 1-1）。

图 1-1 资产评估发展的三个阶段

（一）原始评估阶段

在原始社会后期,生产的进一步发展导致剩余产品的出现,促使了私有制的产生和发展,出现了商品生产和商品交易,也产生了资产评估的客观需要。在资产交易中,从物物交换到一般等价物以及后来货币的出现,这都需要一个交易双方都认可的中间人对资产交易的公平性进行评判,这个中间人一般是德高望重的族长或者部落首领,实质上是早期的评估人,其对资产交易的评判就是资产评估。

原始评估阶段资产评估的特点:

（1）直观性。评估仅仅依靠评估人员的直观感觉和主观偏好快速进行。

（2）偶然性。剩余产品是有限的,资产的交易不频繁,资产评估不经常。

（3）非专业性。评估人员并不具备专业评估手段和技能。

（4）无偿性。资产交易双方无须支付评估人员报酬,评估人员也无须对评估结果负责任。

（二）经验评估阶段

经验评估阶段是以 16 世纪欧洲的安特卫普（现比利时）成立世界第一个商品和证券交易所为标志,这个机构的成立使得资产评估行为越来越频繁,资产评估业务也逐步向专业化和经常化方向发展,从而也就产生了一批具有一定评估经验的评估人员。这些评估人员由于积累了较丰富的评估经验,因而专业水平更高,接受的委托评估业务也较频繁,他们实行有偿服务,逐步向职业化方向发展。这时的评估已不再是偶然的、个别的行为,而成为一种经常性、专业性的评估活动。

经验评估阶段资产评估的特点:

（1）专业性。评估人员具有一定的评估经验和专业知识水平。

（2）经常性。评估业务比较频繁。

（3）有偿性。评估人员进行的是有偿服务,并对评估结果承担一定责任。

（三）科学评估阶段

随着社会经济的不断发展、现代科学技术的不断进步和管理水平的不断提高,以资产交易为主的资产业务急剧扩大,资产业务中的分工越来越明确,作为中介结构的资产评估应运而生。在现代资产评估行业中,评估机构通过为资产交易双方提供评估服务,积累了大量的资产评估资料和丰富的资产评估经验,还把现代科学技术和管理方式引用到资产评估中去,采用现代科学的方法和手段进行资产评估。以专业评估机构和专职评估人员的出现为主要标志的科学评估逐渐形成。一般认为,1792 年英国测量师学会的成立是科学评估阶段的开始。1896 年,由美国的穆思·约翰和杨·威廉在美国威斯康星州米尔基市创建了世界上最早的专业评估机构——美国评值公司。

在科学评估阶段,资产评估的理论研究也得到了很大发展。新古典经济学派的阿尔弗雷德·马歇尔率先将价值理论引入估价工作中,并对销售对比、成本、收益现值法这三种主要的评估技术进行研究。其后,美国颇有影响的经济学家欧文·弗雪对马歇尔提出的三种评估技术做了进一步的探讨,并着重研究了收益的价值理论,发展并完善了收益法。这些理论准备促使资产评估方法走向科学化,提高了资产评估的准确性和科学性。

在专业的评估机构和评估人员出现的同时,资产评估工作也开始规范化。各国资产评估管理机构或行业自律协会开始制定统一的评估准则,对评估师的职业道德规范和评估工作程序作出明确、具体的规定。由于准则明确具体,使评估有章可循,所以一般的项目即使由几家不同公司评估,各自得出的评估值一般也不会有太大的差异。对于评估师的资格认定也有严格的规定,评估师须通过严格的资格考试才能执行业务。此外,资产评估的结果通常都要经过法律部门的公证,评估机构和评估人员对体现评估结果的资产评估报告要负法律责任甚至负连带法律责任。

科学评估阶段的特点:

(1) 科学性。应用现代的科学技术和手段,提高了评估结果的准确性。

(2) 广泛性。表现在评估主体专业化程度更高、更完善,评估客体范围得到拓展,内容更为丰富。

(3) 规范性。有相应的法律、法规、制度、规范和准则的出台,确保了资产评估活动向规范化、法制化方向发展。

思考:资产评估的产生是偶然的还是必然的?

二、资产评估的发展

进入 20 世纪以后,世界经济高速发展,特别是第二次世界大战以后,西方一些资本主义国家的商品市场和资本市场得到了飞速的发展。企业间的竞争进一步加剧,资产的交易和重组越来越频繁,对资产评估的依赖程度也越来越高,由专业评估人员开展评估工作的专业资产评估结构如雨后春笋般在许多国家成立,也诞生了不少专业的资产评估组织,资产评估逐渐成为一个独立、完整的中介行业,在社会经济生活中发挥着不可替代的作用。

(一) 发达国家资产评估的发展(图 1-2)

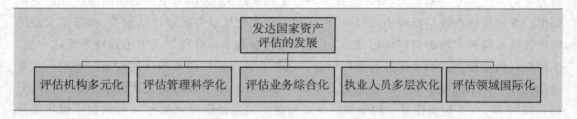

图 1-2　发达国家资产评估的发展

▶ 1. 资产评估机构向多元化方向发展

资产评估通常由从事有关资产评估业务的机构进行,这些评估机构是以提供资产评估专业服务为主要内容的独立企业法人单位。由于资产评估具有业务领域广泛、涉及的知识面广等特点,资产评估机构一般有两种类型:一种是专业化的资产评估公司,其专业化程度较高,业务范围是为客户提供几乎所有的资产评估业务,如美国资产评估联合公司;另一种是兼营资产评估业务的各类管理咨询公司、会计师事务所等。它们利用自身的人才优势,在从事其他业务如企业财务管理、市场营销管理、战略管理、生产作业管理、人力资源管理等方面的咨询服务的同时,也开展资产评估业务。资产评估机构向多元化方向发展是由资产评估业务的特点决定的。

▶ 2. 资产评估管理向科学化方向发展

资产评估的管理工作逐渐走向科学化,主要表现在评估管理机构健全、评估规则统一和监测评估结果三个方面。从评估管理机构来看,发达国家一般都设有全国性的资产评估协会,负责资产评估的行业管理。此外,各地区还设有分支机构,属于全国资产评估协会的派出机构,这些机构对资产评估工作的顺利进行发挥着重要作用;从评估规则的制定来看,一般都是由全国性资产评估协会制定的资产评估规则,其主要内容涉及评估公司的组织、评估师的资格及其晋升、评估师的职业道德规范以及资产评估应该遵循的一般原则等方面;此外,为了防止评估人员在评估中违反职业道德规范、有意损害一方利益的情况发生,一般都由行业管理部门对评估结果进行监测。

▶ 3. 资产评估业务向综合化方向发展

传统的资产评估业务主要以不动产评估为主,特别是在英国及英联邦体系国家尤其明显,至今仍然保持着这种业务优势。然而,随着经济全球化的发展和资本市场的不断成熟,资本运营的大规模运用已从单个资产交易发展到社会大规模的资产运作,各类资产都活跃起来,大规模资产的流动为资产评估提供了广阔的发展空间。同时,资产评估浓厚的不动产色彩也因此受到了很大的打击,由不动产发展而来的资产评估业逐渐扩展到其他资产领域,如企业价值评估、无形资产评估等。

▶ 4. 资产评估执业人员向多层次化方向发展

发达国家资产评估执业人员可以分为三类:

(1)评估机构的高级管理人员,负责机构的经营管理工作;

(2)评估机构的中级管理人员,负责推销服务,承揽业务;

(3)评估机构的专业评估人员,一般具有较高的教育水平,多数具有工程师以上的技术职称,他们负责具体的评估工作。

▶ 5. 资产评估领域向国际化方向发展

随着世界经济一体化的加速,各国在资产评估领域内的合作也进一步加强。资产评估的国际化合作发展既是外部经济环境的客观需要,也是新形势下资产评估行业发展的内在要求。各国评估界都在努力克服本国和地区在评估理论、实务和准则上的差别,为跨国投资者提供质量可靠、标准统一的评估服务。在各国资产评估行业普遍得到发展的基础上,许多国家的评估专业组织和管理部门加强了国际交流及区域性、国际性合作，成立了许多区域性和国际性专业组织，如国际评估准则委员会（IVSC）、欧洲评估师联合会（TEGOVA）、东南亚联盟评估师委员会（AVA）等，分别制定了国际评估准则、欧洲评估准则和东盟内部的评估准则，旨在在会员范围内统一评估执业要求，制定共同遵守的评估准则，更好地为世界经济服务。

（二）我国资产评估的发展

在我国，由于商品经济发展迟缓，资产交易不发达，资产评估业务发展比较缓慢。新中国成立后不久，为了确实掌握国家接管以及恢复、建设的国有资产状况，实现由供给制、半供给制向经济核算制的转变，于1951—1952年对工业、交通、邮电、贸易、银行和农林等行业的国有资产实行了全面的清理、登记和估价，核实1952年国有资产总值为238.60亿元，获得了第一份比较完整、真实的国有资产资料。随后，又分别在1962年、1971—1972年、1979—1980年组织了三次大规模的全国性清产核资，主要是为了解决历次运动的遗留问题，为完善经济核算制服务。这几次清产核资，注意力只是集中到加强企业经济核算上，始终没能把它自觉地同优化国有资产管理工作联系起来，而且虽然在每次清产核资中都对部分国有资产进行了评估，但多半出于核定资金的需要，并没有自觉地同资产的合理流动联系起来。总之，我国以往的资产评估工作还很不完善、很不规范，也缺乏科学的估价方法。严格地说，它只是清产核资（清查资产、核实资金）。

真正科学意义上的资产评估行为和资产评估行业在我国产生于20世纪80年代末期。1988年，国家体制改革委员会委托中国企业培训中心在北京举办了企业资产评估研讨班，聘请美国评值联合公司的副总裁罗纳德·格尔根和该公司高级评估师罗伯特·劳博达讲授资产评估的理论与实务。我国改革开放对资产评估行业的急切需要，以及资产评估理论和方法的引进，启发了参加研讨班的国家国有资产管理局的领导。为了有效地保障国有资产在产权变动中保值增值，在国家国有资产管理局内被批准成立了一个专司资产评估管理的司、局级机构——国家国有资产管理局资产评估中心宣告成立，并正式履行管理职责。随后各省、自治区、直辖市和计划单列市相继成立了资产评估管理机构。为了更好地对资产评估业务实施管理，保护产权变动各有关方面的经济利益，1991年11月16日，国务院总理李鹏签署国务院第91号令，发布了《国有资产评估管理办法》。该办法对资产评估的范围、组织管理、评估程序、评估方法以及法律责任等做了全面系统的规定。自此，资产评估工作开始走上了规范化、法制化的轨道，保证了全国资产评估业务的健康有序发展。

自此之后短短几年，我国资产评估事业获得了迅速发展。

（1）各级国有资产管理部门认真抓了产权变动的国有资产评估立项和确认工作。资产评估范围涉及资产出售、中外合资合作、股份制改组、企业兼并、资产租赁、企业清算、抵押担保等10多种经济行为。

（2）资产评估业务由国有资产评估扩展到非国有资产评估。由于国有企业产权的变动和重组，形成了许多混合经济成分。这些混合经济成分由于占有国有资产，在产权变动时，也必须进行资产评估。不仅如此，即使没有占有国有资产的企业单位，其评估意识也不断增强。为了维护自身利益，在产权变动时，这些企业也自觉要求进行资产评估。目前全国的资产评估已经覆盖各个行业、不同经济成分的各类企业单位。

（3）全国已形成了一支能基本满足社会需要的评估队伍。为了进一步提高和保障资产评估执业人员的操作水平和执业能力，从 1996 年开始，国家实行注册资产评估师制度，从事资产评估的执业人员，必须经过国家组织的统一考试，取得执业资格才能执业。到目前为止，我国已经具有一支素质水平和执业经验都不错的评估师队伍，在全国已涌现出一批独具特色的评估机构。

（4）初步形成了全国性的资产评估管理体系，并制定了一系列规范资产评估工作的法规和制度。目前，全国省级以上国有资产评估管理工作的机构、地市级国有资产管理部门大多设有专职管理机构或专职人员，负责本地区资产评估立项、确认工作和对资产评估机构的管理监督。在评估的法制管理方面，国务院发布了第 91 号令后，原国家国有资产管理局先后制定了 10 多项配套制度，涉及资产评估机构管理、资产评估立项确认管理、资产评估操作规程等各方面。这些制度对于统一评估标准和程序，保证评估质量，规范操作行为起到了积极作用。

（5）资产评估行业自律管理逐步走上轨道。1993 年 12 月 10 日，中国资产评估协会宣告成立。作为自律性的行业管理组织，它发挥着政府和评估机构、评估人员之间的桥梁纽带作用，既协助政府贯彻执行有关资产评估的法规政策，又把培训评估人员、研究评估理论方法、制定评估技术标准和执业准则、进行国内外业务交流合作等为己任。1995 年 3 月，中国资产评估协会加入了国际评估标准委员会。中国资产评估协会的成立，标志着我国资产评估行业建设进入了一个新的历史发展阶段。可以肯定，随着中国经济的进一步发展，市场对政府的替代作用会进一步加快，资产交易的规模和范围也会随之扩大，资产评估将迎来一个辉煌发展的时期。但也应看到，资产评估行业的竞争也将进一步加剧，特别是中国已加入 WTO，今后外资评估公司和综合性资产服务公司将大举进入，中国资产评估公司和其他资产服务公司将面临更大的挑战和压力。面对这样的机遇和挑战，中国资产评估行业必须进一步提高其服务质量，并严格遵守道德规范和行为操守，这样才能在激烈的竞争中发展。

思考： 发达国家资产评估发展和中国资产评估发展有什么不同？为什么？

第二节 资产评估的概念及特点

一、资产评估的概念

（一）资产

资产是指产权关系明晰，能给所有者或控制者带来某种利好的资源。这一概念是从资产评估的客体的范围来考察的。

▶ 1. 资产的基本特点

（1）产权关系明晰。资产的产权必须有明晰的法律界定，所有者具有所有权，控制者指具有实际的占有、使用、收益和部分处分权，典型的就是融资租入的机器设备的使用权和土地使用权。

（2）能够给所有者或控制者带来某种利好。有的资产能给所有者和控制者带来经济利益；有的是所有者和控制者对其有某种特定爱好，如因喜好而收藏的藏品，也可以评估，但不一定就得带来经济利益。

▶ 2. 资产的分类

资产的种类众多，按类评估，更具有可操作性和科学性，需要按不同的标准进行分类。

（1）按被评估资产的存在形态可分为有形资产和无形资产（图1-3）。有形资产是指具有实物形态，能看得见、摸得着的资产，如机器设备、房地产等。无形资产是指没有实物形态，看不见，也摸不着，但确实客观存在，直接影响企业经济效益的资产，主要包括知识产权、非专利技术、土地使用权、商标权等。

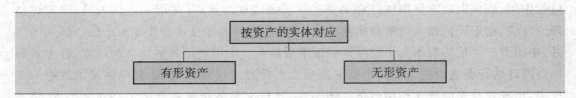

图1-3　按资产的存在形态分类

（2）按被评估资产是否具有综合获利能力可分为单项资产和整体资产（图1-4）。单项资产是指单台、单件的资产，如一台设备、一种材料等。整体资产是指由一组单项资产组成的具有整体获利能力的资产综合体，如一个独立的部门或者车间、一个工厂等。

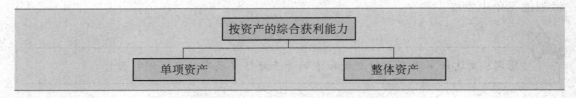

图1-4　按资产是否具有综合获利能力分类

（3）按被评估资产能否独立存在分为可确指资产和不可确指资产（图1-5）。可确指资产是指能独立存在的资产。不可确指资产是指不能脱离企业有形资产而独立存在的资产，如商誉。

图1-5　按资产能否独立存在分类

（4）按被评估资产与生产经营过程的关系可分为经营性资产和非经营性资产（图1-6）。经营性资产是指处于生产经营过程中的资产，如企业中的厂房、机器设备等。经营性资产又可按其是否对盈利产生影响分为有效资产和无效资产。非经营性资产是指处于生产经营过程以外的资产，如政府机关用房、办公设施设备等。

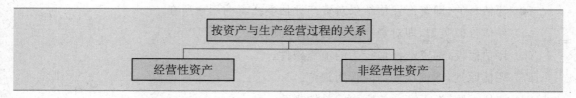

图1-6 按资产与生产经营过程的关系分类

（5）按资产的法律意义不同可分为动产、不动产和合法权利（图1-7）。动产是指其存在不要求位置的固定，如流动资产。不动产是指不能脱离固定的位置而存在的资产，如房地产、矿产资源等。合法权利是指受国家法律保护并能取得预期收益的特权，如特许经营权等无形资产。

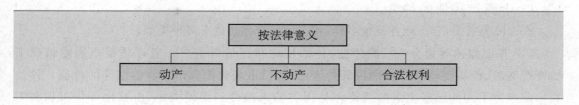

图1-7 按法律意义不同分类

（6）按会计报表中的科目分为流动资产、长期投资、固定资产、无形资产及其他资产（图1-8）。

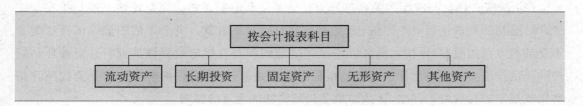

图1-8 按会计报表中的科目分类

（二）价格和价值

价格是在特定交易中，特定的交易双方就商品或服务实际的成交金额。价值是专业人员按价值的定义在特定时间内对商品或服务的价值的估计。价格是发生过的事实，价值是对价格的一种预测。因此，资产评估的是价值。

（三）资产评估

资产评估是资产评估师依据相关法律、法规和资产评估准则，对评估对象在评估基准日特定目的下的价值进行分析、估算并发表专业意见的行为和过程。

资产评估的基本要素：

（1）评估主体，即从事资产评估的机构和人员。

（2）评估客体，即被评估的资产，也称评估的对象。

（3）评估依据，即资产评估工作应该遵循的法律、法规、准则、重大合同、经济行为文件、收费标准以及其他参考依据。

（4）评估目的，即资产评估结果对资产评估委托者的用途所在。

（5）评估价值类型，即对资产价值的范围的确定。

（6）评估假设，即资产评估行为的前提条件。

（7）评估原则，即资产评估的行为规范。

（8）评估准则，即资产评估行为的具体规范。

（9）评估程序，即资产评估工作的流程。

（10）评估方法，即资产评估所采用的技术。

二、资产评估的种类和特点

（一）资产评估的种类

资产种类繁多，资产业务复杂多样，相应的资产评估也有多种类型。

（1）按工作内容可分为一般评估、评估复核和评估咨询。一般评估是指通常情况下的资产交易、产权变动、保险、纳税等的评估，包括市场价值和市场价值以外的价值。评估复核是指为了判断已经出具的资产评估报告的准确性和误差大小，由其他评估机构和人员对同一资产进行评估的行为。评估咨询是指评估人员就如何使资产的价值最大化提供的专业意见，如资产的利用方式的分析和研究，以及与此相关的市场分析、项目建议、可行性研究等。

（2）按资产评估与准则的关系可分为完全评估和限制评估。完全评估一般是指完全按照评估准则的要求进行资产评估，未使用准则中的背离条款。完全评估的被评估资产通常不受某些方面的限制，评估人员可以按照评估准则和有关规定收集评估资料并对被评估资产的价值作出判断。限制评估一般是指根据背离条款，或在允许的前提下未完全按照评估准则或规定进行的资产评估，评估结果受到某些特殊因素的影响。

（3）按评估对象与适用原则可分为单项资产评估与整体资产评估。单项资产评估是指评估对象为单项可确指资产的评估。整体资产评估是指以若干单项资产组成的资产综合体所具有的整体生产能力或获利能力为评估对象的资产评估。企业价值评估是整体资产评估中常见的形式。整体资产评估不同于单项资产评估的关键之处在于整体资产评估工作中要以贡献原则为中心，考虑不同资产的相互作用以及它们对企业整体生产能力或总体获利能力的影响。

（二）资产评估的特点

充分理解和把握资产评估的特点，有利于进一步理解资产评估的实质，提高资产评估工作的质量（图1-9）。

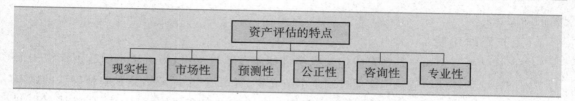

图 1-9 资产评估的特点

（1）现实性。资产是现实的、客观存在的,资产评估值也是现实的、客观存在的。

（2）市场性。资产评估是适应市场经济要求的专业中介服务活动,其基本目标就是根据资产业务的不同性质,通过模拟市场条件对资产价值作出经得起市场检验的评定估算和报告。

（3）预测性。预测性是指以资产未来的潜能反映现实的价值。

（4）公正性。公正性是指资产评估行为服务于资产业务的需要,而不是服务于资产业务当事人的任何一方的需要。公正性主要表现为：

① 资产评估按公允、法定的准则和规程进行,公允的行为规范和业务规范是公正性的技术基础；

② 评估人员是与资产业务没有利害关系的第三者,这是公正性的组织基础。

（5）咨询性。咨询性是指资产评估结论为资产业务提供专业化评估意见,该意见本身并无强制执行的效力,评估师只对结论本身合乎职业规范要求负责,而不对资产业务定价决策负责。即评估结果仅供委托人参考,并不是定价,最终的成交价取决于交易双方的讨价还价。

（6）专业性。资产评估是一种专业人员的活动,从事资产评估业务的机构应由一定数量不同类型的专家及专业人士组成。专业性主要表现在：

① 评估机构形成专业化分工,使得评估活动专业化；

② 评估机构及其评估人员对资产价值的评估都建立在专业技术知识和经验的基础之上。

三、资产评估的功能

资产评估在市场经济中发挥着重要的社会中介服务的功能,具体可以概括为：评价和评值功能、管理功能、公证功能(图 1-10)。

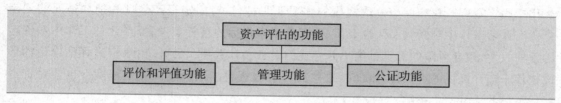

图 1-10 资产评估的功能

（一）评价和评值功能

评价和评值功能是资产评估的首要职能,也是最基本职能,是指评定和测算资产内在价值的功能。

（二）管理功能

资产评估的管理功能是指在我们国家经济体制改革过程中，为了防止国有资产流失而赋予资产评估的特殊功能。国家通过制定申请立项、资产清查、评定估算和验证确认的国有资产管理程序，使得资产评估具有了管理职能。随着国有资产评估项目的立项确认审批制度的取消和核准制及备案制的确立，资产评估的管理职能也将随之减弱。

（三）公证功能

公证功能是为满足金融机构发放贷款的需要，以证明资产的存在和资产价值量的大小。随着金融衍生业务的增长，资产评估公证功能将会发挥越来越重要的作用。

四、资产评估与会计工作、审计和清产核资的关系

（一）资产评估与会计工作的关系

由于资产评估所需要的数据资料有相当一部分来源于企业的财务会计数据，而会计工作也涉及对资产的价值进行计量的问题，因此，会计工作与资产评估二者之间有许多联系，但它们之间也存在根本的区别，只有科学地认识它们之间的不同点，才能充分发挥资产评估和会计工作在社会经济中的不同作用。

▶ 1. 资产评估与会计工作的联系

（1）资产评估的结论为会计计价提供依据。《公司法》及相关法律、法规规定当投资方以非货币资产投资时，应当对非货币资产进行资产评估，以资产评估结果为依据，确定投资数额，并以此作为公司会计入账的重要依据；当企业进行联合、兼并、重组等产权变动的经济行为时，也需要对拟发生产权变动的资产进行评估，评估结果可以作为产权变动后企业重新建账、调账的重要依据；此外，为了消除通货膨胀等因素的影响，使财务报表使用者正确理解和使用财务报表数据，《国际会计准则》及许多国家的会计制度中，也提倡或允许同时使用历史成本和现行公允价值对有关资产进行记账和披露，而公允价值一般可通过资产评估得到。

（2）资产评估结论的形成依赖于会计提供的有关数据资料。资产评估结论的形成需要大量的数据支持，评估中所以依据的许多数据资料都来源于企业的会计资料和财务数据，特别是在续用前提下的资产评估。如企业会计账簿中记录的取得资产的原始凭证是资产评估工作中确定资产产权和原始价值构成的重要证明材料；对固定资产修理和损耗情况的记录是资产评估工作中判断其实体性贬值、确定成新率指标的重要参考；资产评估工作中对资产的预期收益、预期风险的测算都离不开企业的财务会计数据。另外，由于资产评估结论的形成依赖于会计提供的有关数据资料，这些会计数据资料的准确度在一定程度上也会对资产评估结果的质量产生影响。

因此，不管是特定条件下会计计价利用资产评估的结果，还是资产评估需要参考会计数据资料，都说明资产评估与会计工作有着一定的联系，而且这种联系会随着投资者对企业披露资产现值要求的不断提高而更加广泛。

▶ **2. 资产评估与会计工作的区别**

（1）性质和基本职能不同。会计工作是一项以记账、算账和报账为基本手段,连续、系统地反映和监督企业生产经营、财务收支及其成果的一种社会活动,是企业组织管理中的一个重要组成部分,其基本职能是对会计主体活动的反映和监督。资产评估则是一种以提供资产价值判断为主要内容的咨询活动,同时也是一种社会中介服务活动,其基本职能是评值和评价。

（2）确定资产价值的依据不同。会计账簿中为了能够清楚地反映资产的取得成本,主要以历史成本为依据记录资产的价值,对于没有发生实际耗费的资产,通常情况下不予确认。而在资产评估中,判断一项资产是否有价值以及价值的大小,则不能简单地以历史成本为标准,而必须以资产的效用和市场价值为依据,对于那些虽有历史成本,但在评估基准日及其以后不能再给企业创造收益的资产,或没有市场需求的资产,从资产评估的角度来看,则没有价值;而对于那些虽然没有发生实际支出,但能给企业带来预期收益的项目,仍然可以对其价值进行评估。

（3）计价方法不同。现代会计理论为了解决通货膨胀因素的影响,使会计资料更好地反映资产的现时价值,对于资产计价方法在历史成本计价的基础上,又提出了重置成本、变现价值、收入现值和清算价值等多种新的会计计量标准。但到目前为止,世界各国普遍采用的资产计价方法仍然以历史成本为主。而资产评估中的资产价值评估除了可以利用核算方法外,还广泛采用收益法、市场法等多种技术方法。

（4）计价目的不同。会计工作与资产评估虽然都要对资产的价值进行确认和计量,但二者的计价目的却不同。会计计价的总体目标是全面反映企业的历史和现实资产状况,为企业管理服务,而资产评估的总体目标则是为资产交易提供价值服务。

（二）资产评估与审计的关系

资产评估与审计都是通过专业机构和人员为社会提供中介服务,二者在业务上有着广泛的联系,但也存在着本质的区别。

▶ **1. 资产评估与审计的联系**

（1）使用的方法类似。审计主要是对反映企事业单位经济活动的财务资料及其相关资料的真实性、公允性、合理性等方面作出判断,属于"事实判断"的范畴,因此审计中运用的主要方法是分析法和证实法,如对初期余额的分析性复核、对应收账款的函审、对存货的监盘等。资产评估虽然要对被评估资产的价值作出判断,具有"价值判断"的性质,但在实际工作中也会广泛采用分析法和证实法,如在资产评估中的资产清查阶段,要对委托方申报的评估对象进行核实和界定时,就需采用证实法,对应收账款价值的判断通常也会运用向债务人发询证函、对存货的数量和价值判断必须依赖于评估人员对存货的检测和盘点等。可以说,资产评估中很多方法均采用了审计的方法,特别是流动资产的评估。

（2）二者是相互配合的。在实际工作中,资产评估与审计通常情况下是相互配合的。企业经过审计后,剔除了财务资料中的虚假成分,使其公允性得到证实,在此基础上开展资产评估工作,可以大大减少资产评估的工作量,如评估前期的财产清查、企业整体资产评估中的流动资产评估等,审计结果为评估提供了基础数据。企业经过资产评估后,对资产的现存数量及其产权进行了核实,对资产的现实价值进行了估算,这些都是审计财务报表的重要依据。

▶ **2. 资产评估与审计的区别**

(1) 产生的社会条件和活动的本质不同。审计是在现代企业两权分离背景下产生的,旨在对企业财务报表所反映的企业财务状况和经营成果的真实性和公允性作出事实判断,具有明显的公正性特征。资产评估是在市场经济充分发展的条件下,适应资产交易、产权变动的需要产生的,旨在为委托人与有关当事人的被评估资产作出价值判断,具有明显的咨询性特征。

(2) 执业过程中遵循的原则不同。审计人员在执业过程中,要自始至终地贯彻公正、防护和建设三大专业原则,而资产评估人员在执业过程中则必须遵循供求、替代、贡献、预期等基本经济原则。

(3) 专业基础不同。审计工作主要围绕着会计及相关法规进行,开展审计工作所需的专业知识以会计学、税法及其他经济法规等为主,因此,审计人员主要由具有财务方面知识的人员构成;而开展资产评估工作所需的专业知识,除了涉及经济学、法律、会计学等社会科学外,工程、技术等方面的自然科学知识也是其重要组成部分,因此,从总体上来看,资产评估体现了专业知识的综合性,它不但要由具有财务方面知识的人员构成,而且还应当由具有建筑、设备、土地等方面的专业技术人员构成。

(4) 与会计原则的关系不同。尽管现代审计的业务范围不断扩大,但对会计报告的审计仍然是审计的基本业务,审计会计报表及其相关业务的标准与会计是一致的,如对资产价值的计量都以历史成本原则为主,凡是违背了这一会计原则的,审计都将予以查处;而资产评估虽然与会计有着密切的联系,但在资产价值计量标准上有很大区别,会计强调资产的历史成本,而资产评估则强调资产的现时价值,注重资产的重置成本、市场价值和未来收益的价值。

(三) 资产评估与清产核资的关系

清产核资是清查企业财产、核实企业资金的过程,是国家为了了解企业的资产及现有资产的实际存量和价值状况,解决企业的账面价值与实际价值严重不符等问题而进行的一项管理活动。清产核资与资产评估在许多方面具有相同的内容,但二者也有本质的区别。

▶ **1. 资产评估与清产核资的联系**

(1) 资产评估与清产核资都属于资产管理的范畴,是资产业务的一种形式。在市场经济条件下,作为资产业务范畴的资产管理具有多种多样的形式,但其目的都是提高资产的运营效益,使有限的经济资源发挥最大的经济效力。作为资产管理的内容,资产评估和清产核资分别是两种不同的手段。

(2) 资产评估与清产核资都是以资产作为对象的资产管理方式。资产评估是对拟发生交易或产权变动的资产的价值进行的估算,作为资产评估对象的资产既可以是会计资料中已经确认的有形资产和无形资产,也可以是尚未在会计账簿中予以确认但能够给企业带来预期经济效益的资源;清产核资只是对企业已入账的部分有形资产进行清产核资、重估调账,主要以实物资产为主,对尚未入账或已入账的无形资产、流动资产等则一般不作为清产核资的对象。尽管二者在资产的范围上有一定的区别,但它们的行为指向的都是资产。

（3）资产评估与清产核资都要对资产进行清查和核实。资产评估前期工作的一项重要内容就是与被评估单位一起对被评估资产的现有数量和质量状况进行清查核实，在现场工作阶段，评估人员还要逐项勘查、检测，以确定被评估资产的价值状况；开展清产核资工作的主要目的是弄清资产主体占有资产的历史价值及其变化情况，不对资产进行清查和核实就难以达到其目的。

▶ **2. 资产评估与清产核资的区别**

（1）目的不同。资产评估的目的在于通过评定、估算资产的现时价值，适应资产产权的变动与交易，促进资产或产权的合理流动，维护资产业务有关各方的合法权益。而清产核资的主要目的则是弄清企业的资产及财务状况，为企业管理和核算提供基础和依据，促进企业管理的科学化。

（2）方法不同。资产评估是由专门的评估机构和专业评估人员按照严格的评估程序，运用规范的评估方法进行的，评估结果通常以评估报告的形式提交给委托方，具体评估方法包括市场法、成本法和收益法，任何评估机构或评估人员都不得违反。而清产核资一般没有法定的、严格的方法和程序，在执行过程中可以根据实际情况灵活掌握。

（3）价值尺度不同。清产核资只考虑资产本身的价值，按照资产的历史成本原则计价。而资产评估除了按资产的历史成本原则计价外，还必须考虑资产使用的收益以及资产占有单位各类资产匹配情况以及货币的时间价值等，主要反映企业资产的获利能力和现时价值。

（4）范围不同。清产核资通常仅对企业的有形资产即实物资产、各种款项、债权和债务进行清理核实。而资产评估除了对企业的有形资产进行清理核实外，还必须对无形资产如商标、专利以及土地使用权等进行评定估算，其范围比较广。

（5）主体和功能不同。清产核资一般在上级有关部门的指导下，由企业内部财务人员进行，因此不具有客观性和公正性。而资产评估必须由企业之外专门的资产评估机构和人员进行，资产评估提供的服务属于社会中介服务，具有独立性。

思考：学习资产评估与会计、审计之间的联系和区别有什么意义？

第三节 资产评估的经济学分析

资产评估是对一定时点资产价值的评定估算，而评估资产价值的不同方法所适用的价值理论依据是不同的，所以，首先需要了解资产价值的形成原理。关于价值，从早期的重商主义和重农学派到近现代经济学派都对此争论不休，而且形成了不同的价值观和不同的经济学流派。这里主要介绍劳动价值论、效用价值论和均衡价值论（图1-11）。

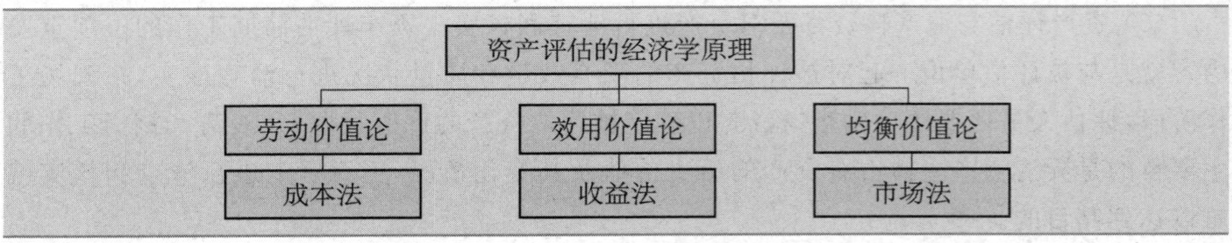

图 1-11　资产评估方法对应的经济学理论

一、劳动价值论

劳动价值论由英国的配第和法国的布阿吉尔贝尔创立，被英国的亚当·斯密和大卫·李嘉图加以发展，并在马克思经济学中得到进一步的发展和完善。该理论中与资产评估相关的内容可以概括如下：

（1）资产的价值由劳动决定，即由生产这种资产的社会必要劳动时间决定，生产资产的社会必要劳动时间越长，资产的价值就越大。换句话说，劳动是形成资产价值的决定因素，因此，从分配角度来看，劳动者所付出的活劳动与凝结在资产中的物化劳动构成了资产价值的全部来源。

（2）生产某项资产的社会必要劳动时间会随着社会技术水平的进步和劳动条件的改善，以及劳动者技能的提高而不断变化，表现出下降趋势。即资产的价值随着社会技术水平和劳动者技能的提高而下降，这种价值的下降称为技术性贬值。在资产评估中必须密切关注这种技术性贬值。

劳动价值论认为资产的价值由凝结在资产中的物化劳动和活劳动决定，也就是资产的价值是由其生产成本决定的，它从资产供给的角度来度量资产的价值。因此，劳动价值论是资产评估方法——成本法的理论依据。

二、效用价值论

19 世纪 70 年代，经济学发生了边际革命，出现了边际效用价值论，进而形成了边际效用学派。该学派创始人门格尔、杰文思、瓦尔拉斯等人提出商品价值决定论。该学派认为资产的价值不是来自生产过程，而是来自于消费者对于资产的主观评价。效用价值论认为，资产的价值由资产为其所有者带来的效用决定，资产的效用越大，资产的价值就越高。而资产的效用就是资产为其所有者带来的收益。所以，一项资产的未来收益越高，资产的价值就越大；反之就越小。因此，效用价值论是资产评估方法——收益法的理论依据。

三、均衡价值论

19 世纪末 20 世纪初，以马歇尔为代表的新古典主义学派成功地将古典经济学派的供给—成本观点与边际学派的需求—价格观点结合起来。认为市场的供给与需求共同决定了资产的价值，形成了均衡价值论。

均衡价值论认为资产的价值是由供给与需求双方形成的均衡价格所决定的。在均衡价格中有需求价格,它取决于消费者对资产效用的主观评价,是买方愿意支付的最高价格;在均衡价格中也有供给价格,它取决于生产费用,是生产者愿意接受的最低价格。因此,均衡价格是供求双方的意愿达成一致时的价格,均衡价格受效用与生产费用两个因素的影响。均衡价值论认为在资产评估中,既要考虑资产的购建成本,又要考虑资产的效用。在市场竞争激烈的环境中,资产的市场价格是以实际价格(价值)为基础上下波动的。因此,均衡价值论是资产评估方法——市场法的理论依据。

思考:资产评估方法相对应的经济学理论对资产评估方法有什么意义?

第四节 资产评估的主体和依据

一、资产评估的主体

资产评估的主体是指具体从事资产评估工作的评估人员及由评估人员组成的评估机构(图 1-12)。资产评估具有很强的技术性、政策性,是跨专业、跨学科、跨行业的边缘学科及综合性社会活动。资产评估的质量将影响委托人及有关当事人的经济决策和经济利益。因此,作为资产评估的具体操作机构及其人员必须具备扎实的理论知识、丰富的实践经验和良好的职业道德。

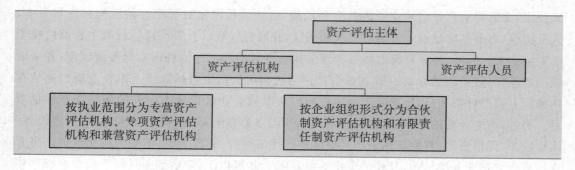

图 1-12　资产评估主体

(一)资产评估机构

▶ 1. 资产评估机构的类型

从目前及发展的趋势来看,我国的资产评估机构大致可以从以下两个方面进行分类。

(1)按照评估机构的执业范围可分为专营资产评估机构、专项资产评估机构和兼营资产评估机构。专营资产评估机构大都是专门从事资产评估,而不从事其他中介业务的资产评估事务所或资产评估公司。一般情况下,专营资产评估机构的评估业务的范围比较广泛,评估人员比较固定，评估人员的素质相对较高。专项资产评估机构大都是专门从事某一类或某一项资产的评估机构。如土地估价事务所、不动产估价事务所等。专项资产评估机构由于评估范围较窄，评估对象的性质、功能比较统一，专业性比较强，因而专业化程度和专业技术水平比较高，具有较明显的专业优势。兼营资产评估机构是指那些开展多种中介服务活动的会计师事务所、审计师事务所、财务咨询公司等，这些中介机构把资产评估作为机构咨询执业的一项业务内容，同时开展财务审计、查账验货等业务活动。

（2）按照评估机构的企业组织形式可分为合伙制资产评估机构和有限责任制资产评估机构。合伙制资产评估机构，由发起人共同出资设立、共同经营，对合伙债务承担无限连带责任。有限责任制资产评估机构，由发起人共同出资设立，评估机构以其全部财产对其债务承担责任。《资产评估机构审批和监督管理办法》明确规定：设立合伙制资产评估机构，除符合国家有关法律、法规规定外，还应当具备下列条件：

① 有 2 名以上符合本办法规定的合伙人；

② 有 5 名以上注册资产评估师；

③ 合伙人实际缴付的出资总额不低于人民币 10 万元，其中，以特殊的普通合伙形式设立的，合伙人实际缴付的出资总额不低于人民币 30 万元。

设立公司制资产评估机构，除符合国家有关法律、法规规定外，还应当具备下列条件：

① 有 2 名以上符合本办法规定的股东；

② 有 8 名以上注册资产评估师；

③ 注册资本不低于人民币 30 万元。

▶ 2. 资产评估机构执业资格制度

《资产评估机构审批和监督管理办法》（以下简称《办法》）已于 2011 年 7 月 26 日财政部部务会议审议通过，自 2011 年 10 月 1 日起施行。该《办法》对资产评估机构执业资格有明确规定，要取得资产评估执业资格的中介机构，必须满足国家对资产评估机构在注册资本、人员构成、内部制度建设等方面的要求和条件，并取得省级以上资产评估行政主管部门授予的资格证书。同时，国家对已取得资产评估执业资格的资产评估机构实行等级制度，并采取统一政策、分级管理的原则。如 A 级资产评估机构可以从事包括股票上市企业资产评估在内的所有资产评估项目，B 级资产评估机构可从事除企业股份化上市外的所有资产评估项目。另外，非专业性的资产评估机构，可以从事与各等级相适应的土地、房地产、机器设备、流动资产、无形资产、其他长期资产及整体资产评估项目；从事土地、不动产或无形资产等专业性资产评估业务的机构，其评估资格等级只限于 B 级以下，评估范围只限于该专业资产相应的范围内。各等级的资产评估机构开展资产评估业务，不受地区、部门的限制，可在全国范围内从事与该资格等级相适应的资产评估项目。

（二）资产评估人员

▶ 1. 资产评估人员基本要求

资产评估师应该有良好的教育背景、丰富的实践工作经验和良好的职业道德修养。

▶ 2. 资产评估师职业道德规范

资产评估师职业道德规范是指资产评估师在资产评估执业过程中应当具有的职业品格

和应当遵守的职业标准要求。

（1）资产评估师的职业品格主要包括资产评估师的职业理想、职业态度和职业荣誉等。职业理想是资产评估师对资产评估工作的一种总体认识，资产评估师是把资产评估作为一项事业来看待，还是仅仅作为一种谋生的手段来看待。只有将资产评估作为一项事业来做，才能在资产评估工作中不断追求、不断提高，并自觉地遵守资产评估执业纪律和执业规范。职业态度就是资产评估师的工作态度，资产评估师的职业态度是否端正直接影响资产评估工作的效果和质量。职业荣誉是指资产评估师在执业过程中形成的职业形象，包括资产评估师个人的社会认同度，以及资产评估机构的社会公信度。资产评估师在日常执业过程中应不断培养和塑造职业形象，保持职业信誉，以取信于民，取信于社会。

（2）资产评估师的职业标准和要求主要包括资产评估遵纪守法的要求，坚持独立、客观、公正的要求，坚持专业胜任能力的要求以及承担责任的要求。资产评估师遵纪守法是指资产评估师应当遵守国家的有关法律、法规以及资产评估执业准则，保证资产评估在合法和合规的前提下进行。资产评估师在执业过程中应坚持独立、客观、公正，并始终坚持独立者的地位，以客观的数据资料为依据进行评估。专业胜任能力是指资产评估师在承揽资产评估项目时，要衡量自身的专业胜任能力，判断自己是否有能力完成该评估项目。任何超过自身能力而承揽评估项目的行为都是违反资产评估职业道德的。资产评估师的职业责任是指资产评估师必须对自己的执业行为和评估结果承担相应的经济和法律责任，任何违背资产评估职业道德的行为都将承担相应的民事责任和刑事责任。

二、资产评估的依据

资产评估是为评估当事人提供中介服务的一项工作，提供的评估结果必须公正、客观。因此，资产评估的依据十分重要。一般来讲，评估的具体事项不同，所需的评估依据也不同。多年的评估实践表明，资产评估依据虽然多种多样，但大致可以划分为四大类，即行为依据，法律、法规依据，产权依据和取价依据。

（一）行为依据

行为依据是指评估委托人和评估人员从事资产评估活动的依据，如公司董事会关于进行资产评估的决议、评估委托人与评估机构签订的《资产评估业务约定书》等。资产评估机构或评估人员只有在取得资产评估行为依据后，才能正式开展资产评估工作。

（二）法律、法规依据

法律、法规依据是指从事资产评估工作应遵循的有关法律、法规依据，如 1991 年国务院颁发的第 91 号令《国有资产评估管理办法》和 1999 年财政部颁发的财评字[1999]91 号文件《资产评估报告基本内容与格式的暂行规定》等。

（三）产权依据

产权依据是指能证明被评估资产产权归属的依据，如《土地使用权证》、《房屋所有权证》等。在资产评估中，被评估的资产必须是资产占用方拥有或控制的资产，这就要求评估委托人必须为此提供依据，评估人员也必须收集被评估资产的产权依据。

（四）取价依据

取价依据是指评估人员确定被评估资产价值的依据。这类依据包括两个方面：一方面是由评估委托人提供的相关资料，如会计核算资料、工程结算资料等；另一方面是由评估委托人收集的市场价格资料、统计资料、技术标准资料及其他参数资料等。

行为依据，法律、法规依据，产权依据和取价依据是从事一般资产评估工作的依据。在资产评估工作中，如从事特殊类型的资产评估项目，可能还会涉及采用特殊的评估依据，这要视具体情况而定，而且评估人员应在评估报告中加以披露。

第五节 资产评估的目的和价值类型

一、资产评估的目的

资产评估的目的是指资产评估服务于什么业务，即为什么要进行资产评估，也就是资产评估报告的最终用途是什么，是资产评估工作首先考虑的问题。资产评估的目的是资产评估的起点，它决定和制约资产评估价值类型和方法的选择，进而影响资产评估的结果，因此，资产评估的目的也是资产评估的终点。

资产评估的目的分为一般目的和特定目的，资产评估的一般目的包含特定目的，资产评估的特定目的是一般目的的具体化。

（一）资产评估的一般目的

资产评估的一般目的是由资产评估的性质及其基本功能决定的。作为一项专业人员对特定时点及特定条件约束下资产价值的估计和判断的社会中介活动，资产评估所要实现的一般目的只能是资产在评估时点的公允价值。公允价值是一种相对合理的评估价值，它是一种相对于当事人各方的地位、资产的状况及资产面临的市场条件的合理的评估价值，是评估人员根据被评估资产自身的条件及其所面临的市场条件，对被评估资产客观交换价值的合理估计值。

（二）资产评估的特定目的

▶ 1. 资产评估特定目的的概念

我们把资产即将进行的资产业务以及资产业务对评估结果用途的具体要求称为资产评估的特定目的。我国资产评估实践表明，资产业务主要有资产转让、企业兼并、企业出售、企业联营、股份经营、中外合资或合作、企业清算、资产抵押、资产担保、企业租赁、债务重组等。

（1）资产转让。资产转让指企业有偿转让本企业的部分或全部资产，通常指转让非整体性资产的经济行为。

（2）企业兼并。企业兼并是指一个企业以承担债务、购买、股份化和控股等形式有偿接收其他企业的产权，使被兼并方丧失法人资格或改变法人实体的经济行为。

（3）企业出售。企业出售是指独立核算的企业或企业内部的分厂、车间及其他整体资产产权出售行为。

（4）企业联营。企业联营是指国内企业、单位之间以固定资产、流动资产、无形资产及其他资产投入组成各种形式的联合经营实体的行为。

（5）股份经营。股份经营是指资产占有企业实行股份制经营方式的行为，包括法人持股、内部职工持股、向社会发行不上市股票和上市股票。

（6）中外合资或合作。中外合资或合作是指我国的企业和其他经济组织与外国企业和其他经济组织或个人在我国境内举办合资或合作经营企业的行为。

（7）企业清算。企业清算包括破产清算、终止清算和结业清算。

（8）资产抵押。资产抵押是指资产占有企业以本企业的资产作为物质保证进行抵押而获得贷款的经济行为。

（9）资产担保。资产担保是指资产占有企业以本企业的资产为其他单位的经济行为担保，并承担连带责任的行为。

（10）企业租赁。企业租赁是指资产占有企业在一定期限内，以收取租金的形式，将企业全部或部分资产的经营使用权转让给其他经营使用者的行为。

（11）债务重组。债务重组是指债权人按照其与债务人达成的协议或法院的裁决同意债务人修改债务条件的事项。

▶ 2. 资产评估特定目的在资产评估中的地位和作用

资产评估特定目的是引起资产评估的具体资产业务，贯穿于资产评估活动的始终，影响整个资产评估行为，在资产评估中具有很重要的地位和作用。具体包括：

（1）资产评估特定目的是界定评估对象的基础；

（2）资产评估特定目的对于资产评估的价值类型选择具有约束作用；

（3）资产评估特定目的对评估结果的性质有重大的影响。

值得注意的是，在相同时期、相同地点和相同市场条件下，同一资产由于资产评估目的不同，资产评估采取的价值类型就不同，评估结果也就不相同。

二、资产评估的价值类型

（一）含义及分类

资产评估中的价值类型是指资产评估结果的价值属性及其表现形式。不同的价值类型从不同的角度反映资产评估价值的属性和特征。不同属性的价值类型所代表的资产评估价值不仅在性质上是不同的，在数量上往往也存在较大的差异。

由于所处的角度不同，以及对资产评估价值类型理解方面的差异，资产评估的价值类型主要有以下四种。

（1）以资产评估的估价标准形式表述的价值类型，具体包括重置成本、收益现值、现行市价（或变现价值）和清算价格。这是我国传统理论界的观点，把资产评估与会计计价联系在一起。

（2）从资产评估假设的角度来表述资产评估的价值类型，具体包括继续使用价值、公开市场价值和清算价值。这种方法与资产评估假设联系在一起，强调了资产评估假设的重要性。

（3）从资产业务的性质来划分资产评估的价值类型，具体包括抵押价值、保险价值、课税价值、投资价值、清算价值、转让价值、保全价值、交易价值、兼并价值、拍卖价值、租赁价值、补偿价值等。这种方法强调了资产业务的重要性，认为有什么样的资产业务就有什么样的价值类型。

（4）以资产评估时所依据的市场条件、被评估资产的使用状态以及资产评估结果的适用范围来划分资产评估结果的价值类型，具体包括市场价值和非市场价值。这种方法是国际评估界较为一致的观点，通过提出市场价值的概念，树立了一个资产评估公允价值的坐标。资产的市场价值是资产公允价值的基本表现形式；非市场价值是资产公允价值的一种特殊表现形式。

我国于 2008 年 7 月 1 日实施的《资产评估价值类型指导意见》已经明确资产评估的价值类型，包括市场价值和市场价值以外的价值类型。

（二）市场价值和市场价值以外的价值类型

根据《资产评估价值类型指导意见》，市场价值定义如下：自愿买方和自愿卖方在各自理性行事且未受任何强迫的情况下，评估对象在评估基准日进行正常公平交易的价值估计数额。市场价值以外的价值类型没有直接给出定义，凡不符合市场价值定义条件的资产价值类型都属于市场价值以外的价值。市场价值以外的价值不是一种具体的资产评估价值存在形式，它是一系列不符合资产市场价值定义条件的价值形式的总称或组合，如在用价值、投资价值、清算价值、残余价值等。

在用价值是指将评估对象作为企业组成部分要素资产按其正在使用方式和程度及其对所属企业的贡献的价值估计数额。

投资价值是指评估对象对于具有明确投资目标的特定投资者或某一类投资者所具有的价值估计数额，也称特定投资者价值。

清算价值是指在评估对象处于被迫出售或快速变现等非正常条件下的价值估计数额。

残余价值是指机器设备、房屋建筑物或其他有形资产等的拆零变现价值估计数额。

（三）明确资产评估价值类型的意义和作用

从资产评估的价值基础和资产评估结果的适用范围和使用范围角度对评估结果进行分类，可分为市场价值与非市场价值，符合资产评估服务于客户、服务于社会的内在要求。因此，明确资产评估中的市场价值与非市场价值具有以下重要意义和作用。

（1）有利于评估人员对其评估结果性质的认识，便于评估人员在撰写评估报告时更清楚明了地说明其评估结果的确切含义。

（2）便于评估人员划定其评估结果的适用范围和使用范围。

（3）避免因价值概念不清而造成对评估报告的使用不当。

总之，资产评估的价值类型不仅是评估师执业层面上的概念，而且是报告使用者在使用评估结论层面上的概念。重视价值类型的核心不是为了从理论上区分各种具体的价值类型，而是为了避免评估报告使用者将某种特定的价值类型的评估结论理解为另一种价值类型的评估结论，特别是将特定的非市场价值类型误认为市场价值类型。

第六节 资产评估的假设和原则

一、资产评估假设

由于认识客体的无限变化和认识主体有限能力的矛盾,人们不得不依据已掌握的数据资料对某一事物的某些特征或全部事实作出合乎逻辑的推断。这种依据有限事实,通过一系列推理,对于所研究的事物作出合乎逻辑的假定说明就叫假设。假设是认识和研究事物发展规律的前提,是建立一门学科的理论体系和方法体系的基础。假设必须依据充分的事实,运用已有的科学知识,通过合乎逻辑、合乎情理的推理(包括演绎、归纳和类比)而形成。资产评估与其他学科一样,其理论体系和方法体系的确立也需要建立在一系列假设基础之上,从理论上讲,可以根据评估对象的具体情况作出多种不同的评估假设。但是,从资产评估的实践来看,可从资产评估的众多假设中抽象出四个最基本的假设,即交易假设、公开市场假设、持续使用假设和清算假设(图 1-13)。

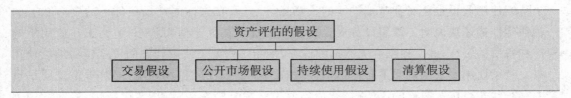

图 1-13 资产评估的四个假设

(一) 交易假设

交易假设是资产评估得以进行的一个最基本的前提假设,交易假设是假定所有待评资产已经处在交易过程中,评估师根据待评估资产的交易条件等模拟市场进行估价。众所周知,资产评估其实是在资产实施交易前进行的一项专业服务活动,而资产评估的最终结果又属于资产的交换价值范畴。为了发挥资产评估在资产实际交易之前为委托人提供资产交易底价的专家判断的作用,同时又能够使资产评估得以进行,利用交易假设将被评估资产置于"交易"当中,模拟市场进行评估就是十分必要的。

交易假设一方面为资产评估得以进行"创造"了条件;另一方面它明确限定了资产评估的外部环境,即资产是被置于市场交易之中,资产评估不能脱离市场条件而孤立地进行。

(二) 公开市场假设

公开市场假设是对资产拟进入的市场条件,以及资产在这样的市场条件下接受何种影响的一种假定说明或限定。公开市场假设的关键在于认识和把握公开市场的实质和内涵。就资产评估而言,公开市场是指充分发达与完善的市场条件,指一个有自愿的买者和卖者的竞争性市场,在这个市场上,买者和卖者的地位是平等的,彼此都有获取足够市场信息的机会和时间，买卖双方的交易行为都是自愿的、理智的，而非强制或受限制的条件下进行的。事实上现实中的市场条件未必真能达到上述公开市场的完善程度。公开市场假设就是假定那种较为完善的公开市场存在，被评估资产将要在这样一种公开市场中进行交易。当然公开市场假设也是以市场客观存在的现实，即资产在市场上可以公开买卖这样一种客观事实为基础的。

由于公开市场假设假定市场是一个充分竞争的市场，资产在公开市场上实现的交换价值隐含着市场对该资产在当时条件下有效使用的社会认同。当然，在资产评估中，市场是有范围的，它可以是地区性市场，也可以是国内市场，还可以是国际市场。关于资产在公开市场上实现的交换价值所隐含的对资产效用有效发挥的社会认同也是有范围的，它可以是区域性的、全国性的或国际性的。

公开市场假设旨在说明一种充分竞争的市场条件，在这种条件下，资产的交换价值受市场机制的制约并由市场行情决定，而不是由个别交易决定。

公开市场假设是资产评估中的一个重要假设，其他假设都是以公开市场假设为基本参照。公开市场假设也是资产评估中使用频率较高的一种假设，凡是能在公开市场上交易、用途较为广泛或通用性较强的资产，都可以考虑以公开市场假设为前提进行评估。

（三）持续使用假设

持续使用假设也是对资产拟进入的市场条件，以及在这样的市场条件下的资产状态的一种假定性描述或说明。该假设首先设定被评估资产正处于使用状态，包括正在使用中的资产和备用的资产；其次根据有关数据和信息，推断这些处于使用状态的资产还将继续使用下去。持续使用假设既说明了被评估资产面临的市场条件或市场环境，同时着重说明了资产的存续状态。按照通行的说法，持续使用假设又细分为在用续用、转用续用、移地续用等几种情况。在用续用指的是处于使用中的被评估资产在产权发生变动或资产业务发生后，将按其现行正在使用的用途及方式继续使用下去。转用续用则是指被评估资产将在产权发生变动后或资产业务发生后改变资产现时的使用用途，调换新的用途继续使用下去。移地续用则是说被评估资产将在产权变动发生后或资产业务发生后，改变资产现在的空间位置，转移到其他空间位置上继续使用。

持续使用假设是在一定市场条件下对被评估资产使用状态的一种假定说明，在持续使用假设前提下的资产评估及其结果的适用范围常常是有限制的。在许多场合下评估结果并没有充分考虑资产用途替换，它只对特定的买者和卖者是公平合理的。

持续使用假设也是资产评估中的一个非常重要的假设，尤其在我国，经济体制处于转型时期，市场发育不十分成熟，资产评估活动大多与以前企业的存量资产产权变动有关。因此，被评估对象经常处于或被限定在持续使用的假设前提下。充分认识和掌握持续使用假设的内涵和实质，对于我国的资产评估来说有着重要的意义。

（四）清算假设

清算假设是对资产拟进入的市场条件的一种假定说明或限定。具体而言，是对资产在非公开市场条件下被迫出售或快速变现条件的假定说明。清算假设首先是基于被评估资产面临清算或具有潜在的被清算的事实或可能性，再根据相应数据资料推测被评估资产处于被迫出售或快速变现的状态。由于清算假设假定被评估资产处于被迫出售或快速变现条件之下,被评估资产的评估值通常要低于在公开市场假设前提下或持续使用假设前提下同样资产的评估值。因此,在清算假设前提下的资产评估结果的适用范围是非常有限的。当然,清算假设本身的使用也是较为特殊的。

思考:资产评估假设的本质和必要性是什么?

二、资产评估的原则

资产评估既是一门科学,又是一门艺术;既要求有客观准确的评定估算,又必然会涉及主观的思考和判断。因此,要求评估人员在评估工作中既要遵循一定的工作原则,又要遵循一定的经济原则,二者不可偏废。

思考:如何理解资产评估既是一门科学,又是一门艺术?

(一)资产评估的工作原则

资产评估的工作原则是资产评估机构和评估人员在评估工作中应遵循的基本原则,主要包括以下四项原则。

(1)独立性原则。独立性原则要求资产评估机构和评估人员必须坚持公平、公正的立场,不偏重资产业务的任何一方,以中立的第三者身份独立地进行评估。坚持这一原则可以从组织上保证评估工作不受有关利益方的干扰。

(2)客观性原则。客观性原则要求资产评估结果应以充分的事实为依据。要求资产评估人员在评估工作中必须以实际材料为基础,以确凿的事实为依据,以科学的态度为方针,实事求是地得出评估结果。

(3)科学性原则。科学性原则要求资产评估机构和评估人员必须遵循科学的评估标准,以科学的态度制定评估方案,并采用科学的评估方法进行资产评估。在整个评估工作中必须把主观评价与客观测算、静态分析与动态分析、定性分析与定量分析有机地结合起来,使评估工作做到科学合理、真实可信。

(4)专业性原则。专业性原则要求评估机构必须是提供资产评估服务的专业机构,评估机构必须拥有工程、技术、管理、营销、会计、财务、法律等学科的专业人员,且他们必须具有良好的职业道德、专业的科学知识和丰富的实践经验,这是保证评估结果公正的技术基础。

(二)资产评估的经济原则

资产评估的经济原则是指在资产评估执业过程中的一些技术规范和业务准则。它们为评估人员在执业过程中的专业判断提供技术依据和保证,主要有以下五项原则。

（1）预期收益原则。预期收益原则是以技术原则的形式概括资产及其资产价值的最基本的决定因素。资产之所以有价值是因为它能为其拥有者或控制者带来未来经济利益,资产价值的高低主要取决于它能为其所有者或控制者带来的预期收益量的多少。预期收益原则是评估人员判断资产价值的一个最基本的依据。

（2）供求原则。供求原则是经济学中关于供求关系影响商品价格原理的概括。假定在其他条件不变的前提下,商品的价格随着需求的增长而上升,随着供给的增加而下降。尽管商品价格随供求变化并不成固定比例变化,但变化的方向都带有规律性。供求规律对商品价格形成的作用力同样适用于资产价值的评估,评估人员在判断资产价值时也应充分考虑和依据供求原则。

（3）贡献原则。从一定意义上讲,贡献原则是预期收益原则的一种具体化原则。它也要求资产价值的高低由该资产的贡献来决定。贡献原则主要适用于构成某整体资产的各组成要素资产的贡献,或者是当整体资产缺少该项要素资产将蒙受的损失。

（4）替代原则。作为一种市场规律,在同一市场上,具有相同使用价值和质量的商品,应有大致相同的交换价值。如果商品具有相同使用价值和质量,却具有不同的交换价值或价格,买者会选择价格较低者。当然,作为卖者,如果可以将商品以较高的价格卖出,他自然会在较高的价位上出售商品。在资产评估中确实存在评估数据、评估方法等的合理替代,正确运用替代原则是公正进行资产评估的重要保证。

（5）估价日期原则。市场是变化的,资产的价值会随着市场条件的变化而不断改变。为了使资产评估得以操作,同时又能保证资产评估结果可以被市场检测,在资产评估时,必须假定市场条件固定在某一时点,这一时点就是评估基准日,或称估价日期,它为资产评估提供了一个时间基准。资产评估的估价日期原则要求资产评估必须有评估基准日,而且评估值就是评估基准日的资产价值。

导入案例分析

（1）取消注册资产评估师考试制度是资产评估行业发展的必然。我们国家进行注册资产评估师考试是资产评估行业起步和发展时期,专业从业人员极度缺乏,这样的考试制度极大地壮大了资产评估专业队伍,起了积极的作用。但随着资产评估的发展,其弊端也日益凸显,能通过注册资产评估师的往往是理论学习能力较强或专门从事理论教学和研究的,他们并不从事实践评估,资格证书一般向外挂靠,并没有起到真正用自己的理论去指导实践的作用。而与此同时,进行评估实践的评估人员因理论学习时间有限,无法通过注册资产评估师的考试,没有专业签字的能力。资产评估行业的发展也是由计划经济向市场经济转变的,真正检验一项资产评估价值的合理与否,是通过该项资产真实的交易值来进行检验的,而不是由注册资产评估师来评估的。取消注册资产评估师考试制度也真正把对评估结果的评估交还给市场,使评估机构和评估人员把精力投入对评估对象和市场行情的熟悉上和对资产评估的理论及方法的灵活应用上,而不是钻研资产评估的理论前沿和大量的考试题上。

（2）经济越发展，资产交易就越频繁，资产评估就越必要，随着社会经济的快速发展，新生资产及资产评估也会不断涌现，需要资产评估理论研究工作者及从业人员不断进行探索，在资产评估发展道路上，还会出现一系列与阶段发展相适应的政策措施，都是合理必要的，完成历史使命退出历史舞台也是合理必要。资产评估的未来必将是辉煌和有巨大发展前景的。

本 章 小 结

本章对整个资产评估学来讲是开门见山的一章，里面包含很多的概念，都是不容易理解的，需要多读、多思考、多联系实际，以及学习相关的会计、经济学以及我国经济体制改革的相关知识才能真正领会。本章是以后各章学习的基础，只有对资产、资产评估、资产评估行业及其发展前景有深入的了解，才能有学习的动力和基础。

拓展案例

《2014—2020 年中国资产评估市场专项调研及发展策略研究报告》摘要

资产评估，即资产价值形态的评估，是指专门的机构或专门评估人员，遵循法定或公允的标准和程序，运用科学的方法，以货币作为计算权益的统一尺度，对在一定时点上的资产进行评定估算的行为。随着社会主义市场经济体制的建立和完善，尤其是国有企业改革的深化和生产要素市场的发育，使资产转让和资产重组等各种形式的产权交易日益频繁，资产评估行业这种为市场经济服务的中介机构因此应运而生且蓬勃发展，在市场经济建设和发展中发挥越来越重要的作用。但在我国经济体制不断深化的形势下，评估市场不断壮大对评估业的要求越来越高。我国资产评估行业是在 20 世纪 80 年代末，随改革开放大潮诞生的。我国资产评估作为一个独立的专业化市场中介服务行业得到了长足发展，在规范资本运作、维护经济秩序、促进经济发展等方面发挥着越来越重要的作用，已经成为我国市场经济发展不可或缺的重要力量。资产评估行业受政策影响较大，随着国有经济改制工作接近尾声，评估企业之间的竞争日益激烈，不过新的形势也为评估行业的发展提供了巨大商机。我国共有各类评估机构超过万家，执业注册评估师十几万人，从业人员约 30 万人。已经形成包括资产评估、房地产估价、土地估价、矿业权评估、旧机动车鉴定估价和保险公估在内的六大类评估专业。其中，资产评估机构数量已超过 4 000 家，从业人员 4 万多人，业务领域涵盖动产、不动产、企业价值、无形资产、证券期货等所有资产类型。据不完全统计，2005 年至 2010 年，全国资产评估收入也实现了年均 10% 以上的增长。依照国家"十二五"规划，今后五年，国家把提高现代服务业比重作为经济社会发展的主要目标之一，把推动现代服务业大发展作为产业结构优化升级的战略重点，鼓励现代服务业领域企业兼并重组或联合经营,在市场整合中提高产业集中度,将发展一批大型服务企业或企业集团,这势必为资产评估企业的做大、做强、做优提供了良好的机遇。中国产业研究报告网发布的《2014—2020 年中国资产评估市场专项调研及发展策略研究报告》共十八章,首先介绍了中国资产评估行业的概念,接着分析了中国资产评估行业发展的环境,然后对中国资产评估行业市场运行态势进行了重点分析,最后分析了中国资产评估行业面临的机遇及发展前景。

通过阅读该研究报告,能使我们更清楚目前中国资产评估市场的现状,增强我们学习资产评估知识的和从事这个行业的信心,希望通过我们的努力,为资产评估的发展作出自己的贡献。

(资料来源:产业研究报告网,http://www.chinairr.org/report/R13/R1301/201312/02-145414.html)

知识测试与能力训练

一、单项选择题

1. 下列资产中属于不可确指资产的是(　　)。

A. 机器设备　　　　B. 商标权　　　　C. 专利权　　　　D. 商誉

2. 资产评估(　　)对于评估价值类型的选择具有约束作用。

A. 原则　　　　　　B. 特定目的　　　　C. 假设前提　　　　D. 评估主体

3. 下列要素中不属于资产评估基本要素的是(　　)。

A. 评估主体　　　　B. 评估依据　　　　C. 评估原则　　　　D. 评估基准点

4. 资产价值的高低取决于它能为所有者带来多少(　　)。

A. 现实收益　　　　B. 预期收益　　　　C. 历史收益　　　　D. 账面收益

5. 下列不属于资产评估工作原则的是(　　)。

A. 独立性　　　　　B. 客观性　　　　　C. 替代性　　　　　D. 可行性

6. 完全按照评估准则及规定程序和要求进行的资产评估称为(　　)。

A. 限制评估　　　　B. 评估复核　　　　C. 完全评估　　　　D. 整体评估

二、多项选择题

1. 以资产评估的估价标准形式表述的价值类型应该是(　　)。

A. 市场价值　　　　B. 重置成本　　　　C. 收益现值　　　　D. 现行市价

2. 下列假设中属于资产评估假设的是(　　)。

A. 交易假设　　　　　　　　　　　　B. 持续使用假设

C. 公开市场假设　　　　　　　　　　D. 币值不变假设

3. 下列功能中属于资产评估功能的是(　　)。

A. 评价和评值功能　　B. 管理功能　　C. 咨询功能　　　　D. 市场功能

4. 资产评估的工作原则包括(　　)。

A. 独立性原则　　　　　　　　　　　B. 客观性原则

C. 科学性原则　　　　　　　　　　　D. 专业性原则

5. 确定资产评估基准日的目的是(　　)。

    A. 确定评估对象的计价时间

    B. 将动态下的资产固定在某一时点

    C. 将动态下的资产固定在某一时期

    D. 确定评估机构的工作日

    E. 遵循科学的评估程序

三、思考题

1. 怎样认识资产评估在市场经济中的地位和作用？

2. 中国资产评估业在发展和管理中存在哪些迫切需要解决的问题？

C hapter 2 第二章
资产评估准则

Chapter 2

学习目标

1. 了解资产评估准则的概念
2. 了解资产评估准则的作用
3. 了解资产评估程序的含义、重要性
4. 掌握资产评估的具体程序

能力目标

1. 熟悉资产评估准则的结构体系
2. 熟练灵活地运用资产评估准则
3. 从本质上领会资产评估程序
4. 能熟练并灵活运用资产评估程序

章节导言

　　没有规矩,不成方圆。资产评估准则正是从资产评估实践中总结出来的规范标准,用来规范资产评估主体的行为,保护资产相关当事人的利益,同时也是保护资产评估主体的法宝。理解和熟练掌握资产评估准则是资产评估主体必备的功课。

　　资产评估结果对资产评估行为的先后顺序即工作步骤有严格的要求,如果不遵循既定的程序,即使评估结果和市场价格接近或相同,这个结果也是错误的;如果遵循了既定的程序,即使评估结果经市场检验有差距,也是合理的,因此恰当地履行资产评估程序是资产评估机构和人员防范执业风险的主要手段,也是在产生纠纷或诉讼后,合法保护自身权益、合理抗辩的重要手段。

案例导入

陕西省某投资顾问有限公司,于 2011 年向建设银行借款 800 万元,月利率 7.012 5‰,合同起止日期为 2011 年 12 月 19 日—2012 年 6 月 18 日,贷款性质为担保,担保人为某商贸公司。上述贷款到期后,债务人、保证人未能及时偿还借款。2015 年 6 月,建设银行将上述债权转让给所属 AMC;2017 年 11 月,该 AMC 又将该债权移交给另外一家 AMC。转让的债权本金为 800 万元,利息为 379 万元。2018 年 4 月,受让该债权的 AMC 拟通过市场出售该债权,为此,委托西安一家评估机构对该债权进行评估。评估基准日为 2018 年 2 月 20 日。基准日时债权本金 800 万元,利息为 677.84 万元。(注:AMC 是专门处理金融机构不良资产的金融资产管理公司)

(资料来源:陕西省某评估机构内部资料)

案例思考:

(1) 资产评估准则中 2005 年《金融不良资产评估指导意见(试行)》发布之前如何确定该金融不良资产评估案例所属业务类型、业务范围、价值类型和评估方法?

(2) 资产评估准则中 2005 年《金融不良资产评估指导意见(试行)》发布之后如何确定该金融不良资产评估案例所属业务类型、业务范围、价值类型和评估方法?

第一节 资产评估准则概述

一、资产评估准则的概念

在资产评估界讨论准则时,英文为"standard",这里准则解释为测试、计量的标准。中文释义中"准则"是一个合成词,由"准"和"则"组成。"准"有标准、法则、依据等含义,"则"有规则、制度、规程等含义,将"准"和"则"合起来,所形成的"准则"一词,其直接含义就是规范、标准和依据,是指作为依据的标准或原则。

从国外资产评估的实践看,资产评估准则一般是资产评估社会团体在自身的发展过程中对其所属会员职业行为具有约束力的执业标准和规范。资产评估准则是经权威机构制定或认可的、用以指导评估人员工作和评价评估工作质量的专业规范。也可以说,资产评估准则是一种标准,是资产评估人员在执行评估业务时所应遵循的标准,也是判断评估人员完成评估工作质量的尺度,所以评估准则包括两方面的内容,一方面是行为标准,另一方面是评价标准,这两方面共同构成了资产评估准则,缺一不可。因此,我们将两个角度结合起来,得到资产评估准则的广义解释:资产评估准则是关于评估活动或评估行为的标准,它至少在特定社会范围内是统一的、对单个社会成员(评估事务所)的评估行为起约束作用的一系列标准,既可以是正式的,也可以是非正式的。

从我国资产评估的实践看,资产评估准则由"资产评估"和"准则"复合而成。如按行为的标准或依据来解释准则,资产评估准则就是资产评估人员进行资产评估所应遵守的标准;如将准则理解为判定测试、计量的标准,资产评估准则就应该是对资产评估人员所完成的资产评估工作进行测试、评价的尺度。它们的区别在于对资产评估准则进行解释的角度不同,前者是从资产评估主体出发,强调资产评估准则是资产评估人员在进行资产评估工作时所应该执行、遵守的标准,它是对资产评估人员的要求,是对资产评估行为过程的约束与规范;后者则是从资产评估的监管角度出发,对已完成的资产评估活动及其结果进行检查、评价时所采用的标准。

在实际执行过程中,这二者是无法绝对分开的。行为主体为了能在检查、评价时得到令人满意的评价意见,则会自觉地按评价标准行事;同样,如果要求行为主体按照一定的标准去完成某一活动,那对其进行评价的标准应与要求标准基本一致。因此,我们将两个角度结合起来,得到资产评估准则的狭义解释:资产评估准则是从专业技术的角度对资产评估业务处理提出的规范要求和判别标准,是资产评估规范的重要组成部分。资产评估准则是资产评估实践工作经验的抽象、概括和总结,反过来它又指导和规范资产评估实践工作。

二、资产评估准则的作用

（一）资产评估准则有利于实现行业自律管理

在准则尚未统一的情况下,评估行业只能由政府进行行政管理,如我国资产评估发展初期,原国家国有资产管理局是资产评估的行政主管部门。但这种管理模式容易造成整个部门直接干预评估业务,使评估行业有失公正、公允;而政府部门出于本位利益设立本部门评估体系,则导致多头管理、评估市场条块分割。行业自律管理是资产评估行业的发展方向,有利于评估执业水平的提高。而实现行业自律管理的前提则是制定行业统一的评估准则,评估准则中的执业技术规范和职业道德规范是实现行业自律管理的依据。

（二）资产评估准则有利于规范评估师的执业行为

资产评估准则是评估行业管理的权威性标准。在职业道德方面,准则对评估师业务素质、业务能力、工作操守和执业态度进行了严格规定,明确规定了哪些工作必须做、哪些工作可以做、哪些工作不能做,促使评估师恪守独立、客观、公正的基本原则,不得出具虚假、不实的评估报告;在具体业务方面,评估师及其他从业人员应依法执业、谨慎公正,保证评估质量。因此,评估准则将促使资产评估人员按照统一的准则开展业务,有利于提高评估质量和评估人员的业务素质。

（三）资产评估准则有利于维护评估事务所和评估师的合法权益

资产评估准则中规定了资产评估师的工作范围和规则,只要评估师按照准则的要求执业,就能得出合理的评估结果,并保证执业行为的独立、客观、公正,就可以最大限度地降低执业风险。当评估师受到不公正的指责和控告时,可以充分利用评估准则保护其正当权益。

（四）资产评估准则有利于促进评估经验的交流

资产评估准则是资产评估实践经验的总结和升华,是资产评估理论研究成果和实践经验的高度浓缩,反过来又用于指导评估实践活动。它是资产评估理论的重要组成部分,其实施促进了评估理论水平的提高。此外,各国间评估准则的协调,可以推动各国评估经验的交流,促进全球评估业的共同发展。

思考：制定资产评估准则的目的和意义是什么？

第二节 国际评估准则

一、《国际评估准则》的产生和发展

1981年,英国、美国等20多个国家和地区在澳大利亚墨尔本发起成立国际资产评估准则委员会(TIAVSC)。国际资产评估准则委员会是在各国评估行业迅速发展和评估业区域化、国际化发展的基础上形成的国际性评估专业组织,其成立标志着国际评估业正式走上国际化协作发展的道路。1994年国际资产评估准则委员会更名为国际评估准则委员会(IVSC),开展制定国际评估准则的工作。2008年,国际评估准则委员会更名为国际评估准则理事会,目前其成员遍布50多个国家,IVSC一直致力于发展一套适用于所有资产和负债评估的国际准则(标准)和要求。

国际评估准则委员会成立后就着手制定国际性评估准则文件。在对有关国家评估准则和评估执业情况进行研究分析的基础上,于1985年制定了《国际评估准则》(IVS)第一版。之后分别于1994年、1997年进行了修订,发布了《国际评估准则》第二版和第三版。2000年以后,《国际评估准则》的制定和修订工作进入了一个快速发展的时期。2003年4月推出了第六版《国际评估准则》。2005年发布了第七版《国际评估准则》,以满足《国际会计准则》和相关实务对评估行业的需求。2007年发布的第八版《国际评估准则》不仅结构体系进行调整,并对相关内容进行了修订和扩充。2011年发行第九版《国际评估准则》为最新版,新版IVS包含一个关于金融工具的简要准则,分析一些影响金融工具价值的参数、不同的评估方法优缺点和旨在提高评估的透明度和客观性的程序;同时提出一个单独的准则,该准则指出评估开始阶段,明确评估范围和应该被解决的问题等。

二、《国际评估准则》的结构体系

《国际评估准则》的结构能够提高准则的整体可读性和全面性。2013年发布的《国际评估准则》根据理论和准则发展的需要将准则的结构和内容进行了重大的调整,已形成了一个结构体系完善的《国际评估准则》。

相对于2007年第八版《国际评估准则》,第九版《国际评估准则》淡化了房地产偏向性、减少了程序性的规定,弱化了对评估师监管问题,而倾向于由各国或地区相关组织和机构负责,删除了评估方法的具体论述,转而通过评估技术指南进行详细论述。此外,新版中删除了重复的概念和定义、对术语表进行了精简,新增了关于金融工具、工作范围和评估程序的新准则。新标准的目标是增加整个评估过程的透明度和一致性估值的信心,以适应目前评估实务的需求。

第三节 中国资产评估准则

一、中国资产评估准则的产生和发展

20 世纪 90 年代中期以前，中国的资产评估行业尚处于起步、推广阶段，为了迅速引进外资，大量的国有资产需要评估作价，但由于评估理论和实践的缺乏，当时不能也没有条件系统地开展资产评估准则的制定工作。

1996 年，中国资产评估协会（以下简称中评协）在总结几年来资产评估实践经验的基础上，组织专家起草了《资产评估操作规范意见（试行）》，由国家国有资产管理局转发。1996 年年底，中评协开始着手制定资产评估准则的准备工作并于 1997 年在北京召开两次资产评估准则国际研讨会，同年 11 月，中评协秘书处向中评协二届理事会提交了 14 项资产评估准则的草拟稿。为规范资产评估准则的制定工作，1998 年中评协第一次推出了中国资产评估准则的框架结构和准则制订计划，并制定了准则制定程序和准则发布程序，成立了中国资产评估准则国内外专家咨询组。1999 年 3 月财政部以财评字[1999]91 号文颁布的《资产评估报告基本内容与格式的暂行规定》，规定了资产评估报告书、评估说明和评估明细表的基本内容和格式。同年 6 月财政部针对金融资产的特点以财评字[1999]302 号文颁布了《资产评估报告基本内容与格式的补充规定》，同时中评协以[1999]53 号文推出了《资产评估业务约定书》《资产评估计划》《资产评估工作底稿》《资产评估档案管理》四个指南。受当时评估理论和实践水平的影响，这些规范和指南最终未以准则的形式出现。但它们实质上已构成了指导和规范我国资产评估行业过去 10 年的主要文件。

由于 2000 年以来证券市场发生多起因关联交易引发的关于无形资产评估的争议，在中国证监会的限时推出要求下，中国注册会计师协会（以下简称中注协）组织力量对我国无形资产评估中存在的问题及国外的相关规范进行了研究，在此基础上起草并由财政部于 2001 年 7 月以财会[2001]1051 号文发布了《资产评估准则——无形资产》，同时编写出版了《〈资产评估准则——无形资产〉释义》。

2002 年，中注协组织专家成立了准则起草组，反复讨论《资产评估基本准则》和《资产评估职业道德基本准则》两个基本准则，并于 2002 年 8 月正式以征求意见稿的形式公开征求行业内外的意见。

2003 年 1 月中评协发布的《珠宝首饰评估指导意见》（中评协[2003]1 号文）是继两个基本准则后发布的第一个评估指导意见。同月中注协颁发了《注册资产评估师关注评估对象法律权属指导意见》（会协[2003]18 号）。

2004 年 2 月 25 日财政部以财企[2004]20 号文发布了由中评协制定的《资产评估准则——基本准则》和《资产评估职业道德准则——基本准则》。两个基本准则发布，标志着我国资产评估准则体系初步建立，是我国资产评估准则制定工作和资产评估行业发展的里程碑。2004 年 5 月 1 日施行两个基本准则以来，结合国内评估实践、评估理论研究的成果以及

国际评估界准则建设的新进展,中评协不断加强我国资产评估准则制定工作。

2004 年 12 月中评协以[2004]134 号文发布了《企业价值评估指导意见(试行)》,改变了我国以前最常运用和评估报告使用者所最易于接受的评估方法——资产基础法(成本法),引入了国际上企业价值评估的一些成熟的概念与方法,使中国的企业价值评估与国际评估准则实现了有效的对接。

2005 年 3 月中评协以[2005]37 号文发布了《金融不良资产评估指导意见(试行)》,第一次引入了以金融不良资产处置为目的的价值分析业务,第一次提出了评估/分析结论可以以区间值表达,使评估结论更加合理,更符合专业特点。

2007 年 11 月中评协以[2007]169 号文发布了《以财务报告为目的的评估指南(试行)》,对注册资产评估师执行以财务报告为目的的评估行为进行了规范。

2007 年 11 月 28 日财政部在人民大会堂召开了"中国资产评估准则体系发布会",新发布《评估报告准则》《评估程序准则》《业务约定书准则》《工作底稿准则》《机器设备评估准则》和《不动产评估准则》《资产评估价值类型指导意见》8 项准则。

2008 年 11 月 28 日中评协以中评协[2008]217 号发布了《资产评估准则——无形资产》和《专利资产评估指导意见》,旨在规范注册资产评估师执行无形资产评估业务行为,维护社会公众利益和资产评估各方当事人合法权益。

2008 年 11 月 28 日中评协以中评协[2008]218 号发布了《企业国有资产评估报告指南》,连同过去发布的准则类文件,已基本形成了中国资产评估的准则体系。

2009 年 12 月 18 日中评协以中评协[2009]211 号发布了《投资性房地产评估指导意见(试行)》和《资产评估准则——珠宝首饰》。《投资性房地产评估指导意见(试行)》适应会计准则新变化,注重评估与会计、审计的衔接,突出了服务于财务报告目的的特点。

2011 年 12 月 30 日中评协修订了五项已有准则并发布两项新准则。具体包括:将《企业价值评估指导意见(试行)》修订上升为《资产评估准则——企业价值》;将《资产评估准则——评估报告》《资产评估准则——业务约定书》《企业国有资产评估报告指南》和《金融企业国有资产评估报告指南》中有关签章条款进行修订后,准则重新发布;制定了《商标资产评估指导意见》和《实物期权评估指导意见(试行)》。

2012 年 12 月 28 日中评协发布了三项新准则《资产评估准则——森林资源资产》《资产评估准则——利用专家工作》《资产评估职业道德准则——独立性》,以及两项资产评估操作专家提示,即《资产评估操作专家提示——中小评估机构业务质量控制》《资产评估操作专家提示——上市公司重大资产重组评估报告披露》。

此次修订和新建工作完成后,我国评估准则体系包含的准则项目已达 26 项,包括 2 项基本准则、12 项具体准则、4 项评估指南、8 项指导意见。这些准则的发布,使得评估业务的基本程序、主要资产类型的评估业务都有相应的评估准则予以规范,标志着我国资产评估准则体系基本建立,同时也标志着我国的评估实践全面进入准则规范时代。

二、中国资产评估准则的结构体系

中国资产评估准则体系包括职业道德准则和业务准则两部分。职业道德准则分为基本准则和具体准则两个层次。业务准则分为基本准则、具体准则、评估指南、指导意见四个层次。基本准则是评估师执行各种资产类型、各种评估目的评估业务的基本规范。具体准则包括规范评估业务流程的程序性准则和规范各种资产类型评估业务的实体性准则。评估指南是对特定评估目的和评估业务中某些重要事项的规范。指导意见是针对评估业务中的某些具体问题的指导性文件。准则体系设计的四个层次，从内涵看，依次递进、结构严谨、不同层次、不同目的。基本准则具有统驭性，其他准则各有其规范范围。准则层次的设计既满足了不同类型评估规范的需要，又能体现出不同发展阶段评估业务的要求；既规范评估师行为，又对委托方和监管部门产生积极影响；既突出对评估师职业道德规范，又对评估师权益进行合理保护。从外延看，准则体系具有开放灵活的特点，为评估实践中新的评估领域的规范留有空间。随着中国评估理论和实践的发展，可以将最新的研究成果、实践经验纳入准则体系中来。

第四节 资产评估程序概述

一、资产评估程序的定义

资产评估程序是指资产评估师执行资产评估业务所履行的系统性工作步骤。资产评估程序由具体的工作步骤组成，不同的资产评估业务由于评估对象、评估目的、资产评估资料收集情况等相关条件的差异，评估人员可能需要执行不同的资产评估具体程序或工作步骤，但由于资产评估业务的共性，不同资产类型、不同评估目的的资产评估业务的基本程序是相同或相通的。通过对资产评估基本程序的总结和规范，可以有效地指导评估人员开展各种类型的资产评估业务。

我国评估实务界从不同角度对评估程序有着不同的理解，总的说来可以从狭义和广义的角度来了解资产评估程序。资产评估是一种基于委托合同基础之上的专业服务，因此从狭义的角度看，很多人认为资产评估程序开始于资产机构和人员接受委托，终止于向委托人或相关当事人提交资产评估报告书。然而作为一种专业性、风险性很强的中介服务，为保证资产评估业务质量、控制资产评估风险、提高资产评估服务水平，以便更好地服务于委托人，维护资产评估行为各方当事人合法利益和社会公共利益，有必要从广义角度认识资产评估程序。广义的资产评估程序开始于承接资产评估业务前的明确资产评估基本事项环节，终止于资产评估报告书提交后的资产评估文件归档管理。

二、资产评估的基本程序

资产评估具体程序或工作步骤的划分取决于资产评估机构和人员对资产评估工作步骤共性的归纳，资产评估业务的性质、复杂程度也是影响资产评估具体程序划分的重要因素。

在 2008 年 7 月 1 日起施行的《资产评估准则——评估程序》中,规定了注册资产评估师通常执行的资产评估的基本程序,见表 2-1。

表 2-1 资产评估的基本程序

序号	资产评估程序的内容
1	明确资产评估业务基本事项
2	签订资产评估业务约定书
3	编制资产评估计划
4	现场调查
5	收集资产评估资料
6	评定估算
7	编制和提交资产评估报告
8	资产评估工作底稿归档

注册资产评估师不得随意删减基本评估程序。注册资产评估师应当根据准则,结合评估业务具体情况,制定并实施适当的具体评估步骤。注册资产评估师在执行评估业务的过程中,由于受到客观限制,无法或者不能完全履行评估程序,可以根据能否采取必要措施弥补程序缺失或是否对评估结论产生重大影响,决定继续执行评估业务或者终止评估业务。注册资产评估师应当记录评估程序履行情况,形成工作底稿。

三、资产评估程序的重要性

(一)资产评估程序是规范资产评估行为、提高资产评估业务质量和维护资产评估服务公信力的重要保证

资产评估机构和人员接受委托,不论执行何种资产类型、何种评估目的的资产评估业务,都应当履行必要的资产评估程序,按照工作步骤有计划地进行资产评估。一方面,这样做不仅有利于规范资产评估机构和人员的执业行为,而且能够有效地避免由于机构和人员水平不同而导致的在执行具体资产评估业务中可能出现的程序上的重大疏漏,切实保证资产评估业务质量。恰当履行资产评估程序对于提高资产评估机构的业务水平乃至资产评估行业整体业务水平具有重要意义。另一方面,资产评估是一项专业性很强的中介服务工作,评估机构和人员履行严格的评估程序也是赢得客户和社会公众信任、提高评估行业社会公信力的重要保证。

(二)资产评估程序是相关当事方评价资产评估服务的重要依据

由于资产评估结论是相关当事方进行决策的重要参考依据之一,因此资产评估服务必然引起许多相关当事方的关注,包括委托人、资产占有方、资产评估报告使用人、相关利益当事人、司法部门、证券监督及其他行政监督部门、资产评估行业主管协会以及社会公众、新闻媒体等。资产评估程序不仅为资产评估机构和人员执行资产评估业务提供了必要的指导和

规范，也为上述相关当事方提供了评价资产评估服务的重要依据，也是委托人、司法和行政监管部门及资产评估行业协会监督资产评估机构和人员、评价资产评估服务质量的主要依据。

（三）资产评估程序是资产评估机构和人员防范执业风险、保护自身合法权益、合理抗辩的重要手段

随着资产评估行业的发展，资产评估机构和人员与其他当事人之间就资产评估服务引起的纠纷和法律诉讼越来越多。从各国的实践来看，由于资产评估工作的专业性，无论是当事人还是司法部门由于在举证、鉴定方面存在较大难度等原因，都倾向于追究资产评估机构和人员在履行必要资产评估程序方面的疏漏和责任，而避免在专业判断方面下结论。由于我国资产评估实践尚处于初步发展阶段，各方对资产评估的专业性还存在认识上的差距，我国资产评估委托人和相关当事方、政府和行业监管部门及司法部门在相当长的一段时间里倾向于对资产评估结论做出"高低""对错"的简单二元判断，并以此作为对资产评估服务和评估机构、注册资产评估师的评判依据。随着我国资产评估行业的发展，有关各方对资产评估的认识逐步提高，目前已经开始逐步转向重点关注资产评估机构和人员在执行业务过程中是否恰当地履行了必要的资产评估程序。因此，恰当地履行资产评估程序是资产评估机构和人员防范执业风险的主要手段，也是在产生纠纷或诉讼后，合法保护自身权益、合理抗辩的重要手段。

思考：如何理解资产评估程序的重要性？

第五节　资产评估的具体程序

一、明确资产评估业务基本事项

明确资产评估业务基本事项是资产评估程序的第一个环节，包括在签订资产评估业务约定书以前所进行的一系列基础性工作，其对资产评估项目风险评价、项目承接与否以及资产评估项目的顺利实施等都具有重要意义。由于资产评估专业服务的特殊性，资产评估程序甚至在资产评估机构接受业务委托前就已开始。资产评估机构和注册资产评估师在接受资产评估业务委托之前，应当采取与委托人等相关当事人讨论、阅读基础资料、进行必要初步调查等方式，与委托人等相关当事人共同明确资产评估业务基本事项。

（一）委托方、产权持有者和委托方外的其他报告使用者的基本情况

资产评估机构和人员应当了解委托方和产权持有者的基本状况。在不同的资产评估项目中，相关当事方的人员组成有所不同，主要包括资产占有方、资产评估报告使用方、其他利益关联方等。委托人与相关当事人之间的关系也应当作为重要基础资料予以充分了解,这对于理解评估目的、相关经济行为以及防范恶意委托等十分重要。在可能的情况下,评估机构和评估人员还应要求委托人明确资产评估报告的使用人或使用人范围以及资产评估报告的使用方式。明确评估报告使用人范围一方面有利于评估机构和评估人员更好地根据使用者的需求提供良好的服务,同时也有利于降低评估风险。

（二）评估目的

资产评估机构和人员应当与委托方就资产评估目的达成明确、清晰的共识,并尽可能细化资产评估目的,说明资产评估业务的具体目的和用途,避免仅仅笼统列出通用资产评估目的的简单做法。

（三）评估对象和评估范围

注册资产评估师应当了解评估对象及其权益基本状况,包括法律、经济和物理状况,如资产类型、规格型号、结构、数量、购置(生产)年代、生产(工艺)流程、地理位置、使用状况,企业名称、住所、注册资本、所属行业、在行业中的地位和影响、经营范围、财务和经营状况等。注册资产评估师应当特别了解有关评估对象的权利受限状况。

（四）价值类型及定义

注册资产评估师应当在明确资产评估目的的基础上恰当确定价值类型,确保所选择的价值类型适用于资产评估目的,并就所选择价值类型的定义与委托方进行沟通,避免出现歧义、误导。

（五）资产评估基准日

资产评估机构和人员应当通过与委托方的沟通,了解并明确资产评估基准日。资产评估基准日是评估业务中极为重要的基础,也是评估基本原则之一的时点原则在评估实务中的具体实现。评估基准日的选择应当有利于资产评估结论有效地服务于资产评估目的,减少和避免不必要的资产评估基准日期后事项的发生。评估机构和人员应当凭借自己的专业知识和经验,建议委托方根据评估目的、资产和市场变化情况等因素合理选择评估基准日。

（六）资产评估报告使用限制和重要假设

资产评估机构和注册资产评估师在承接评估业务前,应该充分地了解所有对资产评估业务可能造成影响的限制条件和重要假设,以便进行必要的风险评价,并更好地为客户服务。

（七）评估报告提交时间及方式

按委托方要求,结合受托方的实际条件和工作能力,协商约定评估报告提交的具体时间及提交的方式。

（八）评估服务费总额、支付时间和方式

受托方按收费标准《资产评估收费管理暂行办法》规定,同时考虑工作量、资产的复杂程度、行为本身的复杂性和需要投入的工作量等综合因素和委托方协商收费,并约定支付的时间及提交的方式。

（九）委托方与注册资产评估师工作配合和协助等其他需要明确的重要事项

根据具体评估业务的不同,评估机构和人员应当在了解上述基本事项的基础上,了解其他对评估业务的执行可能具有影响的相关事项。资产评估机构和人员在明确上述资产评估基本事项的基础上，应当分析下列因素，确定是否承接资产评估项目。

▶ 1. 评估项目风险

评估机构和人员应当根据初步掌握的相关评估业务的基础情况，具体分析资产评估项目的执业风险，以判断该项目的风险是否超出合理的范围。

▶ 2. 专业胜任能力

评估机构和人员应当根据所了解的评估业务的基础情况和复杂性，分析本机构和评估人员是否具有与该项目相适应的专业胜任能力及相关经验。

▶ 3. 独立性分析

评估机构和人员应当根据职业道德要求和国家相关法规的规定，结合评估业务的具体情况分析注册资产评估师的独立性，确认与委托人或相关当事方是否存在现实或潜在利害关系。

二、签订资产评估业务约定书

资产评估业务约定书是资产评估机构与委托人共同签订的，以确认资产评估业务委托与受托关系，明确委托目的、被评估资产范围及双方义务等相关重要事项的合同。

根据我国资产评估行业的现行规定，注册资产评估师承办资产评估业务，应当由其所在的资产评估机构统一受理，并由评估机构与委托人签订书面资产评估业务约定书。注册资产评估师不得以个人名义签订资产评估业务约定书。资产评估业务约定书应当由资产评估机构与委托方的法定代表人或其授权代表签订，资产评估业务约定书应当内容全面、具体，含义清晰准确，符合国家法律、法规和资产评估行业的管理规定。2008年7月1日起施行的《资产评估准则——业务约定书》的主要内容见表2-2。

表2-2　资产评估业务约定书的主要内容

序号	业务约定书的内容
1	资产评估机构和委托方名称、住所
2	资产评估目的
3	资产评估对象和范围
4	资产评估基准日
5	资产评估报告使用者
6	出具资产评估报告的期限和方式
7	资产评估服务费总额、支付时间和方式
8	评估机构和委托方的其他权利和义务
9	违约责任和争议解决
10	签约时间

评估机构在决定承接评估业务后，应当与委托方签订业务约定书。评估目的、评估对象、评估基准日发生变化，或者评估范围发生重大变化，评估机构应当与委托方签订补充协议或者重新签订业务约定书。

三、编制资产评估计划

为高效完成资产评估业务,资产评估机构和人员应当编制资产评估计划,对资产评估过程中的每个工作步骤以及时间和人力安排进行规划与安排。资产评估计划是资产评估机构和人员为执行资产评估业务拟定的资产评估思路和实施方案,对合理安排工作量、工作进度、专业人员调配、按时完成资产评估业务具有重要意义。评估计划通常包括评估的具体步骤、时间进度、人员安排和技术方案等内容。由于资产评估项目千差万别,资产评估计划也不尽相同,注册资产评估师可以根据评估业务具体情况确定评估计划的繁简程度。资产评估机构和人员应当根据所承接的具体资产评估项目情况编制合理的资产评估计划,并根据执行资产评估业务过程中的具体情况及时修改、补充资产评估计划。

注册资产评估师编制的评估计划的内容应该涵盖现场调查、收集评估资料、评定估算、编制和提交评估报告等评估业务实施全过程,在资产评估计划编制过程中应当同委托人等就相关问题进行洽谈,以便于资产评估计划的实施。注册资产评估师应当将编制的评估计划报评估机构相关负责人审核、批准。编制资产评估工作计划应当重点考虑的因素见表 2-3。

表 2-3 编制资产评估工作计划应重点考虑的因素

序号	因 素
1	资产评估目的、资产评估对象状况
2	资产评估业务风险、资产评估项目的规模和复杂程度
3	评估对象的性质、行业特点、发展趋势
4	资产评估项目所涉及资产的结构、类别、数量及分布状况
5	相关资料收集状况
6	委托人或资产占有方过去委托资产评估的经历、诚信状况及提供资料的可靠性、完整性和相关性
7	资产评估人员的专业胜任能力、经验及专业、助理人员配备情况

四、资产勘查与现场调查

资产评估机构和人员执行资产评估业务,应当对评估对象进行必要的勘查和调查,包括对不动产和其他实物资产进行必要的现场调查。对企业价值、股权和无形资产等非实物性资产进行评估时,也应当根据评估对象的具体情况进行必要的现场调查。进行资产勘查和现场调查工作不仅仅基于资产评估人员勤勉尽责义务的要求,同时也是资产评估程序和人员全面、客观了解评估对象,核实委托方和资产占有方提供资料的可靠性,并通过在资产勘查和现场调查过程中发现的问题、线索,有针对性地开展资料收集和分析工作。由于各类资产差别很大以及评估目的不同,不同项目中对评估对象进行勘查或现场调查的具体方式和程度也不尽相同。评估师应当根据评估项目具体情况,确定合理的资产勘查或现场调查方式,并与委托方或资产占有方进行沟通,确保资产勘查或现场调查工作的顺利进行。

五、收集资产评估资料

在上述几个环节的基础上,资产评估机构和人员应当根据资产评估项目具体情况收集资产评估相关资料。资料收集工作是资产评估业务质量的重要保证，也是进行分析、判断进而形成评估结论的基础。由于资产评估的专业性和评估对象的广泛性，不同的项目、不同的评估目的、不同的资产类型对评估资料有着不同的需求。另外，由于评估对象及其所在行业的市场状况、信息化和公开化程度差别较大，相关资料的可获取程度也不同。因此资产评估机构和人员的执业能力在一定程度上就体现在其收集、占有与所执行项目相关信息资料的能力上。资产评估机构和人员在日常工作中应当注重收集信息资料及其来源，并根据所承接的项目情况确定收集资料的深度和广度，尽可能全面、翔实地占有资料，并采取必要措施确保资料来源的可靠性。

注册资产评估师应当通过询问、函证、核对、监盘、勘查、检查等方式进行调查，获取评估业务需要的基础资料，了解评估对象现状，关注评估对象法律权属。注册资产评估师在执行现场调查时无法或者不宜对评估范围内所有资产、负债等有关内容进行逐项调查的，可以根据重要程度采用抽样等方式进行调查。注册资产评估师应当根据评估业务需要和评估业务实施过程中的情况变化及时补充或者调整现场调查工作。注册资产评估师收集的评估资料包括直接从市场等渠道独立获取的资料，从委托方、产权持有者等相关当事方获取的资料，以及从政府部门、各类专业机构和其他相关部门获取的资料。评估资料包括查询记录、询价结果、检查记录、行业资讯、分析资料、鉴定报告、专业报告及政府文件等。注册资产评估师应当根据评估业务具体情况对收集的评估资料进行必要的分析、归纳和整理，形成评定估算的依据。

六、评定估算

资产评估机构和人员在占有相关资产评估资料的基础上，进入评定估算环节，主要包括分析资产评估资料、恰当选择资产评估方法、运用资产评估方法形成初步资产评估结论、综合分析确定资产评估结论、资产评估机构内部复核等具体工作步骤。

资产评估机构和人员应当对所收集的资产评估资料进行充分分析，确定其可靠性、相关性、可比性，摒弃不可靠、不相关的信息，对不可比信息进行必要分析调整，在此基础上恰当选择资产评估方法，并根据业务需要及时补充收集相关信息。

成本法、市场法和收益法是三种通用的资产评估基本方法，原则上在任何资产评估项目中，资产评估人员都应当首先考虑三种方法的适用性。长期以来在我国资产评估实践中，绝大多数资产评估业务是以成本法为唯一使用的资产评估方法。随着我国资产评估理论和实践的发展，特别是市场发展状况及其他相关条件的日益成熟，应当提倡资产评估人员根据评估对象、评估目的、资料收集情况等相关条件恰当选择资产评估方法，鼓励尽可能选用多种评估方法进行评估，对宜采用两种以上资产评估方法的评估项目，应当使用两种以上资产评估方法，并说明选择资产评估方法的理由。

资产评估人员在选择恰当的资产评估方法后，应当根据评估基本原理和评估准则的要求恰当运用评估方法进行评估，形成初步评估结论。采用成本法，应当合理确定完全重置成本和各相关贬值因素；采用市场法，应当合理选择参照物，分析参照物的信息资料，根据评估对象与参照物的差异进行必要调整；采用收益法，应当合理预测未来收益，合理确定收益期限和折现率等相关参数。

资产评估人员在形成初步资产评估结论的基础上，需要对信息资料、参数的数量、质量和选取的合理性等进行综合分析，以最终形成资产评估结论。当采用两种以上资产评估方法时，资产评估人员应当在初步结论的基础上，综合分析评估方法的相关性和恰当性及相关参数选取的合理性，形成资产评估结论。

资产评估机构应当建立内部质量控制制度，由不同人员对资产评估过程和结论进行必要的复核。

七、编制和提交资产评估报告书

资产评估机构和人员在执行必要的资产评估程序、形成资产评估结论后，应当按有关资产评估报告的规范编制资产评估报告书。资产评估报告书主要内容包括委托方和资产评估机构的情况、资产评估目的、资产评估结论价值类型、资产评估基准日、资产评估方法及其说明、资产评估假设和限制条件等内容。资产评估机构和人员可以根据资产评估业务性质和委托方或其他评估报告使用者的要求，在遵守资产评估报告书规范和不引起误导的前提下选择恰当的资产评估详略程度。

资产评估机构和人员应当以恰当的方式将资产评估报告书提交给委托人。正式提交资产评估报告书之前，可以在不影响对最终评估结论进行独立判断的前提下与委托方或者委托方许可的相关当事方就评估报告有关内容进行必要沟通，听取委托人、资产占有方对资产评估结论的反馈意见，并引导委托人、资产占有方、资产评估报告使用者等合理理解资产评估结论。

八、资产评估工作底稿归档

资产评估机构和人员在向委托人提交资产评估报告书后，应当及时将资产评估工作底稿归档。将这一环节列为资产评估基本程序之一，充分体现了资产评估服务的专业性和特殊性，不仅有利于评估机构应对今后可能出现的资产评估项目检查及进行法律诉讼，也有利于资产评估工作总结、完善和提高资产评估业务水平。

根据 2008 年 7 月 1 日施行的《资产评估准则——工作底稿》，注册资产评估师执行资产评估业务，应当遵守法律、法规和资产评估准则的相关规定，编制和管理工作底稿。工作底稿应当真实完整、重点突出、记录清晰、结论明确；注册资产评估师可以根据评估业务的具体情况合理确定工作底稿的繁简程度；工作底稿可以是纸质文档、电子文档或者其他介质形式的文档，电子或者其他介质形式的重要工作底稿，如评估业务执行过程中的重大问题处理记录，对评估结论有重大影响的现场调查记录、询价记录和评定估算过程记录等，应当同时形成纸质文档；注册资产评估师收集委托方和相关当事方提供的与评估业务相关的资料作为工作底稿，应当由提供方在相关资料中签字、盖章或者以其他方式进行确认；注册资产评估师应当在评估报告日后 90 日内，及时将工作底稿与评估报告等一起归入评估业务档案，并由所在评估机构按照国家有关档案管理的法律、法规及本准则的规定妥善管理；评估业务档案自评估报告日起一般至少保存 10 年；工作底稿的管理应当执行保密制度。除下列情形外，工作底稿不得对外提供：

(1) 司法部门按法定程序进行查询的；

(2) 依法有权审核评估业务的政府部门按规定程序对工作底稿进行查阅的；

(3) 资产评估行业协会按规定程序对执业质量进行检查的；

(4) 其他依法可以查阅的情形。

思考：如何把握并灵活运用资产评估的具体程序？

导入案例分析

　　根据资产评估业务准则《金融不良资产评估指导意见（试行）》的有关规定，该案例中业务类型——价值分析业务；采用的价值类型——清算价值类型；分析方法——综合因素分析法；分析范围债务人、担保人。在 2005 年《金融不良资产评估指导意见（试行）》未发布之前，评估机构从事金融不良资产评估类业务是"摸着石头过河"，发布之后是有章可循，《指导意见》为评估师提供了"划船渡河的一把舵和四只桨"，即"一把舵"是对价值评估业务与价值分析业务的划分；"第一只桨"是对价值类型的划分和定义；"第二只桨"是对价值分析业务提出了或供选择的分析方法；"第三只桨"是提出了新的评估结论的表达方式；"第四只桨"是把考虑委托方需求放在执行评估业务的重中之重。

本 章 小 结

　　高质量的资产评估准则有利于规范资产评估机构和评估师的行为，降低评估风险，提供高质量的评估信息，保护利益相关者的权益，保障市场经济的正常有效运行等。本章主要介绍《国际评估准则》、《欧洲评估准则》、《美国专业评估执业统一准则》、《中国资产评估准则》的结构体系和准则项目，为资产评估工作提供清晰的准则体系脉络。

拓展案例

描绘中国资产评估准则体系图谱

来源：中国会计报　发布时间：2014-05-09　作者：高鹤　编辑：无忧草

　　《资产评估准则——珠宝首饰》准则、《著作权资产评估指导意见》、《商标资产评估指导意见》，均填补了国际评估界相关领域准则制度的空白。《专利资产评估指导意见》、《实物期权评估指导意见(试行)》则为国际资产评估行业相关准则的制定提供了很好的借鉴。中国最早制定了较为完备的无形资产评估准则体系,丰富的无形资产评估实践也成了国际评估行业有意义的参考。这一项项创新,彰显了中国资产评估准则体系在国际评估界内的领先地位。毋庸置疑,从专业技术上,我国资产评估人已经握紧了国际评估界的"麦克风"。

准则创新源于市场拓展

理论的创新往往来源于实践。《服务业发展"十二五"规划》提出,加快发展生产性服务业,其中包括资产评估等商务服务业,并专门强调进一步完善商务服务业的执业标准。资产评估新业务同样在实践中对准则创新提出了迫切的要求,资产评估行业已经在巩固和发展传统业务领域的基础上,大力开拓高端服务,延伸服务链条,促进专业服务的转型升级。目前,资产评估实践中已经出现了两类新业务。第一类新业务是传统资产评估概念下的新的资产类型和新的经济行为的价值估算。第二类新业务是非价值估算业务。新型业务的涌现,正是资产评估准则体系创新的内生动力。

执业准则体系的"家谱"

事实上,资产评估执业准则体系这个"大家族"中包括了评估准则体系和操作指引体系两个"家庭"。现行的评估准则体系在框架上较为科学合理,具有开放性、综合性和前瞻性,很好地满足了资产评估实践需要。它适用于价值估算类业务,规范对象为评估机构和注册资产评估师,体现维护公共利益和规范执业行为的双重目的,具有强制性。"评估准则体系一家"有职业道德准则和业务准则两个成员。职业道德准则又分为基本准则和具体准则2个层次。业务准则也分为基本准则、具体准则、评估指南、指导意见4个层次。对于新出现的价值估算类业务准则,也可以纳入到评估准则体系的框架中。同时,为了给评估机构和注册资产评估师以专业指导,中评协还将根据评估实践需求或监管部门要求,针对评估业务特定事项或难点,陆续发布资产评估操作专家提示,供评估机构和注册资产评估师参考。操作指引体系则适用于评价、调查、管理咨询等非价值估算类业务,将根据执业需求随时制定新的项目。操作指引的制定一直遵循着灵活、创新的原则。一是针对非价值估算类业务执业实践不够丰富、探索性强的特点,操作指引主要体现指导目的。二是规范对象不仅仅是评估机构、注册资产评估师,也可以是其他专业服务机构或专业服务人员。三是对不同类的业务,对其成果的形式不强求统一,可根据不同的业务采取适当形式。四是为突出操作指引对新业务指导的及时性,在参照评估准则的制定和发布程序的基础上,操作指引的制定和发布程序可以适度调整。

准则体系"家族"的三大特色

在新的执业准则体系这个"大家族"身上烙印着鲜明的评估特色。它的专业名片展示出了3个特征:沿承了价值估算类业务,兼顾了非价值估算类业务,符合了评估执业准则国际发展趋势。的确,价值估算类业务是注册资产评估师的专属业务,是行业安身立命的基础,在较长时期仍是行业核心业务。因此,在新的执业准则体系中,单独设立了资产评估准则体系。此外,目前的国际交流和合作也主要是针对价值估算类的评估准则的探讨与交流。单独设立评估准则体系,也有助于国际交流。而新业务中的非价值估算类业务,内容多样,差异较大，成熟案例较少，探索性较强，按传统评估业务执业准则的制定程序和内容要求，可能无法及时满足业务实践的需要。对于该类业务，就该"另起炉灶"，单独设立操作指引体系，根据非估算价值业务具体特点、委托方及相关当事方特定需求、评估机构和注册资产评估师的执业实践，制定针对性、适用性更强的操作指引，较好适应新兴市场的服务特点。同时，近年来，国际评估准则理事会、美国评估促进会等评估组织为促进准则实施，根据执业需要提供了技术性文件或解释，对准则进行细致的说明和案例指导，这已经逐渐形成趋势。而我国在执业准则体系中，根据评估机构、执业人员和监管部门的特定需求，制定专家提示，正是符合了这一发展趋势。同时，专家提示还符合评估理论和实践的规律，让准则的原则性与专家提示的可操作性互为补充，准则的普适性与提示的具体性互为补充，准则的强制性与提示的参考性互为补充。

随着资产评估业务的不断扩展，资产评估实践得到进一步推进，促使资产评估准则为适应资产评估实践发展而不断扩充资产评估准则的范围和内容。新型业务的涌现，正是资产评估准则体系创新的内生动力。而这一趋势将会随着社会经济的快速发展和资产评估业务的扩展不断发展。

知识测试与能力训练

一、单项选择题

1. 目前最具影响力的国际性评估专业准则是（　　）。

    A. 国际评估准则委员会制定的《国际评估准则》

    B. 美国评估促进会制定的《专业评估执业统一准则》

    C. 欧洲评估师联合会制定的《欧洲评估准则》

    D. 英国皇家特许测量师学会制定的《评估与估价指南》

2. 《资产评估准则——机器设备》属于评估准则层次中的（　　）。

    A. 程序性准则   B. 指南性准则

    C. 实体性准则   D. 基本准则

3. 我国颁布的第一个资产评估准则是（　　）。

    A. 《资产评估准则——无形资产》

    B. 《资产评估准则——基本准则》

    C. 《资产评估准则——职业道德准则》

    D. 《专业评估执业统一准则》

4. 专业性准则属于资产评估准则框架体系中的（　　）。

    A. 资产评估基本准则   B. 资产评估具体准则

    C. 资产评估指南   D. 资产评估指导意见

5. 资产评估指南属于资产评估准则框架体系中的（　　）层次。

    A. 第一   B. 第二

    C. 第三   D. 第四

6. 资产评估业务活动中涉及的评估对象、评估依据、评估方法、评估程序等一系列规范的总称,是指( )。

    A. 业务准则　　　　　　　　　　B. 职业道德准则

    C. 基本准则　　　　　　　　　　D. 具体准则

7. 狭义的评估程序终止于( )。

    A. 资产评估文件归档管理　　　　B. 评定估算

    C. 提交资产　　　　　　　　　　D. 委托方交纳资产评估费用

8. 与委托人签订评估业务约定书的应当是( )。

    A. 资产评估师　　　　　　　　　B. 资产评估机构

    C. 资产评估师和评估机构　　　　D. 以上都不是

9. 资产评估基本程序对于不同资产类型、不同评估目的的资产业务来说( )。

    A. 完全不同　　　　　　　　　　B. 相同或相通

    C. 部分不同　　　　　　　　　　D. 不能确定

10. 下列哪种说法是正确的?( )

    A. 资产评估工作计划一经确定,就不得改动。

    B. 资产评估机构在提交正式资产评估报告之前,可以与委托人进行必要的沟通。

    C. 资产评估人员可以随意简化或删减资产评估程序。

    D. 资产评估人员可以对采用两种以上资产评估方法得出的结果直接进行算术平均确定评估结论。

11. 编制资产评估工作计划中不需要重点考虑的因素有( )。

    A. 资产评估目的　　　　　　　　B. 资产评估业务风险

    C. 资产评估人员的专业胜任能力　D. 资产评估对象的交易地点

12. ( )是评估人员获取信息资料的最主要来源。

    A. 学术出版物　　　　　　　　　B. 行业协会

    C. 公开市场　　　　　　　　　　D. 政府部门

13. 从信息来源来看未经处理的事实是( )。

    A. 不可用信息　　　　　　　　　B. 公开信息

    C. 一级信息　　　　　　　　　　D. 二级信息

14. 信息源中有选择地加工过的或按一定思想倾向改动过的信息是( )。

    A. 不可用信息　　　　　　　　　B. 公开信息

    C. 一级信息　　　　　　　　　　D. 二级信息

二、多项选择题

1. 下列属于美国《专业评估执业统一准则》10个准则中所介绍的准则的有( )。

    A. 准则1:不动产评估　　　　　　B. 准则5:不动产评估咨询报告

    C. 准则6:批量评估及报告　　　　D. 准则8:商誉评估报告

    E. 准则10:企业价值评估报告

2. 2004年2月,( )的出台,标志着我国资产评估准则体系初步形成。

A.《资产评估准则——基本准则》

B.《国有资产评估管理办法》

C.《注册资产评估师执业资格制度暂行规定》

D.《资产评估价值类型指导意见》

E.《资产评估职业道德准则——基本准则》

3. 从资产评估准则体系横向上划分,我国资产评估准则包括(　　)。

  A. 职业道德准则   B. 业务准则

  C. 基本准则   D. 资产评估指南

  E. 资产评估指导意见

4. 程序性准则是关于注册资产评估师通过履行一定的专业程序完成评估业务、保证评估质量的规范。下列准则中,属于程序性准则的是(　　)。

A.《珠宝首饰评估指导意见》

B.《资产评估准则——工作底稿》

C.《资产评估准则——业务约定书》

D.《金融不良资产评估准则指导意见(试行)》

E.《资产评估准则——评估程序》

5. 我国资产评估业务准则体系在纵向关系上包括(　　)等层次。

  A. 基本准则   B. 评估指南

  C. 指导意见   D. 职业道德基本准则

  E. 具体准则,包含程序性准则和实体性准则

6. 广义的资产评估程序开始于(　　),终止于(　　)。

  A. 资产评估机构和人员接受委托 B. 编制资产评估计划

  C. 明确资产评估基本事项   D. 资产评估文件归档管理

  E. 提交资产报告书   F. 收集资产评估资料

7. 下列(　　)属于资产评估程序的主要环节。

  A. 编制资产评估计划   B. 签订资产评估业务约定书

  C. 向资产评估管理部门提出申请 D. 资产勘查与现场调查

  E. 明确资产评估业务基本事项

8. 资产评估程序的重要性体现在(　　)。

A. 资产评估程序是维护资产评估服务公信力的重要保证

B. 恰当执行评估程序是资产评估机构和人员防范执业风险的重要手段之一

C. 资产评估程序是相关当事方评价资产评估服务的重要依据

D. 资产评估程序是资产交易双方定价决策的重要前提

E. 资产评估程序是规范资产评估行为的重要保证

9. 下列(　　)属于资产评估业务约定书包括的内容。

  A. 资产评估目的   B. 资产评估收费

  C. 资产评估基准日   D. 资产评估计划

E. 资产评估对象交易时间

10. 评估过程中常用的逻辑分析方法有（　　　）。

A. 比较分析法　　　　　　　　　B. 分析和综合法

C. 推理法　　　　　　　　　　　D. 以上都不对

三、简答题

1. 2011 年发行的第九版《国际评估准则》的具体准则包含哪些内容？

2. 中国《资产评估准则》的结构体系是什么？

3. 简述资产评估程序的意义和作用。

4. 简述资产评估的基本程序。

第三章
资产评估基本方法

学习目标

1. 了解资产评估三种方法的基本原理
2. 了解资产评估三种方法的应用前提
3. 掌握资产评估三种方法的具体应用

能力目标

1. 熟练运用资产评估三种方法
2. 把握资产评估三种方法运用的不同环境

章节导言

资产评估学是复合型应用学科。资产评估方法是实现估算资产价值的技术手段。资产评估是借助多学科理论在价值估算中的应用与实践并在这些科学的技术方法的基础上按照资产评估自身的运作规律和行业特点形成一整套方法体系，从而构成了资产评估方法体系。资产评估有着科学、实用的方法。资产评估方法是资产评估中的核心内容，资产评估结果产生及其公允与否直接与方法的正确使用与否息息相关。熟悉和掌握资产评估方法，了解评估方法所适用的条件，有助于增强认识问题和解决问题的能力。

案例导入

2018 年 3 月 23 日，陕西省高级人民法院受理交通银行陕西省分行与 T 集团贷款合同纠纷一案,扣押了 T 集团的考斯特 BB42L 大客车一辆,委托某评估事务所指派专业人员进行鉴定估价。

接到委托书后,评估人员对车辆本身进行现场勘验。首先查验该车的手续,此车车牌号为陕 A×××××,型号为考斯特 BB42L,车型为普通大客车,初次登记日期为 2016 年 7 月 24 日,发动机号为×××××××,车架号为×××××××,年检有效期至 2018 年 4 月,保险至 2018 年 4 月 29 日,车辆购置附加费真实有效。接着对车上的发动机号和车架号进行查验,核实该号码与行驶证上的发动机号和车架号完全一致,证实此车确为鉴定评估的对象。通过对车辆的进一步观察,评估人员认定该车为日本原装丰田公司制造考斯特柴油大客车,车身左、右两边都有擦痕,车身的左前侧有撞伤的痕迹,但现已修复,车厢里面的座椅及内饰均完好无损,发动车辆,仪表灯光均工作正常,通过里程表数据得知该车至今已行驶了 43 256 公里。操作过程:用力踩油门,车辆提速较快,发动机运行良好;挂挡行车,离合器分离较好,换挡平顺,行驶平稳;工作紧急制动检查,方向稍向右跑偏,但属正常情况之列。从查看、操作等方面来看,车辆技术状况较好。看完车辆后,评估人员又与车辆的驾驶员进行交谈,得知该车为 T 集团接送职工上下班的车辆,长年工作在市区内,工作条件较好。从车辆使用年限和累计行驶公里数看,年平均行驶 2 万多公里,使用强度不大,车辆不工作时一般都停在车库里,并有专人维护和保养,所以该车日常维护、保养较好。

(资料来源:陕西省西安市某评估机构内部资料)

案例思考:

(1) 本次评估应该遵循怎样的评估程序?

(2) 本次评估的目的是什么? 本次评估的价格是正常市场价吗?

(3) 对评估价格有无特别说明的事项?

(4) 本次评估的结果可以一直有效吗?

第一节　成　本　法

成本法是指首先估测被评估资产的重置成本,然后估测被评估资产业已存在的各种贬损因素,并将其从重置成本中予以扣除,而得到被评估资产价值的各种评估方法的总称。它是从成本取得和成本构成的角度对被评估资产的价值进行的分析和判断。

一、成本法的基本原理

(一) 成本法的理论基础

生产费用价值论认为资产的价值取决于购建时的成本耗费,即在条件允许的情况下,任何一个潜在的投资者在决定投资某项资产时所愿意支付的价格不会超过购建该项资产的现行购建成本。

（1）资产的价值取决于资产的成本。资产的取得成本越高，相应的资产的价值越大。

（2）资产的价值是一个变量。资产的价值随资产本身的运动和其他因素的变化而相应变化。

（二）成本法的评估思路

成本法的评估思路是资产评估值＝资产的重置成本－资产实体性贬值－资产功能性贬值－资产经济性贬值。　　　　　　　　　　　　　　　　　　　　　　　　　　　　　（3-1）

其基本公式为：

资产评估值＝资产的重置成本－资产实体性贬值－资产功能性贬值－资产经济性贬值

　　　　＝资产的重置成本×成新率－资产功能性贬值－资产经济性贬值

　　　　＝资产的重置成本×综合成新率　　　　　　　　　　　　　　　（3-2）

思考：什么是重置成本和各种贬值？

二、成本法的前提条件和适用范围

▶ 1. 成本法的前提条件

成本法的基本前提是资产交易的购买方在购买某项资产时，会把该项资产与具有同样生产能力的新资产直接进行比较，从而判断资产的价格。购买者愿意付出的价格绝不会超过具有相同效能的全新资产的最低成本。按照这种思维逻辑，应用成本法时，应具备以下六个前提条件：

（1）购买者对拟购买的资产不改变其原有用途。

（2）评估对象的实体特征、内部结构、功能效用必须与假设重置的全新资产具有可比性。

（3）评估对象必须是可以再生或复制的，否则不能采用成本法评估其价格。例如，土地、矿藏等资源性资产不宜使用成本法。

（4）评估对象必须是随着时间的推移会发生陈旧、贬值等价值损耗的资产，否则不能运用成本法进行评估。例如，古董、文物等特殊资产不宜使用成本法。

（5）形成资产价值的耗费是必须的、有效的、平均的，不能是无效的、个别的。

（6）被评估资产处于持续使用状态或被假定处于持续使用状态。

▶ 2. 成本法的适用范围

根据成本法的前提条件，成本法主要适用于以下情况：

（1）可以重新建造或购买，具有有形损耗、无形损耗特性的单项资产，如房屋、建筑物、机器设备、专利权等资产。

（2）可重建或购买的整体资产，如企业、饭店、剧院等。但与整体资产相关的土地不能采用重置成本法评估，对于包含固定资产、无形资产和流动资产等各类单项资产的整体资产，应分化为各个单项资产进行评估。

因此,成本法最适用于难以确定收益、市场上又很难找到交易参照物的评估对象。因为这些资产(如公路、桥梁等)既无法运用收益法,又不能用市场法进行评估。

 思考: 如何理解成本法使用的前提条件和适用范围?

三、成本法的基本要素

(一)资产的重置成本
资产的重置成本就是资产的现行再取得成本,包括复原重置成本和更新重置成本。

(1)复原重置成本是指采用与评估对象相同的材料、建筑或制造标准、设计、规格及技术等,以现时价格水平重新购建与评估对象相同的全新资产所发生的费用。

(2)更新重置成本是指采用新型材料,先进建筑或制造标准,新型设计、规格和技术等,以现行价格水平购建与评估对象具有同等功能的全新资产所需的费用。

二者的相同点是均采用现行价格计算,不同点是采用的材料、标准、设计等方面存在差异,但是并未改变基本功能。

需要注意的是有条件的情况下应尽可能选择更新重置成本。

(二)资产的实体性贬值
资产的实体性贬值亦称实体性损耗或有形损耗,是指资产由于使用及自然力的作用导致的资产的物理性能的损耗或下降而引起的资产的价值损失。有形损耗往往使资产的实体发生磨损、失效、丧失功能等变化,亦称为实体性陈旧贬值。例如,建筑物发生墙体裂缝、屋顶漏雨、基础下沉等,机器设备发生生锈、精密度下降等,化学用品由于存放时间过长而失效等。

需要指出的是,资产评估中的有形损耗与会计上的折旧不一样,它是以重置全价为基础确定的,不是按历史成本计算的;而且,由于在具体使用中,折旧与其磨损程度之间可能因保养、维护及实际运行时间的不同而存在差异。因此,资产评估中对有形损耗不能按累积折旧来确定,而必须通过实地勘查、测定来确定。

(三)资产的功能性贬值
资产的功能性贬值亦称功能性损耗,是指由于技术进步引起的资产功能相对落后而造成的资产价值损失。它包括由于新工艺、新材料和新技术的采用,而使原有资产的建造成本的超支额,及其原有资产超过技术先进的同类资产的运营成本的超支额。

(四)资产的经济性贬值
资产的经济性贬值亦称经济性损耗,是指资产受其外部环境的影响而造成的价值损失。外部环境主要是指评估对象的经济环境,如产业结构调整、通货膨胀、市场需求状况等。导致经济性损耗的主要原因有对产品需求的减少、市场竞争的加剧、原材料供应情况的变化、利率提高、政府法律的影响等。外界环境对资产价值所造成的影响是客观的,在资产评估时不容忽视。

四、成本法中各项要素的具体评估方法

（一）重置成本的估算方法（图3-1）

▶ **1. 重置核算法**

重置核算法亦称细节分析法、核算法等，它是利用成本核算的原理，根据重新取得资产所需的费用项目，逐项计算然后累加得到资产的重置成本，重置成本包括购买型和自建型。

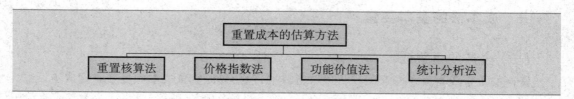

图3-1 重置成本的估算方法

购买型是以购买资产的方式作为资产的重置过程，资产的重置成本具体是由资产的现行购买价格、运杂费、安装调试费以及其他必要费用构成。

自建型是以自建资产作为资产重置方式，它根据重新建造资产所需的料、工、费及必要的资金成本和开发者的合理收益等分析和计算出资产的重置成本。由于重置成本是按在现行市场条件下重新购建一项全新资产所支付的全部货币总额，所以应该包括资产开发和制造商的合理收益。资产重置成本中的收益部分的确定，应以现行行业或社会平均资产收益水平为依据。

重置核算法的公式为

$$重置成本＝直接成本＋间接成本 \tag{3-3}$$

直接成本是指购建全新资产支出中，可直接计入购建成本的支出，如机器设备按现行市价确定的买价、安装所需的材料和人工成本等；间接成本是指购建全新资产所发生的不能直接计入购建成本，需要采用适当的方法和标准进行分配才能计入购建成本的各种支出，如设计费、制图费、行政管理费用等。间接成本的估算比较复杂，实际工作中可根据间接成本占直接成本的比例进行估算。如通常采用下列方法确定间接成本：

（1）人工成本比例法。

$$间接成本＝人工成本总额×间接成本占人工成本的百分率 \tag{3-4}$$

（2）单位价格法。

$$间接成本＝人数×工时×每人每小时间接成本 \tag{3-5}$$

（3）间接成本百分率法。

$$间接成本＝直接成本×间接成本占直接成本百分率 \tag{3-6}$$

【例3-1】 某设备购买价5万元，运杂费3 000元，其中人工搬运费2 000元、油费1 000元。

（1）若间接成本为人工成本的50%，该设备的重置成本为

$$50\ 000＋3\ 000＋2\ 000×50\%＝54\ 000（元）$$

（2）若搬运时要 8 名工人，每人搬 5 小时，每人每小时管理费用为 20 元，该设备的重置成本为

$$50\ 000+3\ 000+8\times5\times20=53\ 800（元）$$

（3）若间接成本为直接成本的 10％，该设备的重置成本为

$$50\ 000+3\ 000+(50\ 000+3\ 000)\times10\%=58\ 300（元）$$

【例 3-2】重新购建设备一台，现行市场价格为每台 5 万元，运杂费为 1 000 元，直接安装成本为 800 元，其中原材料成本 300 元，人工成本为 500 元。根据统计分析，计算求得安装成本中的间接成本为人工成本的 80％，该机器设备重置成本为

$$直接成本=50\ 000+1\ 000+800=51\ 800（元）$$

$$间接成本（安装成本）=500\times80\%=400（元）$$

重置成本合计：52 200 元。

采用重置核算法的前提是能够获得处于全新状态的被评估资产的现行市价。该方法可用于计算复原重置成本，也可用于计算更新重置成本。重置核算法计算结果比较精确，但需要收集较为详细的资料，比较费工费时。为此，可以在同类的几个新资产与评估对象之间进行详细的对比分析，选定一种新资产的原价作为重置成本。

▶ 2. 价格指数法

价格指数法是利用与资产有关的价格变动指数，将被评估资产的历史成本（账面价值）调整为重置成本的一种方法。它是成本法中使用比较广泛的一种方法。

其计算公式为

$$重置成本=资产的账面原值\times价格指数 \tag{3-7}$$

价格指数主要使用定基物价指数和环比物价指数两种。

（1）定基物价指数是指在一定时期内对比基期的价格指数。

或：

$$重置成本=资产的账面原值\times(1+价格变动指数) \tag{3-8}$$

（2）环比物价指数是指本期与上期相比而得出的指数。环比物价指数主要是反映物价逐期的变化情况。它是各时期的商品价格都同它前一时期的商品价格对比而编制的指数。

$$重置成本=资产的账面原值\times(1+a_1)\times(1+a_2)\times(1+a_3)\times\cdots\times(1+a_n)\times100\%$$
$$\tag{3-9}$$

式中：$a_1,a_2,a_3,\cdots,a_n$——各期环比物价指数。

【例 3-3】某被评估资产购建于 2011 年，账面原值为 50 000 元，当时该类资产的价格指数为 95％，评估时该类资产的价格指数为 160％，则

$$被评估资产重置成本=50\ 000\times(160\%\div95\%)\times100\%\approx84\ 210（元）$$

【例 3-4】被评估资产账面价值为 200 000 元，2010 年建成，2014 年进行评估，经调查已知同类资产环比价格指数分别为 2010 年 11.7％、2011 年 17％、2012 年 30.5％、2013 年 6.9％、2014 年 4.8％，则

$$被评估资产重置成本=200\ 000\times(1+17\%)\times(1+30.5\%)\times(1+6.9\%)\times$$
$$(1+4.8\%)\times100\%$$
$$\approx342\ 110（元）$$

价格指数法与重置核算法的区别如下：

（1）价格指数法估算的重置成本，仅考虑了价格变动因素，因而确定的是复原重置成本；而重置核算法既考虑了价格因素，也考虑了生产技术进步和劳动生产率的变化因素，因而可以估算复原重置成本和更新重置成本。

（2）价格指数法建立在不同时期的某一种或某类甚至全部资产的物价变动水平上；而重置核算法建立在现行价格水平与购建成本费用核算的基础上。

▶ 3. 功能价值类比法

功能价值类比法是指利用某些资产的功能（生产能力）的变化与其价格或重置成本的变化呈某种指数关系或线性关系，通过参照物的价格或重置成本，以及功能价值关系估测评估对象价格或重置成本的技术方法。当资产的功能变化与其价格或重置成本的变化呈线性关系时，人们习惯把线性关系下的功能价值类比法称为生产能力比例法，而把非线性关系条件下的功能价值法称为规模经济效益指数法。

计算公式为

$$被评估资产重置成本 = 参照物重置成本 \times \frac{被评估资产产量}{参照物资产产量} \qquad (3\text{-}10)$$

$$被评估资产重置成本 = 参照物重置成本 \times \left(\frac{被评估资产产量}{参照物资产产量}\right)^x \qquad (3\text{-}11)$$

公式中的 x 是一个经验数据，又被称为规模经济效益指数。在美国，这个经验数据一般为 0.4～1，如加工工业一般为 0.7，房地产行业一般为 0.9。我国到目前为止尚未有统一的经验数据，评估过程中要谨慎使用。公式中参照物一般可选择同类资产中的标准资产。

【例 3-5】某重置全新的一台机器设备价格为 5 万元，年产量为 5 000 件。现知被评估资产年产量为 4 000 件，由此可以确定其重置成本：

$$被评估资产重置成本 = 50\ 000 \times 4\ 000 \div 5\ 000 = 40\ 000（元）$$

【例 3-6】被评估资产生产能力为 600 000 件/年，参照物重置成本为 5 000 元，生产能力为 300 000 件/年，设 X 取值 0.7，求被评估资产的重置成本。

$$被估资产重置成本 = 5\ 000 \times (600\ 000 \div 300\ 000)^{0.7} = 8\ 122（元）$$

注：该方法计算的一般是更新重置成本。

▶ 4. 统计分析法（点面推算法）

当被评估资产单价较低、数量较多时，为降低评估成本，可采用此方法。计算步骤如下：

（1）将被评估资产按一定标准分类。

（2）抽样选择代表性资产，并选择适当方法计算其重置成本。

（3）计算调整系数 K。

其计算公式为：

$$K = \frac{R'}{R} \qquad (3\text{-}12)$$

其中：K——资产重置成本与历史成本的调整系数；

R'——某类抽样资产的重置成本；

R——某类抽样资产的历史成本。

(4)根据 K 值计算被评估资产重置成本。计算公式为

$$被评估资产重置成本 = \sum 某类资产账面历史成本 \times K \tag{3-13}$$

【例 3-7】评估某企业某类通用设备,经抽样选择具有代表性的通用设备 5 台,估算其重置成本之和为 30 万元,而该 5 台具有代表性通用设备历史成本之和为 20 万元,该类通用设备账面历史成本之和为 500 万元。则

$$K = 30 \div 20 = 1.5$$
$$该类通用设备重置成本 = 500 \times 1.5 = 750(万元)$$

(二)实体性贬值的测算方法(图 3-2)

图 3-2 实体性贬值的测算方法

▶ 1. 观察法

观察法是指由具有专业知识和丰富经验的工程技术人员对被评估资产的实体各主要部位进行技术鉴定,并综合分析资产的设计、制造、使用、磨损、维护、修理,大修理、改造情况和物理寿命等因素,将评估对象与其全新状态相比较,考察由于使用磨损和自然损耗对资产的功能、使用效率带来的影响,判断被评估资产的成新率,从而估算实体性贬值。

计算公式为

$$资产实体性贬值 = 重置成本 \times (1 - 实体性成新率) \tag{3-14}$$
$$实体性成新率 = 1 - 实体性贬值率 \tag{3-15}$$

▶ 2. 使用年限法

使用年限法是利用被评估资产的实际已使用年限与其总使用年限的比值来判断其实体贬值率(程度),进而估测资产的实体性贬值。

其表达式为

$$加权已使用年限 = \frac{\sum(名义已使用年限 \times 重置成本)}{\sum 重置成本} \tag{3-16}$$

(注:加权已使用年限是一种名义已使用年限)

$$资产利用率 = \frac{截至评估日累计实际已使用年限}{截至评估日累计法定已使用年限} \times 100\% \tag{3-17}$$

$$实际已使用年限 = 名义已使用年限 \times 资产利用率 \tag{3-18}$$

$$实体性贬值率 = \frac{实际已使用年限}{实际已使用年限 + 尚可使用年限} \tag{3-19}$$

$$实体性贬值额 = (重置成本 - 预计残值) \times 实体性贬值率 \tag{3-20}$$

$$成新率 = \frac{尚可使用年限}{实际已使用年限 + 尚可使用年限} \tag{3-21}$$

公式中：

（1）尚可使用年限是根据资产的有形损耗因素预计资产的继续使用年限。

（2）预计残值是指被评估资产在清理报废时净收回的金额。在资产评估中，通常只考虑数额较大的残值，若残值数额较小可以不计。

（3）总使用年限指的是实际已使用年限与尚可使用年限之和。

名义已使用年限是指资产从购进使用到评估时的年限。名义已使用年限可通过会计记录、资产登记簿、登记卡片查询确定。

实际已使用年限是指资产在实际使用中实际损耗的年限。实际已使用年限与名义已使用年限的差异，可以通过资产利用率来调整。

（1）当资产利用率＞1时，表示资产超负荷运转，资产实际已使用年限比名义已使用年限要长。

（2）当资产利用率＝1时，表示资产满负荷运转，资产实际已使用年限等于名义已使用年限。

（3）当资产利用率＜1时，表示开工不足，资产实际已使用年限小于名义已使用年限。

【例 3-8】被评估车辆可行驶的总里程为 60 万公里。截至评估基准日，该车辆已经行驶10 万公里，重置成本为 36 万元。假定不考虑其他因素，则被评估资产在基准日的实体性贬值额为：

实体性贬值额＝重置成本×已行驶里程/总里程

＝36×（10÷60）

＝6（万元）

此外，评估中经常遇到被评估资产是经过更新改造过的情形。对于更新改造过的资产而言，其实体性贬值的计量还应充分考虑更新改造投入的资金对资产寿命的影响，否则可能会过高地估计实体性贬值。对于更新改造问题，一般采取加权法来确定资产的实体性贬值。

$$加权已使用年限＝\frac{\sum（名义已使用年限×重置成本）}{\sum 重置成本} \qquad (3\text{-}22)$$

【例 3-9】某设备 2013 年建成，原价 15 万，2015 年更换配件花费 3 万，2018 年评估，从2013 年到 2018 年，设备价格每年比上一年上涨 11％，求加权已使用年限。

重置成本＝15×（1＋11％）⁵＝25.28（万元）

重置成本＝3×（1＋11％）³＝4.10（万元）

加权已使用年限＝（5×25.28＋3×4.10）/（25.28＋4.10）＝4.72（年）

【例 3-10】某资产 2008 年 5 月购进，2018 年 5 月评估时，名义已使用年限是 10 年。根据该资产技术指标，正常使用情况下，每天应工作 8 小时，该资产实际每天工作 7.5 小时。由此可以计算资产利用率。

资产利用率＝10×360×7.5/（10×360×8）×100％≈93.75％

由此可确定其实际已使用年限为 9.4 年。

▶ 3. 修复费用法

修复费用法是利用恢复资产功能所支出的费用金额来直接估算资产实体性贬值的一种方法。所谓修复费用包括资产主要零部件的更换或者修复、改造、停工损失等费用支出。如果资产可以通过修复恢复到其全新状态,可以认为资产的实体性损耗等于其修复费用。

(三)资产的功能性贬值测算方法

功能性贬值是由于技术相对落后造成的贬值。功能性贬值的估算可以按下列方法进行:

▶ 1. 按超额运营成本估算

超额运营成本是指根据资产的效用、生产加工能力、工耗、物耗、能耗水平等功能方面的差异造成的成本增加或效益降低,相应确定功能性贬值额。

(1)将被评估资产的年运营成本与功能相同但性能更好的新资产的年运营成本进行比较。

(2)计算二者的差异,确定净超额运营成本。

由于企业支付的运营成本是在税前扣除的,因此企业支付的超额运营成本会引致税前利润额下降。所得税额降低,使得企业负担的运营成本低于其实际支付额。因此,净超额运营成本是超额运营成本扣除其抵减的所得税以后的余额。

(3)估计被评估资产的剩余寿命。

(4)以适当的折现率将被评估资产在剩余寿命内每年的超额运营成本折现,这些折现值之和就是被评估资产功能性损耗。

思考:如何理解超额投资成本和超额运营成本?

计算公式为

$$功能性贬值 = \sum(年净超额运营成本 \times 折现系数)$$

$$= \sum[年超额运营成本 \times (1 - 所得税税率) \times 折现系数] \quad (3-23)$$

若每年的超额运营成本相同,则有

$$功能性贬值 = 年超额运营成本 \times (1 - 所得税税率) \times 年金现值系数$$

$$= 年净超额运营成本 \times 年金现值系数 \quad (3-24)$$

【例 3-11】某种机器设备,技术先进的设备比原有的陈旧设备生产效率高,节约工资费用,有关资料及计算结果见表 3-1。

表 3-1 某设备的技术资料及计算结果

项 目	技术先进设备	技术陈旧设备
月产量	10 000 件	10 000 件
单件成本	0.80 元	1.20 元
月总成本	8 000 元	12 000 元
月差异额/月超额运营成本		12 000 − 8 000 = 4 000(元)
年工资成本超支额		4 000 × 12 = 48 000(元)

续表

项　目	技术先进设备	技术陈旧设备
减：所得税（税率33％）		48 000×33％＝15 840（元）
扣除所得税后年净超额工资		48 000－15 840＝32 160（元）
资产剩余使用年限		5 年
折现率10％,求 5 年年金折现系数		3.790 8
功能性贬值额		32 160×3.790 8＝121 912.13（元）

思考：如何理解超额投资成本和超额运营成本？

▶ 2. 按超额投资成本估算

超额投资成本是指由于技术进步,出现替代设备、替代技术、替代产品,而使原有资产的建造成本的超支额,需要考虑行业技术装备水平现状和资产更新换代速度。

功能性贬值的估算还可以通过超额投资成本的估算进行,即超额投资成本可视同为功能性贬值,计算公式为

$$功能性贬值＝复原重置成本－更新重置成本 \tag{3-25}$$

（四）资产经济性贬值的估算

资产的经济性贬值主要表现为运营中的资产利用率下降甚至闲置,并由此引起资产的运营收益减少。需要强调的是资产的经济性贬值由外部原因引起。当有确实证据表明资产已经存在经济性贬值时,可参考下列方法估测其经济性贬值率或经济性贬值额。

▶ 1. 因资产利用率下降导致的经济性贬值

$$经济性贬值率＝1-\left(\frac{资产预计可被利用的生产能力}{资产原设计生产能力}\right)^{x}×100％ \tag{3-26}$$

$$经济性贬值率＝(1-预计资产利用率^{x})×100％ \tag{3-27}$$

x 为功能价值指数,实践中多采用经验数据,数值范围一般为 0.6～0.7。

$$经济性贬值额＝(重置成本－实体性贬值－功能性贬值)×经济性贬值率 \tag{3-28}$$

（注意：实体性贬值发生在评估基准日之前,功能性贬值和经济性贬值发生在评估基准日之后。评估基准日之前的资产利用率用来算实际已使用年限,评估基准日之后的资产利用率用来算经济性贬值率。）

▶ 2. 因收益额减少而导致的经济性贬值

$$经济性贬值额＝年收益损失额×(1-所得税税率)×年金现值系数 \tag{3-29}$$

【例 3-12】 某被评估生产线设计生产能力为年产 20 000 台产品,因市场需求结构变化,在未来可使用年限内,每年产量估计要减少 6 000 台,功能价值指数取 0.6。根据上述条件,该生产线的经济性贬值率大约在以下水平上：

$$经济性贬值率＝[1-(14\ 000÷20\ 000)^{0.6}]×100％$$
$$＝(1-0.81)×100％$$
$$≈19％$$

例 3-12 中假定每年产量减少 6 000 台,每台产品 100 元,该生产线尚可继续使用 3 年,企业所在行业的投资回报率为 10%,所得税税率为 25%。该资产的经济性贬值额大约为

$$经济性贬值额 = (6\,000 \times 100) \times (1 - 25\%) \times (P/A, 10\%, 3)$$
$$= 450\,000 \times 2.486\,9$$
$$\approx 1\,119\,105(元)$$

思考：重置成本就是成本价吗?

第二节　市　场　法

市场法也叫现行市价法、市场比较法、比较法、交易案例比较法、买卖实例比较法、交易实例比较法、市场比较法、市场资料比较法。市场法是指利用市场上同样或类似资产的近期交易价格,经过直接比较或类比分析,以估测资产价值的各种评估技术方法的总称。

一、市场法的应用前提

▶ 1. 充分发达活跃的资产市场(公开市场)

需要有一个充分发达活跃的资产市场。资产市场上,资产交易越频繁,与被评估资产相类似资产的价格越容易获得。

▶ 2. 资产及其交易的可比性(参照物)

公开市场上要有可比的资产及其交易活动。资产及其交易的可比性,是指选择的可比资产及其交易活动在近期公开市场上已经发生过,且与被评估资产及资产业务相同或相似。

资产及其交易的可比性具体体现在以下几个方面:

(1) 参照物与评估对象在功能上具有可比性(包括用途、性能上的相同或相似)。在资产评估中强调资产的使用价值或功能,并不是从纯粹抽象意义上去讲,而是从资产的功能并结合社会需求,从资产实际发挥效用的角度来考虑。就是说,在社会需要的前提下,资产的功能越好,其价值越高;反之亦然。

(2) 参照物与被评估对象面临的市场条件具有可比性。市场条件主要包括供求条件和交易条件。在一般情况下,供不应求时,价格偏高;供过于求时,价格偏低。交易条件主要包括交易数量、交易动机、交易时间等。交易数量不同,交易对象的价格就可能不同。交易动机也对资产交易价格有影响。在不同时间交易,资产的交易价格也会有差别。市场条件上的差异对资产价值的影响应引起评估人员足够的关注。

（3）参照物成交时间与评估基准日间隔时间不能过长，应在一个适度的时间范围内。同时，时间对资产价值的影响是可以调整的。

市场法主要适用于单项资产的评估，如对机器设备、运输设备、原材料的评估。由于在市场上很难找到两个相类似的企业，所以企业价值评估一般很难采用市场法进行评估。

思考：市场法的本质是什么？

二、市场法的基本程序及有关指标（表3-2）

表3-2　市场法的基本程序

序号	内　　容
1	选择参照物
2	选择比较因素
3	指标对比、量化差异
4	调整差异
5	综合分析确定评估结果

（一）选择参照物

（1）成交价必须真实。

（2）至少三个交易案例。

（3）与被估资产相类似（可以替代，即功能相同）。

（4）成交价是正常交易的结果。

（5）尽可能选择近期成交的交易案例。

（二）选择比较因素

不论何种资产，影响其价值的因素基本相同，如资产的性质、市场条件等。但具体到每一种资产时，影响资产价值的因素又各有侧重。例如，房地产主要受地理位置因素的影响，而机器设备则受技术水平的影响。根据不同种类资产价值形成的特点，选择对资产价值形成影响较大的因素作为对比指标，在参照物与评估对象之间进行比较。

（三）指标对比、量化差异

根据所选定的对比指标，在参照物及评估对象之间进行比较，并将两者的差异进行量化。例如，资产功能指标，参照物与评估对象尽管用途功能相同或相近，但是在生产能力上、在生产产品的质量方面，以及在资产运营过程中的能耗、物耗和人工消耗等方面都会有不同程度的差异，将参照物与评估对象对比指标之间的差异数量化、货币化是运用市场途径的重要环节。

（四）调整差异

市场途径是以参照物的成交价格作为估算评估对象价值的基础。在此基础上将已经量化的参照物与评估对象对比指标差异进行调增或调减,就能得到以每个参照物为基础的评估对象的初评结果。初评结果的数量取决于所选择的参照物个数。

(五)综合分析确定评估结果

运用市场途径通常应选择三个以上参照物,就是说在通常情况下,运用市场途径评估的初评结果也在三个以上。按照资产评估一般惯例的要求,正式的评估结果只能是一个,这就需要评估人员对若干初评结果进行综合分析,来确定最终的评估值。在这个环节上没有制度规定,取决于评估人员对参照物的把握和对评估对象的认识,再加上评估经验。当然,假如参照物与评估对象可比性都很好,评估过程中没有明显的遗漏或疏忽,采用加权平均的办法将初评结果转换成最终评估结果也是可以的。

三、市场法的具体操作方法

(一)直接比较法

直接比较法是指利用参照物的交易价格及参照物的某一基本特征直接与评估对象的同一基本特征进行比较而判断评估对象价值的方法。其计算公式为

$$资产评估值 = 参照物成交价格 \times \frac{被评估对象某因素}{参照物某因素} \qquad (3\text{-}30)$$

适用范围:参照物与被评估资产之间仅在某一方面存在差异,如成新率、功能等。

▶ 1. 功能价值法(比较功能)

功能价值法是以参照物的成交价格为基础,考虑参照物与被估对象之间的功能差异进行调整来估算被估对象价值的方法。当资产的成交价与生产能力之间呈线性关系时其关系可用公式表示为

$$资产评估值 = 参照物成交价格 \times \frac{被评估对象生产能力}{参照物生产能力} \qquad (3\text{-}31)$$

通过不同资产的生产能力与其成交价之间关系的分析可以发现,许多资产的成交价与其生产能力之间不存在线性关系,当资产 A 的生产能力比资产 B 的生产能力大 1 倍时,其成交价却不一定大 1 倍,也就是说,资产生产能力和成交价之间只是同方向变化,而不是等比例变化,这是由于规模经济效益作用的结果。两项资产的成交价和生产能力相比较,其关系可用公式表示为

$$资产评估值 = 参照物成交价格 \times \left(\frac{被评估对象生产能力}{参照物生产能力} \right)^x \qquad (3\text{-}32)$$

x 为规模经济效益指数,可通过统计分析确定,在不同行业有不同的取值范围。在美国,总的取值范围为 0.4~1.0,有时超过 1.0,机器设备的评估中最常用的是 0.7 左右,房地产评估为 0.9 左右。

【例 3-13】某被评估资产年生产能力为 90 吨,参照资产的年生产能力为 120 吨,评估时点参照物的市场价格为 10 万元,则

$$资产评估值 = 10 \times (90 \div 120) = 7.5(万元)$$

▶ 2. 价格指数法（比较价格变化）

价格指数法是以参照物成交价格为基础，考虑参照物的成交时间与被评估对象的评估基准日之间的时间间隔对资产价值的影响。此方法一般只运用于评估对象与参照物之间仅有时间因素存在差异的情况。

价格指数主要使用定基物价指数和环比物价指数两种。

(1) 定基物价指数也叫定基价格指数，是指在一定时期内对比基期的价格指数。

$$资产评估值＝参照物成交价格×\frac{评估时定基物价指数}{参照物定基物价指数} \tag{3-33}$$

使用定基物价指数时，每次使用 2 个定基物价指数，包括参照物当年，当价格上涨时定基物价指数大于 1，当价格下降时定基物价指数小于 1。

【例 3-14】某评估对象将于 8 月成交，与评估对象完全相同的资产 3 月的成交价格为 13 万元。3 月时的定基物价指数为 120%，8 月时物价指数为 140%，则

$$资产评估值＝13×(140\%÷120\%)≈15.17(万元)$$

(2) 环比物价指数是指本期与上期相比而得出的指数。环比物价指数主要是反映物价逐期的变化情况。它是各时期的商品价格都同它前一时期的商品价格对比而编制的指数。

$$资产评估值＝参照物成交价格×(1＋a_1)×(1＋a_2)×(1＋a_3)×\cdots(1＋a_n)×100\%$$
$$\tag{3-34}$$

式中：$a_1,a_2,a_3,\cdots,a_n$——各期环比物价指数。

环比物价指数有 n 个，不包括参照物当年，$n＝$评估年－参照物年。当价格上涨时环比价格指数大于 0，当价格下降时环比价格指数小于 0。

【例 3-15】与评估对象完全相同的参照资产 4 个月前的成交价格为 10 万元。环比物价指数分别为 5%、1%、2%、－4%，则

$$资产评估值＝10×(1＋5\%)×(1＋1\%)×(1＋2\%)×(1－4\%)×100\%$$
$$≈10.38(万元)$$

▶ 3. 成新率价格法（比较新旧程度）

成新率价格法是以参照物的成交价格为基础，考虑参照物与评估对象新旧程度上的差异，通过成新率调整估算出评估对象的价值。计算公式为

$$资产评估值＝参照物成交价格×\frac{资产评估对象成新率}{参照物成新率} \tag{3-35}$$

$$资产评估对象成新率＝\frac{资产的尚可使用年限}{资产的已使用年限＋资产的尚可使用年限} \tag{3-36}$$

此方法一般只运用于评估对象与参照物之间仅有成新程度差异的情况。

▶ 4. 市价折扣法（比较市场条件）

市价折扣法是以参照物成交价格为基础，考虑到评估对象在销售条件、销售时限等方面的不利因素，凭评估人员的经验或有关部门的规定，设定一个价格折扣率来估算评估对象价

值的方法。计算公式为

$$资产评估值=参照物成交价格\times(1-价格折扣率)\qquad(3-37)$$

此方法一般只适用于评估对象与参照物之间仅存在交易条件方面差异的情况。

【例3-16】评估某拟快速变现资产,在评估时点与其完全相同的资产的正常变现价为10万元,评估师经综合分析,认为快速变现的折扣率应为40%,因此,拟快速变现资产价值接近于6万元。则

$$资产评估值=10\times(1-40\%)=6(万元)$$

▶ 5. 成本市价法(比较成本因素)

成本市价法是以评估对象的现行合理成本为基础,利用参照物的成本市价比率来估算评估对象的价值的方法。计算公式为

$$资产评估值=参照物成交价格\times\frac{评估对象现行合理成本}{参照物现行合理成本}$$

▶ 6. 市盈率乘数法(比较收益额)

市盈率乘数法是以参照物的市盈率作为乘数(倍数),以此乘数与评估对象的收益额相乘估算评估对象价值的方法。

$$资产评估值=评估对象收益额\times参照物市盈率\qquad(3-38)$$

【例3-17】某被评估企业的年净利润为1 000万元,评估时点资产市场上同类企业平均市盈率为20倍,则

$$资产评估值=1 000\times20=20 000(万元)$$

直接比较法直观简捷,便于操作,但通常对参照物与评估对象之间的可比性要求较高。因而,直接比较法的使用也相对受到一定制约。

(二)类比调整法

类比调整法是市场法中最基本的评估方法。该法并不要求参照物与评估对象必须一样或者基本一样,只要参照物与评估对象在大的方面基本相同或相似即可。该法通过对比分析调整参照物与评估对象之间的差异,在参照物成交价格的基础上调整估算评估对象的价值。

$$参照物调整后价值=参照物的成交价\times时间因素修正系数\times区域因素修正系数\times$$
$$功能因素修正系数\times个别因素修正系数\times\cdots\qquad(3-39)$$

或

$$参照物调整后价值=参照物的成交价\pm时间因素修正值\pm区域因素修正值\pm$$
$$功能因素修正值\pm个别因素修正值\pm\cdots\qquad(3-40)$$

类比调整法具有适用性强、应用广泛的特点。但该法对信息资料的数量和质量要求较高,而且要求评估人员要有较丰富的评估经验、市场阅历和评估技巧。

【例4-18】被评估房产为位于西安高新区的楼盘LY广场的一套商品房4号楼1201室。选取比较对象A为2号楼701室,B为2号楼802室,C为邻近相似楼盘浦东HQ花园5号楼601室。具体情况见表3-3。

表 3-3 交易实例情况表

交易实例 比较项目	A	B	C	被估房产
坐落	高新区 FD 路 300 号	高新区 FD 路 300 号	高新区 JX 路 300 号	高新区 FD 路 300 号
城墙/二环/三环	三环以内	三环以内	三环以内	三环以内
价格（元/平方米）	10 500	10 000	9 500	
交易日期	2018 年 6 月	2018 年 9 月	2018 年 11 月	2018 年 11 月
面积	114	114	120	114

（1）进行个别因素修正。各交易实例个别因素打分情况见表 3-4。

表 3-4 个别因素打分表

交易案例 个别因素	A	B	C
交通便捷度	10	10	10
自然环境	10	10	10
噪声及各种干扰	8	8	8
房产管理	10	10	9
社区环境	10	10	9
楼层	8	8	7
房型布局	10	10	10
房屋朝向	10	7	10
房龄	10	10	9
装修情况	10	10	8
总分	96	93	90

$$交易实例 A 个别因素修正系数 = \frac{100}{96}$$

$$交易实例 B 个别因素修正系数 = \frac{100}{93}$$

$$交易实例 C 个别因素修正系数 = \frac{100}{90}$$

（2）进行交易时间修正。由于受到国家对房地产市场调控及征收房产税的影响,6 月西安楼市陷入低谷,许多人持币观望,房地产市场有价无市,交易量萎缩。9 月西安楼市进入了传统意义上的"金九银十"期,房屋的交易量开始缓慢回升,楼市出现复苏迹象。此外,西安市秋季房屋展销会的成功举办,对于活跃市场也起到了不小的作用。根据对西安市房地产市场的调查,进入 9 月,房屋均价比 6 月上涨了 2%。9 月以来,房屋均价平均每个月上涨 1%。

$$交易实例 A 交易时间修正系数 = \frac{104}{100}$$

$$交易实例 B 交易时间修正系数 = \frac{102}{100}$$

$$交易实例 C 交易时间修正系数 = \frac{100}{100}$$

（3）计算参照物调整后价格。

$$A = 10\,500 \times \frac{100}{96} \times \frac{104}{100} = 11\,375（元/平方米）$$

$$B = 10\,000 \times \frac{100}{93} \times \frac{102}{100} = 10\,968（元/平方米）$$

$$C = 9\,500 \times \frac{100}{90} \times \frac{100}{100} = 10\,556（元/平方米）$$

（4）采用算术平均法求被评估房产的评估值。

$$被评估房产单价 \approx (11\,375 + 10\,968 + 10\,556) \div 3$$

$$\approx 10\,966（元/平方米）$$

（5）说明。由于所选参照物的区域位置及功能特性与被评估房产非常接近，故没有进行区域因素及功能因素的修正。

四、有关市场法的讨论

（一）关于方法的选用

只有在与被评估资产相类似资产存在交易活跃的市场，且能够获得类似资产市场交易的真实资料的情况下方可运用市场法进行评估，例如一些大城市的写字楼、公司的普通股股票、一些生产设备等资产，由于其交易相当频繁，运用市场法非常有效。

（二）关于参照物选择的问题

（1）必须选择三个以上的参照物。

（2）在选择参照物时，应当选择参照物公平交易的案例。在市场交易中有时存在特殊情况，例如交易双方的地位不平等，买方（卖方）处于劣势地位，或卖方急于将资产脱手，或国家处于某一特殊的经济形势中等，在选择参照物时应避免这些特殊的交易案例。

（3）应选取近期交易的资产案例作为参照物。

（三）对不同参照物结果的处理

采用市场法进行评估，需要选取三个以上的参照物，这时就会得到若干个初评结果，评估师可以对若干个初评结果进行分析，剔除异常值，对其他较为接近的初评结果可以采用加权平均法、简单平均法等计算出平均值作为最终的评估结果，评估师也可以通过其他方法判断评估值的高低，确定评估值的区间。

思考： 在什么情况下，重置成本高于现行市价？在什么情况下，现行市价高于重置成本？

第三节 收 益 法

收益法是指通过估测被评估资产未来预期收益的现值来判断资产价值的各种评估方法的总称，即依据资产未来预期收益，经折现或本金化处理来估测资产价值。

一、收益法的基本原理

（一）收益法的理论基础

收益法的理论基础是效用价值论，即收益决定资产的价值，收益越高，资产的价值越大。资产的收益通常表现为一定时期内的收益流，而收益有时间价值，因此为了估算资产的现时价值，需要把未来一定时期内的收益折算为现值，这就是资产的评估值。

（二）收益法的评估思路

收益法是通过估测被评估资产未来预期收益折成现值，借以确定被评估资产价值的一种评估思路。收益法是基于"现值"规律，即资产的价值等于其预期未来收益的现值之和。

（三）运用收益法的前提条件和适用范围

收益法的基本前提是：在资产交易业务中，新的资产所有者为取得资产所支付的货币量不会超过该项资产（或与其具有同样风险因素的相似资产）的预期收益的现值。

运用收益法进行资产评估时，评估对象应当具备下列条件：

（1）被评估资产必须具有独立的连续提供未来预期收益的能力。不能独立提供收益，或不具有连续不断地获得收益的资产，不宜运用收益法评估。

（2）资产的未来收益必须能够用货币计量。如果所提供的收益无法用货币计量，也就无法计算其现值。

（3）资产的未来收益包含风险收益，其风险也必须能够用货币来衡量。如果没有风险，则未来收益就是安全收益（相当于利息），就无须评估其现值；如果不能确定风险收益额，则又将无法评估收益的现值。

因此，收益法一般适用于对企业整体资产的评估。在整体资产评估中，可以通过对企业技术经济状况、财务状况的分析研究，以及对未来市场的预测分析，测定企业的未来收益状况，并将其用货币指标进行计量。

二、收益法的基本程序及基本参数

（一）收益法的基本程序

（1）搜集并验证与评估对象未来预期收益有关的数据资料，包括经营前景、财务状况、市场形势以及经营风险等；

（2）分析测算被评估对象未来预期收益；

（3）确定折现率或本金化率；

（4）分析测算被评估资产预期收益持续的时间；

（5）用折现率或本金化率将评估对象未来预期收益折算成现值；

（6）分析确定评估结果。

（二）收益法的基本参数

运用收益法进行评估涉及许多经济技术参数，其中最主要的参数有三个，即净收益、收益期限和折现率。

▶ 1. 净收益

净收益是指资产在正常情况下所能得到的归其产权主体的所得额。

资产评估中的收益额有两个比较明确的特点：其一，收益额是资产未来预期收益额，而不是资产的历史收益额或现实收益额；其二，用于资产评估的收益额是资产的客观收益，不是资产的实际收益。收益额的上述两个特点是非常重要的，评估人员在执业过程中应切实注意收益额的特点，以便合理运用收益法来估测资产的价值。

在西方国家，净收益一般指的是净现金流量，即现金流入量与现金流出量的差额。我国目前对资产评估中净收益的确认有三种选择：利润总额、所得税税后利润、现金净流量。

（1）利润总额是指特定资产所能带来的全部收入减去获得收入的成本及有关费用、税金后的余额。

（2）所得税税后利润是指利润总额扣除应交纳的所得税后的余额。

（3）现金净流量是指特定资产或企业整体在未来使用或经营中，所带来的现金流入量与所发生的现金流出量的差额。现金流入量包括销售收入、其他业务收入、折旧、营业外收入、固定资产变价和残值收入；现金流出量包括销售成本和费用、税金、营业外支出等。现金净流量可按式（3-41）计算：

$$现金净流量 = \frac{利润总额}{（或所得税税后利润）} + 折旧 + \frac{固定资产}{变价或残值收入} \tag{3-41}$$

▶ 2. 收益期限

收益期限是指资产具有获利能力持续的时间，通常以年为时间单位，它由评估人员根据被评估资产自身效能及相关条件，以及有关法律、法规、契约、合同等加以测定。

▶ 3. 折现率

折现率是指资产的收益率，反映资产的获利能力。折现率的本质是一种投资报酬率，它是由无风险报酬率和风险报酬率组成的。

资本化率也称本金化率，资本化率与折现率在本质上是相同的，习惯上人们把将未来有限期预期收益折算成现值的比率称为折现率，而把将未来永续性预期收益折算成现值的比率称为资本化率。

采用收益法，根据不同情况，折现率的确定可作如下选择：

（1）股份制改造企业的资产评估，可选用银行利率加行业风险报酬率，或选用安全利率加行业风险报酬率。

（2）与外商合资、合作，将企业整体资产作为投资时，进行资产评估，可选用行业平均收益率或同类企业收益率，并参考国际市场利率水平和行业风险报酬率进行适当调整。

（3）国有企业间的合并、转让等进行资产评估，可选用行业平均收益率。

（4）国内不同所有制企业的兼并、转让等进行资产评估，可选用社会平均投资收益率或行业平均收益率。

需要注意的是，如果社会经济生活中存在通货膨胀，在确定收益率时，还应考虑通货膨胀率的影响。

三、收益法的计算公式

收益法的基本公式为

$$P = \sum_{i=1}^{n} \frac{R_i}{(1+r)^i} \tag{3-42}$$

式中：P —— 评估值；

i —— 年序号；

R_i —— 未来第 i 年的预期收益；

r —— 折现率或资本化率；

n —— 收益年限；

（一）纯收益不变

（1）在纯收益不变、收益永续、各因素不变的条件下，计算公式为

$$P = \frac{A}{r} \tag{3-43}$$

式中：A——年金；

r——折现率或资本化率。

其成立条件是：

① 纯收益每年不变；

② 资本化率固定且大于零；

③ 收益期限无限。

【例 3-19】假设某企业将持续经营下去，现拟转让，聘请评估师估算其价值。经预测，该企业每年的预期收益为 1 200 万元，资本化率为 4%。请估算该企业的价值。

分析：该企业纯收益不变，收益永续，则

$$资产评估值 = 1\ 200 \div 4\% = 30\ 000（万元）$$

（2）在纯收益不变、收益期限有限、折现率大于零的条件下，计算公式为

$$P = \frac{A}{r} \left[1 - \frac{1}{(1+r)^n} \right] \tag{3-44}$$

其成立条件是：

① 纯收益每年不变；

② 资本化率固定且大于零；

③ 收益期限为 n。

【例 3-20】某企业尚能继续经营 6 年，营业终止后用于抵冲债务，现拟转让。经预测得出 6 年预期收益均为 900 万元，折现率为 8％，请估算该企业的评估值。

分析：该企业纯收益不变，收益期限为 6 年，则

资产评估值＝$(900÷8\%)×[1-1÷(1+8\%)^6]$＝$900×4.622\,9$＝$4\,160.61$（万元）

（3）在收益年限有期限，资本化率等于零的条件下，计算公式为：

$$P＝A×n$$

其成立条件是：

① 纯收益每年不变；

② 折现率为零；

③ 收益年期有限为 n。

（二）纯收益在前 n 年变化，第 $n+1$ 年后保持不变

（1）无限年期收益。其基本公式为

$$P = \sum_{i=1}^{n} \frac{R_i}{(1+r)^i} + \frac{A}{r(1+r)^n} \tag{3-45}$$

其成立条件是：

① 纯收益在 n 年（含 n 年）以前有变化；

② 纯收益在 n 年（不含 n 年）以后保持不变；

③ 收益年期无限；

④ r 大于零。

【例 3-21】某收益性资产预计未来 5 年收益额分别是 12 万元、15 万元、13 万元、11 万元和 14 万元。假定从第六年开始，以后各年收益均为 14 万元，确定的折现率和本金化率为 10％。请分别确定该收益性资产在永续经营条件下的评估值。

分析：该资产属于纯收益在前 n 年变化，第 $n+1$ 年后保持不变的情况。则

资产评估值＝$12÷(1+10\%)+15÷(1+10\%)^2+13÷(1+10\%)^3+11÷(1+10\%)^4+$

$\qquad\qquad 14÷(1+10\%)^5+14÷10\%(1+10\%)^5$

$\qquad ≈136.20$（万元）

（2）有限年期收益。其计算公式为

$$P = \sum_{i=1}^{t} \frac{R_i}{(1+r)^i} + \frac{A}{r(1+r)^t} × \left[1 - \frac{1}{(1+r)^{(n-t)}}\right] \tag{3-46}$$

其成立条件是：

① 纯收益在 n 年（含第 n 年）以前有变化；

② 纯收益在 n 年（不含第 n 年）以后保持不变；

③ 收益年期有限为 n；

④ r 大于零。

这里要注意的是，纯收益 A 的收益年期是 $(n-t)$ 而不是 n。

【例 3-22】 接例 3-21 求经营 50 年条件下的评估值。

分析：该资产收益改变，收益有限年为 50 年，则

$$资产评估值 = 12 \div (1+10\%) + 15 \div (1+10\%)^2 + 13 \div (1+10\%)^3 + 11 \div (1+10\%)^4 +$$
$$14 \div (1+10\%)^5 + 14 \times 9.862\ 8 \div (1+10\%)^5$$
$$\approx 135.01(万元)$$

(三) 纯收益按等差级数变化

(1) 在纯收益按等差级数递增，收益年期无限的条件下，计算公式为

$$P = \frac{A}{r} + \frac{B}{r^2} \tag{3-47}$$

其成立条件是：

① 纯收益按等差级数递增；

② 纯收益逐年递增/递减额为 B；

③ 收益年期无限；

④ r 大于零，

⑤ 收益递减到零为止。

(2) 在纯收益按等差级数递增，收益年期有限的条件下，计算公式为

$$P = \left(\frac{A}{r} + \frac{B}{r^2} \right) \left[1 - \frac{1}{(1+r)^n} \right] - \frac{B}{r} \times \frac{n}{(1+r)^n} \tag{3-48}$$

其成立条件是：

① 纯收益按等差级数递增；

② 纯收益逐年递增额为 B；

③ 纯收益年期限为 n；

④ r 大于零。

(3) 在纯收益按等差级数递减，收益年期无限的条件下，计算公式为

$$P = \frac{A}{r} - \frac{B}{r^2} \tag{3-49}$$

其成立条件是：

① 纯收益按等差级数递减；

② 纯收益逐年递减额为 B；

③ 收益年期无限；

④ r 大于零；

⑤ 收益递减到零为止。

(4) 在纯收益按等差级数递减，收益年期有限的条件下，计算公式为

$$P = \left(\frac{A}{r} - \frac{B}{r^2} \right) \left[1 - \frac{1}{(1+r)^n} \right] + \frac{B}{r} \times \frac{n}{(1+r)^n} \tag{3-50}$$

其成立条件是：

① 纯收益按等差级数递减；

② 纯收益逐年递减额为 B；

③ 纯收益年期限为 n；

④ r 大于零。

【例 3-23】根据被评估企业的章程，其于评估基准日的剩余经营年期为 10 年，且实际控制方也没有继续经营的意愿。根据评估专业人员的分析，该企业未来 10 年的年净利润将保持每年 10 万元的减少额，且当前的年收益为 1 000 万元。假定折现率为 10%，该企业的股东全部权益为：

$$P = \left(\frac{A}{r} - \frac{B}{r^2}\right)\left[1 - \frac{1}{(1+r)^n}\right] + \frac{B}{r} \times \frac{n}{(1+r)^n}$$

$$= \left(\frac{1\,000}{10\%} - \frac{10}{10\%^2}\right)\left[1 - \frac{1}{(1+10\%)^{10}}\right] + \frac{10}{10\%} \times \frac{10}{(1+10\%)^{10}}$$

$$= 5\,915.65（万元）$$

（四）纯收益按等比级数变化

（1）在纯收益按等比级数递增，收益年期无限的条件下，有以下计算式：

$$P = \frac{A}{r-s} \tag{3-51}$$

其成立条件是：

① 纯收益按等比级数递增；

② 纯收益逐年递增比率为 s；

③ 收益年期无限；

④ r 大于零；

⑤ $r > s > 0$。

（2）在纯收益按等比级数递增，收益年期有限的条件下，有以下计算式：

$$P = \frac{A}{r-s}\left[1 - \left(\frac{1+s}{1+r}\right)^n\right] \tag{3-52}$$

其成立条件是：

① 纯收益按等比级数递增；

② 纯收益逐年递增比率为 s；

③ 收益年期有限；

④ r 大于零；

⑤ $r > s > 0$。

（3）在纯收益按等比级数递减，收益年期无限的条件下，有以下计算式：

$$P = \frac{A}{r+s} \tag{3-53}$$

其成立条件是：

① 纯收益按等比级数递减；

② 纯收益逐年递减比率为 s；

③ 收益年期无限；

④ r 大于零；

⑤ $r > s > 0$。

（4）在纯收益按等比级数递减，收益年期有限的条件下，有以下计算式：

$$P = \frac{A}{t+s}\left[1 - \left(\frac{1-s}{1+r}\right)^n\right] \tag{3-54}$$

其成立条件是：

① 纯收益按等比级数递减；

② 纯收益逐年递减比率为 s；

③ 收益年期有限为 n；

④ r 大于零；

⑤ $1 \geqslant s > 0$。

（5）已知未来若干年后资产价格的条件下，有以下计算式：

$$P = \frac{A}{r}\left[1 - \frac{1}{(1+r)^n}\right] + \frac{P_n}{(1+r)^n} \tag{3-55}$$

其成立条件是：

① 纯收益在第 n 年（含 n 年）前保持不变；

② 预知第 n 年的价格为 P_n；

③ r 大于零。

四、对收益法的评价

收益法是国际上公认的资产评估的基本方法之一。对于具有连续提供收益能力的资产，特别是整体资产价值的评估，不仅评估结果真实可靠，而且比运用其他评估方法更为简便。收益法还能解决成本法和市场法所不能解决的某些问题。例如，成本法中，确定超额运营成本导致的功能性贬值，必须借助于收益法；市场法中确定功能性营运费用差异的现值，也需要借助收益法。特别是在投资决策过程中，应用此法评估的资产价值易为交易双方所接受。但收益法也有其缺点，在预期收益额的确定上，难度较大，受较强的主观判断和未来收益不可预见的影响。因而其适用范围也存在一定的局限性。对于没有独立收益能力或不能连续获得收益，或收益达不到一定水平的资产，则不宜采用收益法进行价值评估。

思考：在什么情况下，收益现值高于重置成本？在什么情况下，重置成本高于收益现值？

第四节　评估方法的选择

一、评估方法之间的关系

（一）资产评估方法之间的联系

评估方法是实现评估目的的手段。评估基本目的决定了评估方法间的内在联系。而这种内在联系为评估人员运用多种评估方法评估同一条件下的同一资产，并作相互验证提供了理论根据。

如果采用多种方法得出的结果出现较大差异，可能的原因有：

（1）某些方法的应用前提不具备；

（2）分析过程有缺陷；

（3）结构分析有问题；

（4）某些支撑评估结果的信息依据出现失真；

（5）评估师的职业判断有误。

（二）资产评估方法之间的区别

各种评估方法都是从不同的角度去表现资产的价值。每一种评估方法都有其自成一体的运用过程，都要求具备相应的信息基础，评估结论也都是从某一角度反映资产的价值。因此，各种评估方法又是有区别的。

由于评估的特定目的的不同，评估时市场条件上的差别，以及评估时对评估对象使用状态设定的差异，需要评估的资产价值类型也是有区别的。评估方法由于自身的特点在评估不同类型的资产价值时，就有了效率上和直接程度上的差别，评估人员应具备选择最直接且最有效率的评估方法完成评估任务的能力。

二、资产评估方法的选择

（1）评估方法的选择要与评估目的、评估时的市场条件、被评估对象在评估过程中所处的状态，以及由此所决定的资产评估价值类型相适应。根据上述条件，当资产评估的价值类型为资产的市场价值时，可考虑按市场法、收益法和成本法的顺序进行选择。

（2）评估方法的选择受评估对象的类型、理化状态等因素制约。例如，对于既无市场参照物，又无经营记录的资产，只能选择成本法进行评估；对于工艺比较特别且处在经营中的企业，可以优先考虑选择收益法。

在评估时首先应区别被评估资产是单项还是整体、有形还是无形、通用还是专用、可复制还是不可复制。一般来说，成本法适宜评估可复制的资产、专用资产、单项资产，收益法适宜评估资源性资产、无形资产、整体资产，市场法适宜评估具有一定通用性能、在公开市场出售的资产。

（3）评估方法的选择受各种评估方法运用所需的数据资料及主要经济技术参数能否搜集的制约。每种评估方法的运用都需要有充分的数据资料作依据。在一个相对较短的时间内,搜集某种评估方法所需的数据资料可能会很困难,在这种情况下,评估人员应考虑采用替代的评估方法进行评估。

总之,在评估方法的选择过程中,应注意因地制宜和因事制宜,不可机械地按某种模式或某种顺序进行选择。但是,不论选择哪种评估方法进行评估,都应保证评估目的、评估时所依据的各种假设和条件与评估所使用的各种参数数据,及其评估结果在性质和逻辑上的一致。尤其是在运用多种方法评估同一评估对象时,更要保证每种评估方法运用中所依据的各种假设、前提条件、数据参数的可比性,以便能够确保运用不同评估方法所得到的评估结果的可比性和相互可验证性。

导入案例分析

(1)鉴定估价工作的主要操作程序如下:

① 听取主办法官和相关人员介绍情况,明确鉴定估价目的,了解清楚估价车辆的基本情况和现状。

② 现场勘查核实车辆的手续证件。

③ 用技术性方式鉴定车辆技术状况。

④ 收集相关资料,咨询现行汽车市场价值。

⑤ 评定估算价格,提出价值意见。

(2)本次评估的目的:本次评估考斯特 BB42L 大客车的目的为债务清偿。因此,根据评估目的及对象的实际情况,采用清算价格标准,运用清算价格的评估方法评估车辆,该方法是将被评估的车辆与市场相同或类似的车辆市场价格进行比较,以衡量和确定被评估车辆与拍卖时可能得到的快速变现价格。这种快速变现价格即为该车辆的估算价格,属于非市场价值。根据市场调查,取 70% 的折扣率即可在清算之日快速出售。

(3)本次评估对评估价格的特别事项说明:本报告所称评估价格,是指我评估所对评估车辆在现有情况不变以及在评估基准日的外部经济环境不变的前提下,根据车辆鉴定估价目的而提出的公允价值意见。

(4)关于评估结果有效期:按现行规定,依据旧机动车的商品特点,估价值有效期为 6个月,即在鉴定估价基准日后的 6 个月内实施时,可以将鉴定估价结果作为价值参考依据,超过 6 个月需重新进行估价。

本 章 小 结

通过本章的学习,可以明确资产评估市场法、收益法和成本法的基本原理、操作思路和具体应用方法,以及三种方法的主要区别与联系,从而为进一步将其应用于各项具体资产的评估打下坚实的基础。

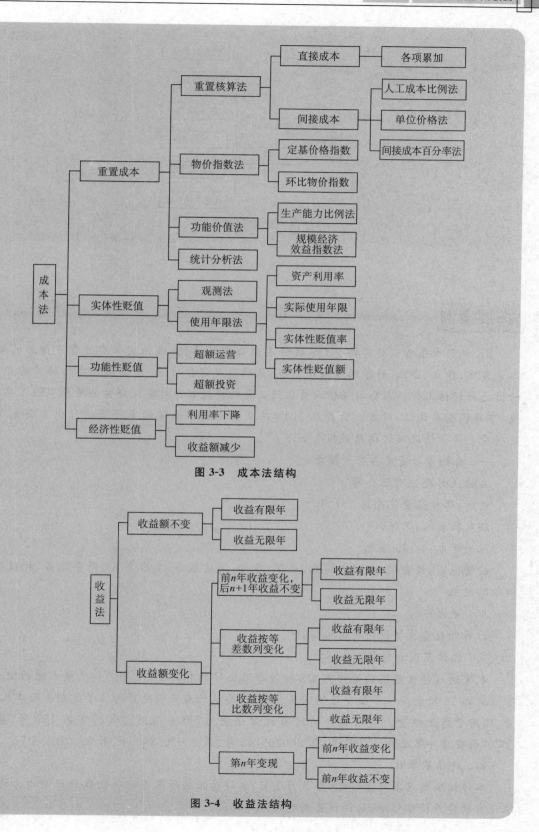

图 3-3　成本法结构

图 3-4　收益法结构

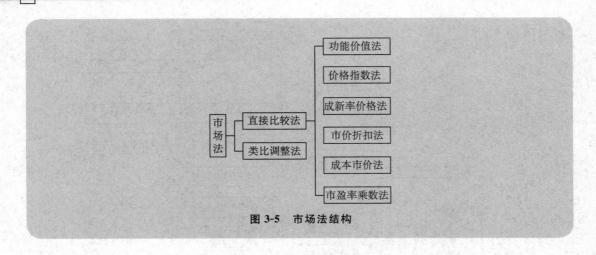

图 3-5　市场法结构

拓展案例

ZX 评估有限责任公司接受 QS 股份有限公司的委托，根据国家有关资产评估的规定，本着客观、独立、公正、科学的原则，按照公认的资产评估方法，对委托方委估的房地产市场价值进行评估工作。本公司评估人员按照必要的评估程序对委托评估的资产实施了实地勘查、市场调查与询证，对委估资产在 2018 年 7 月 1 日所表现的市场价值作出了公允反映。现将资产评估情况及评估结果报告如下：

一、委托方与资产占有方简介

名称：QS 股份有限公司

住所：碑林区金花南路 181 号

法定代表人：×××

注册资本：4 500 万元

经营范围：饮食供应，国内商业，旅馆，舞厅，浴室服务，美容美发，商务服务，礼仪服务，模拟游戏机

二、评估目的

为对外投资提供价值参考依据。

三、评估范围和对象

本次纳入评估范围的资产为 QS 股份有限公司拥有的 21 幢房产和 2 块土地的使用权。除储运部 16 幢仓库位于长安区周家庄北村外，委估的房产和地产均位于莲湖区西市北路 28 号，现用于商业经营。委估资产的所有权证分别为"西安国用［2003］字第 157 号、第 158 号"、"西安房字第 200205765 号、第 200205766 号、第 200205855 号、第 9900103 号"。

四、评估基准日

本评估项目基准日是 2018 年 7 月 1 日；本评估报告所采用的一切取价标准均为评估基准日有效资产价格标准，与评估目的的实现日接近。

五、评估原则

略

六、评估依据

略

七、评估方法

根据本次资产评估目的和委估资产类型，采用不同的评估方法，对 QS 股份有限公司商业经营用的房屋建筑物采用市场法，对储运部仓库采用成本法，对土地使用权采用成本法和基准地价修正系数法。

八、评估过程

本次评估于 2018 年 7 月 15 日至 2018 年 7 月 21 日，包括接受委托、现场调查、评定估算、评估汇总、提交报告等全过程。主要步骤为：

1. 接受委托

我公司于 2018 年 7 月 15 日接受 QS 股份有限公司的委托，正式受理了该项资产评估业务。在接受评估后，由项目负责人先行了解委托评估资产的构成、产权界定、经营状况、评估范围、评估目的，与委托方、资产占有方共同商定评估基准日、制定评估工作计划并签订"资产评估业务委托约定书"，明确双方各自承担的责任、义务和评估业务基本事项。

2. 现场调查

在资产占有方资产清查的基础上，评估人员根据其填制的资产评估申报明细资料，调查土地的坐落位置、所处位置的繁华程度等各项指标，填写现场勘查记录，检查、核实、验证其产权证明文件等资料。

3. 评定估算

评估人员针对资产类型，依据评估现场勘查等情况，选择评估方法，收集市场信息，评定估算委估资产的评估值。

4. 提交报告

根据评估人员对委估资产的初步评估结果，进行整理、汇总、分析，撰写资产评估报告初稿，并与委托方、资产占有方充分交换意见，进行必要修改，按照程序经本公司内部三级审核后，向委托方提供正式资产评估报告书。

九、特别事项说明

（1）本次评估结果，是反映评估对象在本次评估目的下，根据公开市场原则确定的现行公允市价，没有考虑将来可能承担的特殊交易方式可能追加付出的价格等对其评估价值的影响，也未考虑国家宏观经济政策发生变化以及遇有自然力和其他不可抗力对资产价格的影响。

（2）本次评估结果，未考虑现在或将来委估资产发生或可能发生的抵押对评估值的影响，提请报告使用者关注。

十、评估报告评估基准日期后的重大事项

评估基准日后，在有效期内资产数量发生变化，应根据评估方法对资产额进行相应调整。若资产价格标准发生变化并对资产评估价值产生明显影响时，委托方应聘请评估机构重新确定评估值。

十一、评估报告的法律效力

(1) 本报告所称"评估价值"是指所评估资产在现有不变并继续经营或转换用途继续使用，以及在评估基准日的状况和外部经济环境前提下，即资产在市场上可以公开买卖的假设条件下，为本报告书所列明的目的而提出的公允估价意见。

(2) 本报告的附件是构成报告的重要组成部分，与报告书正文具有同等的法律效力。

(3) 本评估结论按现行规定有效期为一年，即评估目的在评估基准日后的一年内实现时，可以此评估结果作为底价或作价依据，超过一年，需重新进行评估。

(4) 本评估结论仅供委托方为评估目的使用和送交财产评估主管机关审查使用，评估报告书的使用权归委托方所有，未经委托方许可，评估机构不得随意向他人提供或公开。

(5) 本次评估是在独立、公开、科学、客观的原则下做出的，我公司参加评估人员与委托方无任何利害关系，评估工作置于法律监督之下，评估人员恪守职业道德和规范。

(6) 报告所涉及的有关法律证明文件，由委托方提供，其真实性由委托方负责。

(7) 本报告仅用于为委托方对外投资提供价值依据，不得用于其他用途，也不视为对被评估单位日后偿债能力做出的保证。委托人或其他第三者因使用评估报告不当所造成的后果与注册评估师及评估机构无关。

十二、评估结论

列入本次评估范围的资产经评估价值为人民币壹亿贰仟肆佰壹拾壹万伍仟伍佰伍拾柒元整（￥124 115 557 元）。其中：房屋建筑物评估值 73 774 378 元，土地使用权评估值 50 341 179 元。

十三、评估报告提出日期

本报告提出日期为 2018 年 7 月 21 日。

评估说明及结论分析

一、评估说明

（一）关于土地使用权西安国用字[2003]157 号的评估

1. 委估物简介

该宗土地位于莲湖区西市北路 28 号，北邻公园天下，西面、北面均紧临商场其他建筑物，地号 E—03—17—08—02，无偿划拨，面积 7 349.79 平方米，属商业三类用地，七通一平，地处莲湖区商业繁华地段，交通便利，基础配套设施完善，周边环境良好。

2. 基准地价修正系数法

公式：待评估土地使用权评估值＝基准地价×时间因素修正系数×个别因素修正系数×

剩余使用年限修正系数×容积率修正系数

(1) 基准地价：依据西安市土地管理局 2011 年 7 月制定的商服用地级别与基准地价图和评估规则的规定，该块属三级地价，其基准地价为 3 330 元/平方米。

(2) 时间因素修正系数：通过对宗地所在区域 2011 年以来地价变化的调查分析，从 2011 年起至今，委估宗地所在区域地价上涨了 6%，即时间因素修正系数为 1.06。

(3) 个别因素修正系数：该块地的个别因素打分情况见表 3-5。

表 3-5　个别因素打分表

个别因素	标准值	因素状况	评分
面积	1	较大	1.3
形状	1	多边形	0.9
地势	1	平坦	1.2
地质	1	一般	0.8
宽深比	1	合适	1
临街深度	1	宽	1
进深度	1	一般	1
合计	7		7.2

个别因素修正系数＝7.2÷7＝1.03

(4) 剩余年限修正系数:该地属无偿划拨,取修正系数为1。

(5) 容积率修正系数:该宗地容积率较高,取修正系数为1.36。

(6) 土地单价评估值＝3 330×1.06×1.03×1×1.36

　　　　　　　　＝4 944.54(元/平方米)

(7) 土地总价评估值＝7 349.79×4 944.54

　　　　　　　　＝36 341 331(元)

3. 重置成本法

公式:土地价格＝土地取得费＋土地开发费＋投资利息＋投资利润＋土地出让金

(1) 土地取得费:

① 土地补偿费和安置补助费:该宗地所处区域耕地以蔬菜种植为主,通过对近几年西安市前三年蔬菜亩产值调查,目前年产值为4 500元/亩,按照土地补偿费和安置补助费总和不超过土地前三年平均产值的30倍计算,即4 500×30＝135 000元/亩。

② 青苗补偿费:根据《土地管理法》和西安征字[1995]001号文件规定,青苗补偿费按单季补偿,即1 500元/亩。

③ 土地管理费:依照西安价房地字[1995]44号,按土地补偿费、安置补偿费、青苗补偿费收取2.6%的土地管理费。

　　　　土地管理费＝(135 000＋1 500)×2.6%＝3 549(元/亩)

④ 耕地占用税:依照西安政[1987]98号文件规定,取耕地占用税为10元/平方米(6 667元/亩)。

⑤ 新菜地开发基金:依照西安政[2012]30号文件规定,取新菜地开发基金为60 000元/亩。

⑥ 不可预见费:依照西安价房地字[2013]403号文件规定,按征地费用的2%计取不可预见费。

　　　　不可预见费＝(135 000＋1 500＋60 000)×2%＝3 930(元/亩)

⑦ 土地取得费＝135 000＋1 500＋6 667＋60 000＋3 549＋3 930＝210 646（元/亩）
＝315.97（元/平方米）

（2）土地开发费：

① 城市基础设施80元/平方米；

② 商业网点配套费22元/平方米；

③ 公共消防设施配套费3元/平方米；

④ 人防易地建设费14元/平方米；

⑤ 城市规划管理费1元/平方米。

土地开发费＝80＋22＋3＋14＋1＝120（元/平方米）

（3）投资利息：土地开发期为2年，利率取6%。

土地取得费利息＝315.97×[(1＋6%)²－1]＝39.05（元/平方米）

土地开发利息＝120×[(1＋6%)－1]＝7.2（元/平方米）

投资利息＝39.05＋7.2＝46.25（元/平方米）

（4）投资利润：根据待估宗地所在区位，取投资利润20%。

投资利润＝(315.97＋120.00)×20%＝87.19（元/平方米）

（5）土地出让金：依据西安政[2014]39号规定，该宗地属商业三级地段，其出让金标准为1 215元/平方米（40年），考虑该地容积率较高，取容积率修正系数2.99，则：

土地出让金＝1 215×2.99＝3 632.85（元/平方米）

（6）土地单价评估值＝315.97＋120＋46.25＋87.19＋3 632.85
＝4 202.26元/平方米

（7）土地总价评估值＝7 349.79×4 202.26＝30 885 729（元）

4. 委估宗地综合评估值

评估值＝(重置成本法评估值＋基准地价修正系数法评估值)÷2
＝(36 341 331＋30 885 729)÷2
＝33 613 530（元）

（二）关于东航嘉园的评估说明

1. 委估物的概况

东航嘉园位于莲湖区西市北路，北面与帝豪商场营业大楼相邻，框架六层，总建筑面积7 590.36平方米，2010年建成并投入使用，房产权证号西安房字第200205765号，一层至三层水磨石楼面，四层至五层地面砖楼面，外墙铝塑幕墙，顶棚吊顶，内设中央空调。

2. 评估方法

东航嘉园现用于商业经营，采用市场比较法评估。

（1）比较案例：取自2014年7月8日《华商报》6月商务楼价格信息表，见表3-6。

表3-6　比较案例价格信息表

A	商住两用	4 000元/平方米	莲湖区
B	商住两用	4 000元/平方米	莲湖区
C	商住两用	4 300元/平方米	莲湖区

（2）因素比较修正系数：

表 3-7 委估房产与选取案例各因素比较

比较因素与内容		评估对象	实例 A	实例 B	实例 C
交易情况		100	100	100	100
交易时间		100	100	100	100
区域因素	距商业服务中心距离	100	97	98	96
	距公共设施距离	100	98	99	97
	道路状况	100	98	100	97
	距对外交通设施的距离	100	103	102	102
个别因素	临街位置	100	99	99	98
	房屋构造材料	100	120	120	130
	临街深度	100	98	99	97
	装修及设施	100	67	67	67
	房屋成新率	100	125	125	125

（3）比准价格：

$$A: 4\ 000 \times \frac{100}{97} \times \frac{100}{98} \times \frac{100}{98} \times \frac{100}{103} \times \frac{100}{99} \times \frac{100}{120} \times \frac{100}{98} \times \frac{100}{67} \times \frac{100}{125} = 4\ 275(元/平方米)$$

$$B: 4\ 000 \times \frac{100}{98} \times \frac{100}{99} \times \frac{100}{100} \times \frac{100}{102} \times \frac{100}{99} \times \frac{100}{120} \times \frac{100}{99} \times \frac{100}{67} \times \frac{100}{125} = 4\ 104(元/平方米)$$

$$C: 4\ 300 \times \frac{100}{96} \times \frac{100}{97} \times \frac{100}{97} \times \frac{100}{102} \times \frac{100}{98} \times \frac{100}{130} \times \frac{100}{97} \times \frac{100}{67} \times \frac{100}{125} = 4\ 509(元/平方米)$$

（4）评估单价的确定：

评估单价 $= (4\ 275 + 4\ 104 + 4\ 509) \div 3 = 4\ 296(元/平方米)$

（5）综合整体土地容积率，设定容积率为 3，则

分摊的地价 = 土地单价 ÷ 容积率 $= 4\ 296 \div 3 = 1\ 432(元/平方米)$

（6）不含地价的评估单价的确定：

不含地价的评估单价 $= 4\ 296 - 1\ 432 = 2\ 864(元/平方米)$

（7）评估总价的确定：

评估总价 $= 7\ 590.36 \times 2\ 864 = 21\ 738\ 791(元)$

（三）各项资产评估值详见评估明细表

二、结论分析

委估资产为国有资产，由于历史原因，委估资产原有账面成本不详或未入账，故本次评估无法结合委估资产原有账面成本进行结论分析。

（资料来源：陕西省西安市某评估所内部资料）

知识测试与能力训练

一、单项选择题

1. 实际生产能力与额定生产能力之比为资产利用率。在资产评估的成本法中，过去的资产利用率越高，则资产价值（   ），将来的资产利用率越高，则资产价值（   ）。

    A. 越低，越低   B. 越低，越高   C. 越高，越低   D. 越高，越高

2. 评估设备的重置成本时，当被评估对象已停止生产时，评估应参照（   ）。

    A. 被评估设备的账面价值   B. 被评估设备的收益现值

    C. 替代设备的账面价值   D. 替代设备的现行市价

3. 下列计算重置成本的方法中，计算结果必然属于复原重置成本的是（   ）。

    A. 重置核算法   B. 功能价值法

    C. 点面推算法   D. 物价指数法

4. 当规模经济效益指数为 1 时，规模经济效益指数法实际上就是（   ）。

    A. 重置核算法   B. 物价指数法

    C. 功能价值法   D. 统计分析法

5. 为节省资源和减少污染，政府规定年产 1 万吨以下的造纸厂一律关闭，由此造成生产能力在 1 万吨以下的造纸设备产生贬值。这种贬值属于（   ）。

    A. 功能性贬值   B. 实体性贬值

    C. 破产清算贬值   D. 经济性贬值

6. 以下有关收益法中各指标间关系的表述中正确的是（   ）。

    A. 本金化率越高，收益现值越低

    B. 本金化率越高，收益现值越高

    C. 资产未来收益期对收益现值没有影响

    D. 在其他条件相同的情况下，未来收益期越长，收益现值越小

7. 收益法中所用的收益额是指（   ）。

    A. 资产使用带来的未来收益期望值

    B. 评估基准日资产使用带来的实际收益额

    C. 资产使用带来的历史收益额

    D. 评估基准日后资产使用带来的实际收益额

8. 在资产评估中，市场法较适用于（   ）。

    A. 专用设备   B. 大部分无形资产

    C. 通用性较强的资产   D. 受地域、环境等严格限制的资产

9. 用市场法对资产评估时，评估值的评定应参照相同或相似资产的（   ）。

    A. 重置成本   B. 收益现值   C. 清算价格   D. 市场价格

10. 使用市场法时，选择的可比参照物的数量至少有（   ）个。

    A. 1   B. 2   C. 3   D. 4

11. 市场法所遵循的基本原则是(　　)。

  A. 贡献性原则   B. 合法原则

  C. 独立性原则   D. 替代原则

二、多项选择题

1. 重置成本的估算方法有(　　)。

  A. 重置核算法   B. 使用年限法

  C. 物价指数法   D. 观察法

  E. 规模经济效益指数法

2. 成本法评估涉及的基本要素主要包括(　　)。

  A. 资产的重置成本

  B. 资产的实体性贬值

  C. 资产的经济性贬值

  D. 资产的功能性贬值

3. 下列关于折现率的说法正确的有(　　)。

  A. 一般来说,折现率应由无风险报酬率和风险报酬率构成

  B. 资本化率与折现率是否相等,主要取决于同一资产在未来长短不同的时期所面临的风险是否相同,二者可能是不相等的

  C. 资本化率与折现率在本质上没有区别,在收益额确定的情况下,折现率越高,收益现值越低

  D. 本质上讲,折现率是一个期望的投资报酬率

  E. 折现率是将未来有限期的预期收益折算成现值的比率,资本化率则是将未来永续性预期收益折算成现值的比率

4. 下列关于市场法说法正确的有(　　)。

  A. 市场法是最为直接、最具说服力的评估方法之一

  B. 市场法中的直接比较法的适用条件是参照物与评估对象之间达到相同或者基本相同的程度,或者二者的差异主要体现在某一明显的因素上

  C. 市场法中的间接比较法的适用条件是不要求参照物与评估对象必须一样或基本一样,只要参照物与评估对象在大的方面基本相同或相似,但是对信息资料的数量和质量要求比较高,而且要求评估人员有较丰富的评估经验、市场阅历和评估技巧

  D. 不论具体哪种市场法,参照物和评估对象的价值之间受某一特征(或者因素)的影响,而且成正比关系。虽然如此,每种因素下的调整系数的计算方法还是会有不同

三、简答题

1. 比较复原重置成本和更新重置成本的异同。

2. 为什么进步快的资产用物价指数法评估,价格会偏高?

3. 每种评估方法有什么优劣?

四、计算题

1. 已知某类设备的价值与功能之间存在线性关系，重置类似全新机器设备一台，其价值为 4 万元，年产量为 4 000 件，现知被评估资产年产量为 3 000 件，则其重置成本是多少？

2. 评估机器设备一台，三年前购置，据了解该设备尚无替代产品。该设备账面原值为 10 万元，其中买价 8 万元，运输费 0.4 万元，安装费用（包括材料）1 万元，调试费用 0.6 万元。经调查，该设备现行价格为 9.5 万元，运输费、安装费、调试费分别比三年前上涨 40％、30％、20％。该设备的重置成本是多少？

3. 2018 年 1 月评估设备一台，该设备于 2014 年 12 月购建，账面原值为 20 万元，2012 年进行一次技术改造，改造费用（包括增加设备）为 2 万元。若定基物价指数 2014 年为 1.05，2012 年为 1.20，2018 年为 1.32。则该设备的重置成本是多少？

4. 某待估设备重置成本为 27 万元，经查阅，已使用 4 年，评估人员经分析后确定该设备尚可使用 5 年，那么它的实体性贬值额是多少？

5. 被评估机组为 5 年前购置，账面价值为 20 万元，评估时该类型机组已不再生产了，已经被新型机组所取代。经调查和咨询了解到，在评估时点，其他企业购置新型机组的取得价格为 30 万元，专家认定被评估机组与新型机组的功能比为 0.8，被评估机组尚可使用 8 年，预计每年超额运营成本为 1 万元。假定其他费用可以忽略不计。

试根据所给条件，计算
（1）估测该机组的现时全新价格；
（2）估算该机组的成新率；
（3）估算该机组的评估值。

6. 现有一台与评估资产 X 设备生产能力相同的新设备 Y，使用 Y 设备比 X 设备每年可节约材料、能源消耗和劳动力等约 60 万元。X 设备的尚可使用年限为 6 年，假定年折现率为 10％，该企业的所得税税率为 25％，求 X 设备的超额运营成本。

7. 某设备于 2014 年 6 月初购买，安装一个月之后投入使用，并每年停工检修一个月，于 2018 年 6 月底评估，请计算该设备的资产利用率。（该设备使用说明书中注明，设备正常使用时每年需停工检修一个月）

8. 某项专用技术预计可用 5 年，预测未来 5 年的收益分别为 40 万元、42 万元、44 万元、45 万元、46 万元，假定折现率为 10％，则该技术的评估价值是多少？

9. 某上市公司欲收购一家企业，需对该企业的整体价值进行评估。已知该企业在今后保持持续经营，预计前 5 年的税前净收益分别为 40 万元、45 万元、50 万元、53 万元和 55 万元；从第六年开始，企业进入稳定期，预计每年的税前净收益保持在 55 万元。折现率与资本化率均为 10％，企业所得税税率为 25％，试计算该企业的评估值。

10. 有一待估宗地 A，与待估宗地条件类似的有宗地 B、C、D，有关对比资料如表 3-8 所示。

表 3-8　待估宗地 A 与参照物对比资料

宗地	成交价(元)	交易时间	交易情况	容积率	区域因素	个别因素	定基物价指数
A		2014.10	0	1.1	0	0	108
B	7 850	2013.2	+1%	1.2	−2%	0	102
C	8 320	2014.4	−2%	1.5	−1%	+3%	104
D	8 462	2014.8	0	1.4	+3%	−2%	106

表 3-8 中百分比指标为参照物与待估宗地相比增减变动幅度。据调查,该市此类用地容积率每增加 0.1,宗地单位地价比容积率为 1 时的地价增加 5%。

要求:(1)计算参照物与待估宗地的容积率与地价相关系数;

(2)计算参照物修正系数:交易情况修正系数、交易时间修正系数、区域因素修正系数、个别因素修正系数、容积率修正系数。

(3)计算参照物修正后的地价。

第四章 机器设备评估
Chapter 4

学习目标

1. 了解机器设备的含义及分类,理解机器设备评估的特点和鉴定

2. 了解评估的具体程序;掌握机器设备评估的基本方法,掌握机器设备重置成本及实体性贬值、功能性贬值、经济性贬值的内涵及估算方法,熟练运用成本法评估机器设备的价值

能力目标

1. 要重点培养学生对知识的理解能力,尤其是对前面三种评估方法的理解

2. 要注重培养学生的综合分析能力,即在对成本法的四个参数重置成本、实体性贬值、功能性贬值及经济性贬值理解基础上,综合运用这些知识进行机器设备评估的能力

章节导言

机器设备作为企业固定资产的重要组成部分,是生产经营的物质基础。它的数量、功能和技术状况决定着企业的经营规模和竞争能力。但有些企业从企业整体利益出发,有时将其全部或部分设备进行转让、重组、抵押等,需要进行资产评估。由于机器设备专业性较强,评估十分复杂。这就需要评估机构和人员在了解机器设备的特点、功能和技术状况的基础上,选择有效的评估方法衡量其价值,为委托人提供专业的估值意见。

案例导入

甲公司因资产重组,拟将锻压车间的一台设备转让,现委托某评估机构对该设备的价值进行评估,评估基准日为 2012 年 8 月 31 日。评估人员根据掌握的资料,经调查分析后,决定采用成本法评估。

设备简介:双盘摩擦压力机;规格型号为 J53-300;A 机械厂制造;2007 年 8 月启用;账面原值为 180 000 元;账面净值为 100 000 元。

结构及主要技术参数(略)

一、估算重置价值

1. 估算购置价格

经向原制造厂家——A 机械厂询价得知,相同规格型号的 J53-300 型双盘摩擦压力机报价(2012 年 8 月 31 日,即评估基准日)为人民币 188 000 元。

2. 估算重置价值

(1) 购置价格=188 000(元);

(2) 运杂费=购置价格×运杂费率=188 000×5%=9 400(元);

(3) 基础费=购置价格×基础费率=188 000×5%=9 400(元);

(4) 安装调试费(无);

(5) 资金成本(无)。

$$重置价值=购置价格+运杂费+基础费+安装调试费+资金成本$$
$$=188\ 000+9\ 400+9\ 400+0+0$$
$$=206\ 800(元)$$

二、确定综合成新率

1. 使用年限法确定成新率

(1) 根据《机器设备参考寿命年限专栏》,取锻压设备规定使用年限为 17 年;

(2) 确定已使用年限为 5 年(启用日期 2007 年 8 月——评估基准日 2012 年 8 月);

(3) 根据记录确定资产利用率 $a=1.01$;

(4) 确定已使用(实际)年限 5.05 年(5×1.01);

(5) 确定尚可使用(经济)年限为 11.95 年(17-5.05);

$$实际成新率=尚可使用(经济)年限/规定使用(经济)年限×100\%$$
$$=11.95/17×100\%$$
$$=70\%(取整)$$

2. 确定现场勘查综合技术鉴定成新率

经现场观测技术鉴定,其成新率为 75%。

3. 确定综合成新率

$$综合成新率=使用年限法成新率×40\%+现场勘查综合技术鉴定成新率×60\%$$
$$=70\%×40\%+75\%×60\%$$
$$=73\%$$

三、确定评估价值

$$评估价值=重置价值×综合成新率$$
$$=206\ 800×73\%=150\ 964(元)$$

(资料来源:http://wenwen.sogou.com/z/q200076794.html)

案例思考：

（1）结合前面所学资产评估基本方法思考本案例中机器设备评估为什么选择成本法？

（2）回顾本案例中机器设备成新率计算的方法，结合后面所学内容思考资产评估中的设备成新率（贬值率）计算的关键点在哪里？和会计中计算设备的折旧率是否一致？

第一节　机器设备评估概述

一、机器设备的概念及特点

（一）机器设备的概念

自然科学领域所指的机器设备，是指将机械能或非机械能转换成为便于人们利用的机械能，以及将机械能转换为某种非机械能，或利用机械能来做一定工作的装备或器具。

资产评估中的机器设备是一个广义的概念。它不仅包括自然科学领域所指的机器设备，也包括人们利用电子、电工、光学等各种科学原理制造的装置，一般泛指机器设备、电力设备、电子设备、仪器、仪表、容器、器具等。

在《国际评估准则》中，对机器设备的有关定义如下：设备、机器和装备是用来为所有者提供收益的、不动产以外的有形资产。设备是包括特殊性非永久性建筑物、机器和仪器在内的组合资产；机器包括单独的机器和机器的组合，是指使用或应用机械动力的器械装置，由具有特定功能的结构组成，用以完成一定的工作；装备是用以支持企业功能的附属性资产。

我国的《资产评估准则——机器设备》第2条对机器设备的定义为：机器设备，是指人类利用机械原理以及其他科学原理制造的，特定主体拥有或控制的有形资产，包括机器、仪器、器械、装置，以及附属的特殊建筑物等资产。

（二）机器设备的特点

▶ 1. 机器设备的单位价值大、使用时间长、流动性差

机器设备都是具有一定价值的生产资料，在企业资产价值中占的比重较大。机器设备在企业生产经营中长期发挥作用，反复进入生产过程，实体状态和功能都在发生变化。另外，机器设备虽属于动产类资产，但相对于流动资产来说，其流动性较差，尤其是某些大型的、专用的、高精尖的设备，在价值评估时较难获得公开的市场价值。

▶ 2. 机器设备的工程技术性强、专业门类多、分布广

机器设备种类繁多，情况复杂，分布在各行各业，而且工程技术性很强。因此，在评估时，不能仅仅靠评估人员的观察，还要借助于一定的工具或手段对机器设备进行技术检测，以正确确定其寿命期限及贬值程度，保证评估结果更准确。

▶ 3. 机器设备的价值补偿和实务补偿不同时进行

机器设备属于固定资产，其价值补偿是通过分期提取折旧抵减收益来实现的；而其实物

补偿则是在机器设备寿命终结更换新设备或通过对原有设备改造、翻新一次性完成的。因此,在评估中,不能单纯依据设备的转移程度确定成新率,还应该注意机器设备的维修情况、使用情况以及保养情况。

▶ 4. 机器设备的价值和使用价值并非一成不变,贬值和增值具有同发性

机器设备在使用过程中会产生有形贬值和无形贬值,这都会使机器设备的价值量降低。同时,通过技术改造会提高机器设备的性能,实现内含的扩大再生产,则资产会产生增值。

二、机器设备的分类

机器设备的种类繁多,出于设计、制造、使用、管理和改善环境等不同的需要,有不同的分类标准和方法。从机器设备评估的角度考虑,应了解一些机器设备的分类方式,如表 4-1 所示。

表 4-1　机器设备的分类

分类标准	种　类
按固定资产分类	通用设备,专用设备,交通运输设备,电气设备,电子产品及通信设备,仪器仪表、计量标准器具及量具、衡器,文艺体育设备等
按会计制度分类	生产经营用机器设备、非生产经营用机器设备、租出机器设备、未使用机器设备、不需要机器设备和融资租入机器设备
按机器设备的组合形式分类	单台设备、机组和成套设备。单台设备是独立的一台或一件设备;机组如组合机床、柴油发电机组等;成套设备是由若干不同设备按生产工艺过程依次排序联结形成的一个完成全部或主要生产过程的机器体系(如生产线等)
按机器设备的技术性特点分类	通用机器设备:一般是指可以广泛用于不同行业、企业的具有通用性的、标准化的设备。如企业中常用的机电加工设备、切削、运输、动力等设备
	专用机器设备:是指专门服务于不同行业的、具有较强行业特征的机器设备。一般可以按行业特性进一步分类,如冶金设备、矿山设备、石油石化专用设备、大型通信设备等
	非标准机器设备:是指非国家定型设备,通常在市场上无法直接购买到,而是根据企业生产工艺或技术要求,由企业自制或提供设计要求交由外单位制造加工的各种设备
按机器设备的来源分类	自制设备和外购设备两种,外购设备中又有国内购置和国外引进设备之分

机器设备还有许多分类方式,不在此一一列举。但值得注意的是,上述分类并不是独立的,分类之间还可以有不同程度的关联。如外购设备中,可能是通用设备,也可能是专用设备,还可能是进口通用设备或进口专用设备;成套设备中可能部分是外购,部分是自制的。在资产评估中,评估人员应根据评估目的、评估要求和评估对象的特点,选择不同的分类方法,灵活进行分类处理。

三、机器设备评估的特点

(一)多以单台、单件为评估对象

机器设备的评估一般以单台、单件作为评估对象。机器设备单位价值较高、种类规格型

号繁多、性能与用途各不相同,为保证评估结果的真实性和准确性,一般对机器设备实行逐台、逐件地评估。对数量多、单位价值相对较低的同类机器设备可进行合理的分类,按类进行评估。对不可细分的机组、成套设备则可以采取一揽子评估的方式。

（二）以技术检测为基础

由于机器设备技术性强,涉及的专业面比较广泛,机器设备自身技术含量的多少直接决定了机器设备评估价值的高低,技术检测是确定机器设备技术含量的重要手段。又由于机器设备使用时间长,并处于不断磨损过程中,其磨损程度的大小又因机器设备使用、维修保养等状况不同而造成一定的差异,通过技术检测来判断机器设备的磨损状况及新旧程度,这是决定机器设备价值高低的最基本的因素。所以,必要的技术检测是机器设备评估的基础。

（三）注重机器设备的价值构成

机器设备的价值构成相对来说比较复杂,由于机器设备的来源不同,其价值构成也不同。一般来讲,国内购买的机器设备价值中,应包括买价、运杂费、安装调试费等;而进口的机器设备价值中,则应包括买价、国外保险费、增值税、关税、国内的运杂费、安装调试费等。因此,在评估机器设备尤其是采用成本法评估时,掌握其价值构成尤为重要。

（四）合理确定被评估机器设备贬值因素

由于科技发展,机器设备更新换代较快,其贬值因素比较复杂,除实体性贬值因素外,往往还存在功能性贬值和经济性贬值。科学技术的发展,国家有关的能源政策、环保政策等,都可能对机器设备的评估价值产生影响。

四、影响机器设备价值的因素

（一）影响机器设备价值的自身因素

▶ 1. 机器设备的存在状态

机器设备可以作为整体资产的一个组成部分,也可以是独立使用或单独销售的资产。前者所能够实现的价值取决于该设备对整体的贡献,后者只能实现该设备单独销售的变现价值。

▶ 2. 机器设备的移动性

在机器设备中,一部分机器设备属于动产,它们不需安装,可以移动使用。一部分属于不动产或介于动产与不动产之间的固置物,它们需要永久地或在一段时间内以某种方式安装在土地或建筑物上,移动这些资产将可能导致机器设备的部分损失或完全失效。

▶ 3. 机器设备的用途

机器设备一般按某种特定的目的购置、安装、使用,如果机器设备所生产的产品、工艺等发生变化,可能会导致一些专用设备报废,或者要对这些专用设备进行改造,以适应新产品或新工艺的要求,还可能要求一些设备的移动,这也会对某些机器造成损伤或完全报废,使设备原有的安装、基础等完全失效。

▶ 4. 机器设备的使用维护保养状况

对于已经使用过的机器设备,其使用时间长短、负荷状况、维修保养状况如何,会对机器设备的磨损大小造成影响,从而导致其尚存价值发生变化。

因此对机器设备进行评估时,应当考虑机器设备的存在状态、移动性、用途和使用维护状况对机器设备价值的影响。

(二)影响机器设备价值的外部因素

▶ 1. 所依赖的原材料资源有限性

原材料资源的短缺可以导致设备开工率不足,原材料资源的枯竭可以导致机器设备的报废。

▶ 2. 所生产产品的市场竞争及市场寿命

市场竞争的加剧,会导致设备开工不足,生产能力相对过剩;所生产产品的市场寿命终结也将导致生产该产品的某些专用设备的报废。

▶ 3. 所依附土地和房屋建筑物的使用年限

大部分机器设备需要以某种方式安装在土地或建筑物上,土地、建筑的使用寿命会对机器设备的价值产生影响。

▶ 4. 国家的能源政策、环境保护政策

机器设备在提高劳动生产率和提高人类物质文明的同时,也对自然环境起到了破坏作用,带来了能源的大量消耗和环境的严重污染两大社会问题。为了节约能源、保护环境从而实现可持续发展,国家颁布的相关法律、法规和产业政策都可能会对机器设备的价值评估产生影响。

因此对机器设备进行评估时,应当考虑机器设备所依存资源的有限性、所生产产品的市场竞争及市场寿命、所依附土地和房屋建筑物的使用期限、国家的法律、法规以及环境保护、能源等产业政策对机器设备价值的影响。

五、机器设备评估的基本程序

在资产评估中,机器设备是重要的评估对象,由于机器设备本身也很复杂,为此,应该分步骤、分阶段地评估机器设备,具体包括以下几个阶段。

▶ 1. 评估准备阶段

在签订了资产评估协议以后,具体实施资产评估工作之前,应该着手做好评估的准备工作。

(1)指导委托方填写准备资料。如评估人员应指导委托方根据评估操作的要求填写被评估设备明细表,对被评估设备进行自检和清查,做好盘盈和盘亏事项的调整,以及机器设备产权资料及有关经济技术资料的准备等。

(2)广泛收集相关数据资料,并进行整理。主要包括:

① 设备的产权资料,如购置发票、合同、报告单等。注册资产评估师应当关注机器设备的权属,要求委托方或者相关当事人对机器设备的权属作出承诺,评估人员对机器设备权属相关资料进行必要的检查。

② 设备使用情况的资料,如设备的生产厂家、规格型号、购置时间、利用率、产品的质

量、大修理及技术改造情况等资料。

③ 设备实际存在数量的资料。通过清查盘点及审核固定资产明细账和设备卡片，核实设备实际存在的数量。

④ 机器设备相关价格资料，如设备的原值、折旧、现行市场价、可比参照物的价格及价格指数资料。此外，还应关注设备是否有抵押、担保、租赁、质押、诉讼等情况。对产权受到限制的设备，在资产评估报告书中进行披露。

（3）分析整理资料，明确评估重点和清楚重点，制订评估方案，落实评估人员，设计评估路线。

▶ 2. 现场工作阶段

现场工作阶段是机器设备评估的重点，主要是对机器设备进行清查核实和技术鉴定，以判断其成新率及损耗情况等。

（1）逐渐清查核实被评估的机器设备是设备评估现场工作阶段的首要工作，以核实后的设备作为评估对象，来确保评估对象真实可靠。根据单位的设备管理状况，以及被评估设备的数量和价值高低，可以采用全面清查、重点清查和抽样清查分类，评估人员需要根据实际情况具体确定。

（2）对被评估机器设备进行分类。为了突出重点，提高工作效率，必须对设备进行分类。一般可以采用两种方法：一是按设备的重要性划分，如 ABC 法。这种方法把价值量大、关键的重要设备分为 A 类，比如 50 000 元以上的设备；把单位价值量小、数量多的设备归为 C 类，如 5 000 元以下的设备；介于中间的归为 B 类。在评估中根据不同的需要对三类设备采用不同的评估方法。二是按照设备的性质划分，如可分为通用设备和专用设备。这样可以有效地收集数据资料，合理地分配评估人员。

（3）对被评估的机器设备进行鉴定。对被评估的机器设备进行鉴定是现场工作阶段的重点，注册资产评估师可以通过现场观察，利用机器设备使用单位所提供的技术档案、检测报告和运行记录等历史资料以及专业机构的检测结果，对机器设备的技术状态做出判断。必要时，注册资产评估师可以聘请专业机构对机器设备进行技术鉴定。具体鉴定包括对设备的技术鉴定、使用情况鉴定、质量鉴定及磨损鉴定等。

① 对设备技术状况的鉴定。主要是对设备满足生产工艺的程度、生产精度和废品率以及各种消耗和污染情况的鉴定，判断设备是否有技术性贬值和功能性落后现象。

② 对设备使用情况的鉴定。主要了解设备是在用状态还是闲置状态、使用时的设备运行参数、故障率、零配件保证率、设备闲置的原因和维护情况等。

③ 对设备质量的鉴定。主要了解设备的制造质量、设备所处环境条件对设备质量的影响、设备现时的完整性、外观和内部结构情况等。

④ 对设备磨损程度的鉴定。主要了解和掌握设备的物质性损耗，如锈蚀、准确度下降、疲劳损伤、材料老化等。

此外，在整个工作过程中，还要了解机器设备的相关辅助设施，如基座、连接的工艺管道、自动控制装置的价值是否包含在机器设备价值中。

总之，现场工作收集到的是第一手资料，必须要有完整的工作记录，特别是设备的鉴定工作更要有详细的鉴定记录。这些记录是机器设备价值评估的重要数据来源,也是评估工作底稿的重要组成内容。

▶ 3. 评定估算阶段

(1)评估人员应当根据评估对象、价值类型、资料收集情况等相关条件,分析成本法、市场法和收益法三种资产评估基本方法的适用性,并作出恰当的选择。

成本法是机器设备评估的一种常用方法,一般适用于继续使用前提下不具备独立获利能力的单台设备或其他设备的评估。

市场法的运用必须首先以市场为前提,它是借助于参照物的市场成交价或变现价运作的。因此,一个发达、活跃的设备交易市场是市场法得以广泛运用的前提,并且市场法的运用还必须以可比性为前提,运用该方法评估机器设备市场价值的合理性与公允性。

运用收益法评估机器设备的前提条件是,被评估机器设备具有独立的、能连续用货币计量的可预期收益。由于单台、单件机器设备一般不具有这一条件,因此在对单项机器设备评估中较少运用收益法,该方法大多用于可单独核算收益的生产流水线的评估。

评估师运用成本法评估机器设备时,应当明确机器设备的重置成本,了解机器设备的实体性贬值、功能性贬值和经济性贬值,以及可能引起机器设备贬值的各种因素,采用科学的方法,合理估算各种贬值。

(2)评估人员根据收集到的数据资料,分析整理,按照各种方法选择合适的参数,如成本法要确定设备的重置成本、实体性贬值、功能性贬值和经济性贬值等参数,最终确定评估结果。

▶ 4. 撰写评估说明及评估报告阶段

在评定估算过程结束后,应整理评估工作底稿,并对评估结果进行分析评价,及时撰写评估说明及评估报告书。机器设备评估结果汇总表格式见表4-2。

表4-2 机器设备评估结果汇总表

评估基准日: 单位:万元

资产类别	账面值	账面净值	调整后净值	评估值	增减值	增减率
专用设备						
通用设备						
运输设备						
……						

注册评估师在编制机器设备评估报告时,应当反映机器设备的相关特点:

(1)对机器设备的描述一般包括物理特征、技术特征和经济特征,注册资产评估师应当根据具体情况确定需要描述的内容。

(2)除了机器设评估明细表,在评估报告中应当包括对评估对象的文字描述,使评估报告使用者了解机器设备的概况,包括机器设备的数量、类型、安装、存放地点、使用情况等;了解评估对象是否包括了安装、基础、管线及软件、技术服务、资料、备品备件等。

(3)对评估程序实施过程的描述,应当反映对设备的现场及市场调查评定估算过程,说明设备的使用情况、维护保养情况、贬值情况等。

（4）在评估假设中明确设备是否改变用途、改变使用地点等。

（5）应当明确机器设备是否存在抵押及其他限制情况。

▶ 5.评估报告的审核和报出阶段

评估报告完成后,必须有三级审核,包括复核人的审核、项目负责人的审核和评估机构负责人的审核。在审核无误、确认评估报告无重大纰漏后,再将评估报告送达委托方及有关部门。

第二节　成本法在机器设备评估中的应用

成本法是通过估算被评估机器设备的重置成本和各种贬值,用重置成本扣减各种贬值作为资产评估价值的一种方法,它是机器设备评估中最常使用的方法之一。具体公式为

机器设备评估值＝重置成本－实体性贬值－功能性贬值－经济性贬值

或

机器设备评估值＝重置成本×成新率－功能性贬值－经济性贬值

或

$$P = RC - D_p - D_f - D_e \tag{4-1}$$

式中:P——评估值;

RC——重置成本;

D_p——实体性贬值;

D_f——功能性贬值;

D_e——经济性贬值。

一、重置成本的估算

机器设备的重置成本通常是指按现行价格购建与被评估机器设备相同或相似的全新设备所需的成本。机器设备的重置成本分为复原重置成本和更新重置成本。复原重置成本是指按现行的价格购置制造一台与被评估设备完全相同设备所需的成本费用。更新重置成本是指按现行的价格购建一台与被评估设备功能相同的设备所需的成本费用。复原重置成本和更新重置成本的区别在于复原重置仅考虑物价因素对成本的影响,即将资产的历史成本按照价格变动指数或趋势转换成重置成本或现行成本;而更新重置成本是在充分考虑了技术条件、建筑标准、材料替代以及物价变动等因素变化的前提下所确定重置成本或现行成本。因此,评估人员应特别注意两种重置成本对机器设备功能性贬值及成新率的不同影响。

机器设备的重置成本包括购置或购建设备所发生的必要的、合理的直接成本、间接成本和因资金占用所发生的资金成本、合理利润及相关税费等。机器设备的直接成本一般包括设备本体的重置成本,即购买或建造费用,以及设备的运杂费、安装费、基础费及其他合理成本;间接成本一般包括管理费、设计费、工程监理费、保险费等。间接成本和资金成本有时不

能对应到每一台设备上,一般按比例摊入。

(一) 设备本体的重置成本

设备本体的重置成本指设备本身的价格,不包括运输、安装等费用。对于通用设备一般按现行市场销售价格确定;对于自制设备是按当前的价格标准计算的建造成本,包括直接材料费、燃料动力费、直接人工费、制造费用、期间费用分摊、利润、税金,以及非标准设备的设计费等。

▶ **1. 直接法**

直接法是根据市场交易数据直接确定设备本体重置成本的方法。这是一种最直接有效的方法,适用于容易取得市场交易价格资料的大部分通用设备。获得市场价格的渠道包括:

(1)市场询价。对于有公开市场价格的机器设备,大多数可以通过市场询价来确定设备的现行价格。即评估人员直接通过电话、传真、走访等形式从生产厂商或销售商那里了解相同产品的现行市场销售价格。一般情况下,由于市场询价所获得的报价信息与实际成交的价格之间会存在一定的差异,因此,应该谨慎使用报价,对于由市场询价得到的价格信息,评估人员还应该向近期购买该厂同类产品的其他客户了解实际成交价,以判断厂家报价的合理性和可用性。

(2)使用价格资料。价格资料包括生产厂家提供的产品目录或价格表、经销商提供的价格目录、报纸杂志上的广告、权威部门出版的机电产品价格目录、机电产品价格数据库等。在使用价格资料时,应当注意数据的有效性、可靠性和时效性。

▶ **2. 物价指数法**

物价指数法是以设备的历史成本为基础,根据同类设备的价格变动指数,来估测机器设备本体重置价值的方法。注意:对于二手设备,历史成本是最初使用者的账面原值,而非当前设备使用者的购置成本。物价指数可分为定基物价指数和环比物价指数。

(1)定基物价指数。定基物价指数是以固定时期为基期的物价指数,通常用百分比来表示。采用定基物价指数计算设备本体重置成本的公式为

$$设备本体重置成本=历史成本\times\frac{评估基准日定基物价指数}{设备购建时定基物价指数} \tag{4-2}$$

【例 4-1】被评估设备 A 于 2013 年 12 月购置,原始成本为 1 200 000 元,评估基准日为 2018 年 12 月,估测评估基准日该设备本体重置成本。2013—2018 年的定基物价指数如表 4-3 所示。

表 4-3 2013—2018 年定基物价指数

年 份	定基物价指数(%)
2013	100
2014	103
2015	105
2016	107
2017	110
2018	112

$$评估基准日该设备本体重置成本 = 1\ 200\ 000 \times \frac{112}{100} = 1\ 344\ 000（元）$$

（2）环比物价指数。环比物价指数是以上期为基期的指数。如果环比期以年为单位，则环比物价指数表示该类产品当年较上年的价格变动幅度。该指数通常也用百分比表示。采用环比物价指数计算设备本体重置成本的公式为

$$设备本体重置成本 = 历史成本 \times (P_1^0 \times P_2^1 \times \cdots \times P_n^{n-1}) \tag{4-3}$$

式中：P_n^{n-1}——第 n 年对第 $n-1$ 年的环比物价指数。

【例 4-2】被评估设备 2013 年 12 月购置，历史成本为 1 200 000 元，评估基准日为 2018 年 12 月，估测评估基准日该设备本体重置成本。2013—2018 年的环比物价指数见表 4-4。

表 4-4　2013—2018 年环比物价指数

年份	环比物价指数（%）
2013	—
2014	103
2015	101.94
2016	101.90
2017	102.80
2018	101.82

评估基准日该设备本体重置成本 = 1 200 000×103%×101.94%×101.90%×102.80%×

$$101.82\%$$

$$= 1\ 560\ 083.61（元）$$

在机器设备评估中，对于一些通过直接法难以获得市场价格的机器设备，采用物价指数法是简便可行的。但在使用时，评估人员应该关注以下问题：

① 注意审查历史成本的真实性。因为在设备的使用过程中，其账面价值可能进行了调整，当前的账面价值已不能反映真实的历史成本。

② 选取的物价指数应与评估对象相配比，通常选择某一类产品的分类物价指数，不可采用综合物价指数。

③ 设备账面历史成本的构成内容一般还包括运杂费、安装费、基础费及其他费用。上述费用的物价变化指数与设备价格变化指数往往是不同的，应分别计算。

④ 单台设备的价格变动与这类产品的分类物价指数之间可能存在一定的差异。因此，被评估设备的样本数量会影响评估值的准确度。

⑤ 进口设备应使用设备出口国的分类价格指数。

⑥ 物价指数法只能用于确定设备的复原重置成本，不能用于确定更新重置成本。

▶ 3. 重置核算法

重置核算法是通过分别测算机器设备的各项成本费用来确定设备本体重置成本的方法。该方法常用于估测非标准设备、自制设备的重置成本。机器设备本体的重置成本由生

产成本、销售费用、利润、税金等项目组成。一般需要确定设备生产所需要的材料费、人工费用等相关成本费用以及相适应的利润率与税率等指标来测算设备的重置成本。

▶ 4. 综合估价法

综合估价法是根据设备的主材费用和主要外购件费用与设备成本费用存在的一定的比例关系,通过确定设备的主材费用和主要外购件费用,计算出设备的完全制造成本,并考虑企业利润、税金和设计的费用,来确定设备本体的重置成本。计算公式为

$$RC=(M_{rm}/K_m+M_{pm})\times(1+K_p)\times(1+K_d/n) \tag{4-4}$$

式中:RC——设备本体的重置成本;

M_{rm}——主材费;

K_m——成本主材费率;

M_{pm}——主要外购件费;

K_p——成本利润率;

K_d——非标准设备的设计费率;

n——非标准设备的生产数量。

(1)主材费 M_{rm}。主要材料是指在设备中所占的重量和价值比例较大的一种或几种材料。主材费 M_{rm} 可按图纸分别计算出各种主材的净消耗量,然后根据各种主材的利用率求出它们的总消耗量,并按材料的市场价格计算出每一种主材的材料费用。其计算公式为

$$M_{rm}=\sum\left(\frac{某主材净消耗量}{该主材利用率}\times\frac{含税市场价}{1+增值税税率}\right) \tag{4-5}$$

(2)主要外购件费 M_{pm}。主要外购件如果价值比重很小,可以综合在成本主材费率 K_m 中考虑,而不再单列为主要外购件。外购件的价格按不含税市场价格计算。其计算公式为

$$M_{pm}=\sum\left(某主要外购件的数量\times\frac{含税市场价}{1+增值税税率}\right) \tag{4-6}$$

该方法只需依据设备的总图,计算出主要材料消耗量,并根据成本主材费率即可估算出设备的售价,是机械工业概算中估算通用非标准设备时经常使用的方法。

【例 4-3】某三室清洗机为非标准自制设备,于 2005 年 1 月建成,评估基准日为 2011 年 1 月。估算该设备的重置成本。估算过程如下:

根据被评估设备的设计图纸,该设备主材为钢材,主材的净消耗量为 22 吨,评估基准日钢材不含税市场价为 3 800 元/吨,另外,所需主要外购件(泵、阀、风机等)不含税费用为 68 880 元。主材利用率 90%,成本主材费率 47%,成本利润率 16%,设计费率 15%,产量 1 台。

首先确定设备的主材费用,该设备的主材利用率为 90%,则

主材费:$M_{rm}=22\div90\%\times3\,800=92\,889$(元)

成本主材费率:$K_m=47\%$

主要外购件费:$M_{pm}=68\,880$(元)

成本利润率:$K_p=16\%$

非标设备设计费率:$K_d=15\%$

非标设备的数量:$n=1$(台)

设备重置成本：$RC = (92\,889 \div 47\% + 68\,880) \times (1 + 16\%) \times (1 + 15\% / 1)$
$= 355\,532.57（元）$

▶ 5. 功能价值类比法

该方法是根据被评估机器设备的具体情况，寻找评估时点同类设备（参照设备）的市价或重置成本，然后根据参照设备与被评估设备功能（生产能力）的差异，比较调整得到被评估机器设备本体的重置成本。

（1）当该类设备的功能与其价格或重置成本之间呈线性关系或近似于线性关系时，可采用生产能力比例法，其计算公式为

$$\text{设备本体的重置成本} = \text{参照物设备的现行价格} \times \frac{\text{被评估设备生产能力}}{\text{参照物设备生产能力}} \qquad (4\text{-}7)$$

（2）当该类设备的功能与其价格或重置成本呈指数关系时，可采用规模经济效益指数法，其计算公式为

$$\text{设备本体的重置成本} = \text{参照物设备的现行价格} \times \left(\frac{\text{被评估设备生产能力}}{\text{参照物设备生产能力}}\right)^x \qquad (4\text{-}8)$$

其中：x 为规模经济效益指数，它是用来反映资产成本与其功能之间指数关系的具体指标。在国外经过大量数据的测算，取得的经验数据是：指数 x 的取值范围一般为 $0.4 \sim 1.2$，在机器设备评估中一般取值为 $0.6 \sim 0.8$。目前，在我国比较缺乏这方面的统计资料。评估人员使用该方法时，需要通过该类设备的价格资料分析测算。

【例 4-4】某企业 2014 年购建一套年产 50 万吨某产品的生产线，账面原值 2 000 万元，2018 年进行评估，评估时选择了一套与被评估生产线相似的生产线，该生产线 2018 年建成，年产同类产品 75 万吨，造价为 5 000 万元。经查询，该类生产线的规模经济效益指数为 0.7，根据被评估生产线与参照物生产能力方面的差异，调整计算 2018 年被评估生产线的重置成本为

$$\text{重置成本} = 5\,000 \times (50 \div 75)^{0.7}$$
$$= 3\,760（万元）$$

思考： 复原重置成本与更新重置成本有什么区别与联系？

（二）运杂费

运杂费是机器设备从生产地到使用地之间运输、装卸、保管等环节所发生的费用。

▶ 1. 国产设备运杂费

国产设备的运杂费是从生产厂家到安装使用地点所发生的装卸、运输、采购、保管、保险及其他有关费用。设备运杂费的计算一种方法是根据设备的运输距离以及重量、体积、运输方式等，按照运输计费标准计算；另一种方法是按设备原价的一定比率作为设备的运杂费率，以此来计算设备的运杂费，其计算公式为

$$\text{国产设备运杂费} = \text{国产设备原价} \times \text{国产运杂费率} \qquad (4\text{-}9)$$

国产设备运杂费率可参照有关权威部门制定的机械行业国产设备运杂费基本费率,结合评估对象的实际情况加以确定,见表 4-5。

表 4-5　机械行业国产设备运杂费率表

地区类别	建设单位所在地	运杂费率(%)	备　注
一类	北京、天津、河北、山西、山东、江苏、上海、浙江、安徽、辽宁	5	指标中包括建设单位仓库离车站或码头 50 公里以内的短途运输费。当超过 50 公里时按每超过 50 公里增加 0.5% 费率计算,不足 50 公里者,可按 50 公里计算
二类	湖南、湖北、福建、江西、广东、河南、陕西、四川、甘肃、吉林、黑龙江、海南	7	
三类	广西、贵州、青海、宁夏、内蒙古	8	
四类	云南、新疆、西藏	10	

▶ **2. 进口设备的国内运杂费**

进口设备的国内运杂费是指进口设备从出口国运抵我国后,从所到达的港口、车站、机场等地,将设备运至使用的目的地现场所发生的港口费用、装卸费用、运输费用、保管费用、国内运输保险费用等各项运杂费。进口设备运杂费的计算公式为

$$进口设备国内运杂费＝进口设备到岸价×进口设备国内运杂费率 \qquad (4-10)$$

相关的运杂费率可参照有关权威部门制定的机械行业进口设备海运方式和陆运方式运杂费率表提供的基本费率,结合评估对象的实际情况加以确定,见表 4-6、表 4-7。

表 4-6　机械行业进口设备海运方式国内运杂费率

地区类别	建设单位所在地	运杂费率(%)	备　注
一类	北京、天津、河北、山东、江苏、上海、浙江、广东、辽宁、福建、安徽、广西、海南	1~1.5	进口设备国内运杂费指标是以离港口距离划分指标上、下限:20 公里以内为靠近港口取下限;20 公里以上、50 公里以内为邻近港口取中间值;50 公里以上为远离港口取上限
二类	山西、河南、陕西、湖南、湖北、江西、吉林、黑龙江	1.5~2.5	
三类	甘肃、内蒙古、宁夏、云南、贵州、四川、青海、新疆、西藏	2.5~3.5	

表 4-7　机械行业进口设备陆运方式国内运杂费率

地区类别	建设单位所在地	运杂费率(%)	备　注
一类	内蒙古、新疆、黑龙江	1~2	进口设备国内运杂费指标是以离陆站距离划分指标上、下限:100 公里以内为靠近陆站取下限;100 公里以上、300 公里以内为邻近陆站取中间值;300 公里以上为远离陆站取上限
二类	青海、甘肃、宁夏、陕西、四川、山西、河北、河南、湖北、吉林、辽宁、天津、北京、山东	2~3	
三类	上海、江苏、浙江、广东、安徽、湖南、福建、江西、广西、云南、贵州、西藏	3~4	

(三)设备安装费

设备安装费是指设备在安装过程中发生的必要的、合理的人工费、材料费、机械费等全部费用。一般较大型的设备安装以专门的安装工程方式进行,若工期较长或设备安装后至投入使用的时间较长,还应考虑和计算资金成本。

▶ 1. 设备安装工程范围

设备安装费是指设备在安装过程中发生的必要的、合理的人工费、材料费、机械费等全部费用。一般较大型的设备安装以专门的安装工程方式进行,若工期较长或设备安装后至投入使用的时间较长,还应考虑和计算资金成本。

设备的安装工程范围包括以下几部分:

(1) 所有机器设备、电子设备、电器设备的装配、安装工程;

(2) 锅炉及其他各种工业锅窑的砌筑工程;

(3) 设备附属设施的安装工程,如与设备相连的工作台、梯子的安装工程;

(4) 设备附属管线的敷设,如设备工作所需的电力线路、供水、供气管线等;

(5) 设备及附属设施、管线的绝缘、防腐、油漆、保温等工程;

(6) 为测定安装工作质量进行的单机试运转和系统联动无负荷试运转。设备的安装费包括上述工程所发生的所有人工费、材料费、机械费及全部取费。

▶ 2. 设备安装费的计算

设备安装费可以用设备的安装费率计算。

(1) 国产设备安装费:

$$国产设备安装费＝国产设备原价×国产设备安装费率 \qquad (4\text{-}11)$$

式(4-11)中设备安装费率按所在行业概算指标中规定的费率计算。

(2) 进口设备安装费:

$$进口设备安装费＝进口设备到岸价×进口设备安装费率 \qquad (4\text{-}12)$$

或

$$进口设备安装费＝相似国产设备原价×国产设备安装费率 \qquad (4\text{-}13)$$

由于进口设备原价较高,进口设备安装费率一般低于国产设备的安装费率。机械行业建设项目概算指标中规定:进口设备的安装费率可按相同类型国产设备的 30％～70％ 选用。进口设备的机械化、自动化程度越高,价值越大,安装费率取值越低;反之越高。

(四) 基础费

设备的基础是为安装设备而建造的特殊构筑物。设备基础费是指建造设备基础所发生的人工费、材料费、机械费及全部取费。有些特殊设备的基础列入构筑物范围,不按设备基础计算。

▶ 1. 国产设备基础费

$$国产设备基础费＝国产设备原价×国产设备基础费率 \qquad (4\text{-}14)$$

式(4-14)中设备的基础费率按所在行业颁布的概算指标中规定的标准取值,行业标准中没有包括的特殊设备的基础费率需自行测算。

▶ 2. 进口设备基础费

$$进口设备基础费＝进口设备到岸价×进口设备基础费率 \qquad (4\text{-}15)$$

或

$$进口设备基础费＝相似国产设备原价×国产设备基础费率 \qquad (4\text{-}16)$$

由于进口设备原价较高,进口设备基础费率一般低于国产设备的基础费率。机械行业建设项目概算指标中规定:进口设备的基础费率可按相同类型国产设备的 30%～70%选用。进口设备的机械化、自动化程度越高,价值越大,基础费率取值越低;反之越高。一些特殊情况,如进口设备的价格较高而基础简单的,应低于标准;反之则高于标准。

(五)进口设备的从属费用

进口设备的从属费用包括国外运费、国外运输保险费、关税、消费税、增值税、银行财务费、外贸手续费,对车辆还包括车辆购置附加费等。

(1)国外运费可按设备的重量、体积及海运公司的收费标准计算,也可按一定比例计取,取费基数为设备的离岸价,计算公式为

$$海运费=设备离岸价×海运费率 \tag{4-17}$$

海运费率:远洋一般取 5%～8%,近洋一般取 3%～4%。

航空运输一般按照距离和单价计算运费。

(2)国外运输保险费的取费基数为设备离岸价+海运费。其计算公式为

$$国外运输保险费=(设备离岸价+海运费)×保险费率 \tag{4-18}$$

保险费率可根据保险公司费率表确定,一般在 0.4%左右。

(3)关税的取费基数为设备到岸价。其计算公式为

$$关税=设备到岸价×关税税率 \tag{4-19}$$

关税的税率按国家发布的进口关税税率表计算。

(4)消费税的计税基数为关税完税价+关税+消费税。其计算公式为

$$消费税=(关税完税价+关税)×消费税税率/(1-消费税税率) \tag{4-20}$$

消费税的税率按国家发布的消费税税率表计算。

(5)增值税的取费基数为关税完税价+关税+消费税。其计算公式为

$$增值税=(关税完税价+关税+消费税)×增值税税率 \tag{4-21}$$

(6)银行财务费的取费基数为设备离岸价人民币数。其计算公式为

$$银行财务费用=设备离岸价×费率 \tag{4-22}$$

我国现行银行财务费率一般为 4%～5%。

(7)外贸手续费也称为公司手续费,取费基数为设备到岸价人民币数。其计算公式为

$$外贸手续费=设备到岸价×外贸手续费率 \tag{4-23}$$

目前,我国进出口公司的外贸手续费率一般为 1%～1.5%。

(8)车辆购置附加费的取费基数为到岸价人民币数+关税+消费税。其计算公式为

$$车辆购置附加费=(到岸价人民币数+关税+消费税)×费率 \tag{4-24}$$

【例 4-5】评估一套进口设备,设备离岸价格为 10 000 000 美元,国外海运费率为 4%,境外保险费率为 0.4%,关税税率为 25%,增值税税率为 17%,银行财务费率为 0.4%,外贸手续费率为 1%,国内运杂费率为 1%,安装费率为 0.5%,基础费率为 1.5%。设备从订货到安装完毕投入使用需要 2 年时间,第一年投入资金比例为 40%,第二年投入资金比例为 60%,假设每年资金均匀投入,不计复利,银行贷款利率为 5.8%,美元与人民币汇率为 1:6.5,试估算该设备的重置成本。

该设备的重置成本包括设备离岸价、国外海运费、国外运输保险费、关税、增值税、银行

财务费、外贸手续费、国内运杂费、安装费、基础费、资金成本。其计算过程如下：

（1）国外海运费＝10 000 000×4％＝400 000（美元）

（2）国外运输保险费＝（10 000 000＋400 000）×0.4％＝41 600（美元）

（3）设备到岸价＝10 000 000＋400 000＋41 600＝10 441 600（美元）

$\qquad$ 10 441 600×6.5＝67 870 400（元）

（4）关税＝67 870 400×25％＝16 967 600（元）

（5）增值税＝（67 870 400＋16 967 600）×17％＝14 422 460（元）

（6）银行财务费＝10 000 000×0.4％×6.5＝260 000（元）

（7）外贸手续费＝67 870 400×1％＝678 704（元）

（8）国内运杂费＝67 870 400×1％＝678 704（元）

（9）安装费＝67 870 400×0.5％＝339 352（元）

（10）基础费＝67 870 400×1.5％＝1 018 056（元）

资金合计＝67 870 400＋16 967 600＋14 422 460＋260 000＋678 704＋678 704＋

$\qquad$ 339 352＋1 018 056

$\qquad$ ＝102 235 276（元）

（11）资金成本＝102 235 276×40％×5.8％×1.5＋102 235 276×60％×5.8％×0.5

$\qquad$ ＝3 823 111.57＋1 911 555.79＝5 336 681.4（元）

（12）重置成本＝设备到岸价＋关税＋增值税＋银行财务费＋外贸手续费＋

$\qquad$ 国内运杂费＋安装费＋基础费＋资金成本

$\qquad$ ＝67 870 400＋16 967 600＋14 422 460＋260 000＋678 704＋

$\qquad$ 678 704＋339 352＋1 018 056＋5 336 681.4

$\qquad$ ＝107 571 957.4（元）

思考：进口设备的从属费用都包括哪些项目？

二、实体性贬值的估算

（一）机器设备实体性贬值的定义

机器设备的实体性贬值（D_p）也称为有形损耗，是指设备运行中的磨损、疲劳等破坏或暴露自然环境中被侵蚀，出现腐蚀、老化、生锈、变质等，造成设备实体形态的损耗而引起的贬值。

设备实体性贬值的程度可以用设备的价值损失与重置成本之比来反映，称为实体性贬值率。全新设备的实体性贬值率为零，完全报废且无任何利用可能的设备的实体性贬值率为100％。评估师可根据设备的状态来判断贬值程度。用公式表示为

$$\alpha_p = D_p / RC \qquad (4\text{-}25)$$

式中：α_p——实体性贬值率。

成新率是反映机器设备新旧程度的指标,或理解为机器设备现实状态与设备全新状态的比率。

$$成新率＝1－实体性贬值率 \qquad (4-26)$$

(二)设备实体性贬值的估算方法

设备实体性贬值常用的确定方法有:观察法、使用年限法和修复费用法。

▶ 1. 观察法

观察法就是评估人员到现场对被评估的设备进行观察和技术监测,并结合设备的运转状况、整体状态,查阅机器设备的历史使用记录、维修保养记录、技术档案等资料,经综合分析估测设备的实体性贬值的一种方法。

运用观察法分析的主要指标有:

(1)设备的现时技术状态;

(2)设备的实际已使用时间;

(3)设备的正常负荷率;

(4)设备的原始制造质量;

(5)设备的维修保养状况;

(6)设备重大故障(事故)经历;

(7)设备大修、技改情况;

(8)设备工作环境和条件;

(9)设备的外观和完整性。

在将上述信息转换成实体性贬值率时可参考表 4-8 中给定的经验数据。但在实际评估中,不可作为唯一的标准生搬硬套,评估人员还可以通过咨询行业和设备专家,听取他们的意见与建议,对重要的、精密的、专业性强的设备进行有针对性的分析,使判断更为准确。对大型设备,为了避免个人主观判断的误差,可采用德尔菲法集合大家的智慧,判断设备的实体性贬值。

表 4-8　机器设备实体性贬值率评估参考表　　　　　　单位:%

设备类别	实体性贬值率	状　态　说　明	成新率
新设备及使用不久设备	0～10	全新或刚使用不久的设备,在用状态良好,能按设计要求正常使用,无异常现象	100～90
较新设备	11～35	已使用一年以上或经过第一次大修恢复原设计性能使用不久的设备,在用状态良好,能满足设计要求,未出现较大故障	89～65
半新设备	36～60	已使用两年以上或大修后已使用一段时间的设备,在用状态较好,基本上能达到设备设计要求,满足工艺要求,需经常维修以保证正常使用	64～40
旧设备	61～85	已使用较长时间或几经大修,目前仍能维持使用的设备,在用状态一般,性能明显下降,使用中故障较多,经维护仍能满足工艺要求,可以安全使用	39～15
报废待处理设备	86～100	已超过规定使用年限或性能严重劣化,目前已不能正常使用或停用,即将报废待更新	15 以下

▶ 2. 使用年限法

使用年限法是从使用寿命角度来估算贬值，它假设机器设备存在一定的使用寿命，所评估设备的实体性贬值率与其使用年限成正比，并且成线性关系。

$$实体性贬值率 = \frac{实际已使用年限}{总使用年限} \times 100\%$$

$$= \frac{实际已使用年限}{实际已使用年限 + 尚可使用年限} \times 100\% \quad (4-27)$$

（1）总使用年限。机器设备的已使用年限与尚可使用年限之和为设备的总使用年限，即机器设备的使用寿命。机器设备的使用寿命是指从开始使用到淘汰的整个过程，通常可分为物理寿命、技术寿命和经济寿命。

物理寿命指机器设备从开始使用到报废所经历的时间，其长短主要取决于自身质量与运行过程中的使用、保养和正常维修情况。

经济寿命指机器设备从开始使用到因经济上不划算而停止使用所经历的时间，是指维持机器设备的继续使用所需要的维持费用大于机器设备继续使用所带来的收益。

技术寿命指机器设备从开始使用到技术过时经历的时间，取决于社会技术进步和技术更新的速度和周期，通过技术改造可以延长其技术寿命。

这样，在估算机器设备的实体性贬值时，就涉及机器设备的总使用年限应该选择哪个寿命年限，这是个复杂的问题。由于经济寿命要小于物理寿命和技术寿命，因此，国际上首选的是经济寿命，但并不排除物理寿命和技术寿命作为总使用年限的可能性，我国目前没有具体的规定。

（2）实际已使用年限。实际已使用年限是指机器设备从开始使用到评估基准日所经历的时间。由于设备在使用中负荷程度及日常维护保养差别的影响，已使用年限可分为名义已使用年限和实际已使用年限。名义已使用年限指会计记录记载的资产的已提折旧的年限。实际已使用年限指资产在使用中实际磨损的年限，可根据设备运行的记录资料，用下列公式计算。

$$实际已使用年限 = 名义已使用年限 \times 设备利用率$$

$$设备利用率 = \frac{截至评估基准日设备累计实际利用时间}{截至评估基准日设备累计法定利用时间} \times 100\% \quad (4-28)$$

设备利用率计算结果小于 1 表明开工不足，设备实际已使用年限小于名义已使用年限；计算结果大于 1 表明资产超负荷运转，实际已使用年限大于名义已使用年限。

【例 4-6】某被评估设备已投入使用 4 年，该设备正常情况下每天工作 8 小时，经调查了解，该设备在投入使用 4 年中平均每天工作 10 小时。经现场鉴定，该设备尚可使用 6 年。计算该设备的实体性贬值率。

$$实际已使用年限 = 4 \times [(10 \times 360 \times 4) \div (8 \times 360 \times 4)] \times 100\%$$

$$= 5(年)$$

$$实体性贬值率 = 5 \div (5+6) \times 100\% \approx 45.45\%$$

即该设备的实体性贬值率为 45.45%。

(3) 尚可使用年限。机器设备的尚可使用年限是指机器设备的剩余使用寿命,可以通过计算检测和专业技术鉴定来确定;也可以通过用总使用年限减去实际已使用年限的余额来确定。根据机器设备的具体情况,估算尚可使用年限可以采用以下方法:

对于较新的使用正常的设备,可用设备的总使用年限减去设备的实际已使用年限得到设备的尚可使用年限。

对那些已经接近甚至超过总使用年限的设备,可以通过专业技术人员的判断直接估算尚可使用年限。

对那些不准备通过大的修理继续使用的设备,可以利用设备的一个大的修理周期作为设备的尚可使用年限的上限,减去上一次大的修理至评估基准日的时间,余下的时间就是尚可使用年限。

对于国家明文规定期限淘汰、禁止超期使用的设备,如压力容器、运输车辆、严重污染环境及高能耗等设备不论设备的现状如何,其尚可使用年限均不得超过国家规定禁止使用的日期。

(4) 加权投资使用年限。如果机器设备经过多次大修理、技术改造或追加投资,就会延长其尚可使用年限或缩短实际已使用年限,那么上述方法计算的已使用年限就不能反映设备的实际情况,需要进行调整。在评估实务中,采用加权平均使用年限的方法,就是以每次投资的重置成本为权数,对每次投资的已使用年限进行加权平均,以确定其实际已使用年限的方法。具体计算公式为

$$加权投资使用年限 = \frac{\sum 重置成本 \times 投资已使用年限}{\sum 重置成本} \quad (4\text{-}29)$$

则

$$实体性贬值率 = \frac{加权投资使用年限}{加权投资使用年限 + 尚可使用年限} \times 100\% \quad (4\text{-}30)$$

需要注意的是,如果在计算加权重置成本时采用的已使用年限是名义已使用年限,那么以此为基础计算出来的加权投资年限应该是加权投资名义年限,还必须将其乘以资产利用率计算出加权投资实际年限。

另外,计算重置成本应以机器设备各部件的现实存在为基础,当各期投资更替了投入的部件时,应扣减该部件投入期的原始成本,即扣减重复计算的原始成本,调整重置成本。

【例 4-7】被评估设备购于 2008 年,原始价值为 500 000 元,2011 年和 2013 年进行两次更新改造,主要是添置一些自动化控制装置,当年投资分别为 30 000 元和 25 000 元,2009 年进行一次大修,更换了一些原来的部件,投资额为 185 000 元。假设从 2008 年至 2018 年每年的价格上升率为 10%,试估测该设备 2018 年评估时的已使用年限。

其计算步骤及过程如下:

(1) 用价格指数法计算被评估设备的重置成本,见表 4-9。

表4-9　被评估设备的原始投资额和重置成本

投资日期	原始投资额(元)	价格变动系数	重置成本(元)
2008 年	500 000	$(1+10\%)^{10}=2.60$	1 300 000
2011 年	30 000	$(1+10\%)^{7}=1.95$	58 500
2013 年	25 000	$(1+10\%)^{5}=1.61$	40 250
2016 年	185 000	$(1+10\%)^{2}=1.21$	223 850
合　计	740 000		1 622 600

（2）扣减重复计算的原始成本，调整重置成本。本例中2016年大修时换掉的那部分部件的成本计算了两次，为了对此进行矫正，可采用逆向价格变动趋势分析，把重复投资部分去掉。把2016年大修理费用按2001年价格重新计算如下：

$$2016 \text{ 年大修理费} = 185\ 000 \times (1.21 \div 2.60) = 86\ 100(\text{元})$$
$$\text{调整后原始投资成本} = 500\ 000 - 86\ 100 = 413\ 900(\text{元})$$

重新计算调整后的原始投资额和重置成本见表4-10。

表4-10　重新计算调整后的被评估设备的原始投资额和重置成本

投资日期	原始投资额(元)	价格变动系数	重置成本(元)
2008 年	413 900	$(1+10\%)^{10}=2.60$	1 076 140
2011 年	30 000	$(1+10\%)^{7}=1.95$	58 500
2013 年	25 000	$(1+10\%)^{5}=1.61$	40 250
2016 年	185 000	$(1+10\%)^{2}=1.21$	223 850
合　计	653 900		1 398 740

（3）计算加权投资成本，见表4-11。

表4-11　被评估设备的加权投资成本

投资日期	重置成本(元)	投资年限(年)	加权投资成本(元·年)
2008 年	1 076 140	10	10 761 400
2011 年	58 500	7	409 500
2013 年	40 250	5	201 250
2016 年	223 850	2	447 700
合　计	1 398 740		11 819 850

（4）确定设备的加权投资已使用年限。

$$\text{设备的加权投资已使用年限} = 11\ 819\ 850 \div 1\ 398\ 740 = 8.45(\text{年})$$

【例4-8】承例4-7，现评估该设备的尚可使用年限，计算该设备实体性贬值率。评估人员经现场勘查分析认为，该设备的主体框架比较合理，在正常使用及维护保养条件下，尚可使用12年，自控装置已使用了5年，预计2年后就要替换，还有约值为最初投资20%的结构部件在5年后要更换。设备各部分投资比例约为：主体框架72.94%，自控装置7.06%，结构部件20%。

则整个设备的加权尚可使用年限估算为9.89年，如表4-12所示。

表 4-12　被评估设备加权尚可使用年限

项　　目	重置成本(元)	投资百分比(%)	尚可使用年限(年)	加权尚可使用年限(年)
主体框架	1 398 740×72.94%＝1 020 241	72.94	12	8.75
自控装置	1 398 740×7.06%＝98 751	7.06	2	0.14
结构部件	1 398 740×20.00%＝279 748	20.00	5	1
合　　计	1 398 740	100		9.89

根据例 4-7 和例 4-8 该被评估设备的实体性贬值率为

$$实体性贬值率＝8.45÷(8.45+9.89)×100\%$$
$$＝46.07\%$$

▶ 3. 修复费用法

修复费用法是假设设备所发生的实体性损耗是可以修复的,则设备的实体性贬值就应该等于补偿实体性损耗所发生的费用。所用的补偿手段一般是通过修理或更换损坏部分。在使用这种方法时,应注意以下两点:

(1)修复费用是否包括了对设备技术更新和改造的支出。由于机器设备的修复往往同功能改进一并进行,这时的修复费很可能不全用在实体性损耗上,而有一部分用在功能性贬值因素上,因此,在评估时应注意不要重复计算机器设备的功能性贬值。

(2)区分可修复性损耗和不可修复性损耗。两者之间根本的不同点就是可修复的实体性损耗不仅在技术上具有修复的可能性,而且在经济上是划算的;不可修复的实体性损耗是指技术上无法修复,或者经济上不划算。对于可修复部分的实体性损耗,可以用修复费用直接作为实体性贬值;对于不可修复部分的实体性损耗,不适合修复费用法,一般按观察法或使用年限法进行评估。对于大多数情况,设备的可修复性损耗和不可修复性损耗是并存的,评估人员应注意区分并分别进行计算,这两部分之和就是被评估设备的全部实体性贬值。计算公式如下:

$$实体性贬值率＝\frac{修复费用+不可修复部分的实体性贬值}{重置成本}×100\% \qquad (4\text{-}31)$$

【例 4-9】某企业的一台加工炉,重置成本为 320 万元,该加工炉已经使用 6 年。现在需要对炉内的耐火材料、一部分管道及外围设备进行更换,更换后该加工炉能再运转 9 年。经与设备维修和技术部门讨论,可知更换耐火材料需投资 30 万元,更换管道及外围设备需投资 14 万元,修复费用合计 44 万元,其他部分工作正常。

该设备存在可修复性损耗和不可修复性损耗,炉内的耐火材料、一部分管道及外围设备是可修复性损耗,用修复费用法计算其贬值,贬值额等于修复费用,约 44 万元。另外,该机器运行 6 年,用年限法来确定由此引起的实体性贬值,此项贬值率为 6/15。

所有实体性贬值及贬值率的计算过程如下:

重置成本:320 万元

可修复性损耗引起的贬值:44 万元

不可修复性损耗引起的贬值:(320－44)×6÷15＝110.4(万元)

实体性贬值：44＋110.4＝154.4（万元）

实体性贬值率：154.4÷320＝48.25%

（三）估算机器设备的实体性贬值应注意的问题

（1）估算设备实体性贬值具体方法的选择，可以根据信息资料的获得情况、被评估设备的具体特点以及评估人员的专业知识和经验来确定。一般情况下，在信息资料充分的情况下，同时运用几种方法估算实体性损耗，并且互相核对，在核对的基础上根据孰低原则确定成新率。也可在有充分依据的前提下，采用加权平均法确定成新率。例如，成新率＝观察法成新率×60%＋使用年限法成新率×40%。

（2）在分析估算实体性损耗时，要注意其中是否含有功能性损耗或其他损耗因素，以避免发生重复扣减的问题。

三、功能性贬值的估算

机器设备的功能性贬值（D_f）是由于新技术发展的结果导致资产价值的贬损。它包括两个方面：一是超额投资成本造成的功能性贬值；二是超额运营成本造成的功能性贬值。

（一）超额投资成本造成的功能性贬值

超额投资成本造成的功能性贬值即为第Ⅰ种功能性贬值，是由于技术进步，新技术、新材料、新工艺不断出现，使得相同功能的新设备的制造成本比过去降低，它主要反映为更新重置成本低于复原重置成本。

$$超额投资成本引起的功能性贬值＝复原重置成本－更新重置成本 \qquad (4-32)$$

在评估中，如果可以直接确定设备的更新重置成本，则不需要再计算设备的复原重置成本，超额投资成本引起的功能性贬值也不需要单独计算。

（二）超额运营成本造成的功能性贬值

超额运营成本造成的功能性贬值即为第Ⅱ种功能性贬值，是由于新技术的发展，使得新设备在运营费用上低于老设备。超额运营成本引起的功能性贬值也就是设备未来超额运营成本的折现值。

在评估中，分析研究设备的超额运营成本，应对比新老设备之间的以下差异因素：生产效率是否提高；维修保养费用是否降低；材料消耗是否降低；能源消耗是否降低；操作工人数量是否减少；等等。计算超额运营成本造成的功能性贬值具体步骤如下：

（1）选择参照物，核定参照物与被评估对象在产量、成本方面的差异，并将参照物的年运营成本与被评估对象的年运营成本比较，计算被评估对象的年超额运营成本。

（2）将年超额运营成本扣减采用新设备生产的新增利润应交的所得税，得到被评估设备的年净超额运营成本。

（3）估测被评估设备的剩余寿命。

（4）选择合适的折现率，把整个剩余寿命期间的各年度净超额运营成本折成现值，其现值和就是功能性贬值额。

【例4-10】某炼油厂锅炉经分析正常运转需8名操作人员，每名操作人员平均每月工资及福利费约为 2 000 元,锅炉的年耗电量为 12 万千瓦·时。目前相同功能的新式锅炉运行只需 5 名操作人员,年耗电量为 8 万千瓦·时,电的价格为 1.3 元/千瓦·时,被评估锅炉的尚可使用年限为 6 年,所得税税率为 25%,适用的折现率为 10%。

根据上述数据资料,对被评估锅炉超额运营成本引起的功能性贬值估测如下:

(1) 被评估锅炉的年超额运营成本为

年超额运营成本 $=2\,000 \times 12 \times (8-5) + 1.3 \times (120\,000 - 80\,000) = 160\,000$(元)

(2) 被评估锅炉的年净超额运营成本为

$$年净超额运营成本 = 160\,000 \times (1-25\%) = 120\,000(元)$$

(3) 被评估锅炉在剩余寿命年限内的功能性贬值额为

$$功能性贬值额 = 120\,000 \times (P/A, 10\%, 6) = 120\,000 \times 4.355\,3$$
$$= 522\,636(元)$$

四、经济性贬值的估测

(一) 机器设备经济性贬值的引发因素及估算方法

机器设备的经济性贬值(D_e)是由于外部因素引起的贬值。这些因素包括:由于国家有关能源、环境保护等限制使设备强制报废,缩短了设备的正常使用寿命;原材料、能源等提价,造成成本提高,而生产的产品售价没有相应提高;市场竞争的加剧,产品需求减少,导致设备开工不足,生产能力相对过剩;等等。

▶ 1. 使用寿命缩短

引起机器设备使用寿命缩短的外部因素,主要是国家有关能源、环境保护等方面的法律、法规。尤其近年来,由于环境污染问题日益严重,以及对部分行业规模的控制力度加强,使得部分设备不得不在国家规定限期内施行强制淘汰,且不得再次利用,这导致设备的正常使用寿命被缩短。

【例 4-11】某化工生产设备已使用 12 年,按目前的技术状态还可以正常使用 13 年,按年限法,该设备的贬值率为

$$贬值率 = 12 \div (12+13) = 48\%$$

但由于环保、能源控制的要求,国家新出台的强制报废政策规定该类化工设备的最长使用年限为 20 年,因此该设备 8 年后必须强制报废。在这种情况下,该设备的贬值率为

$$贬值率 = 12 \div 20 = 60\%$$

由此引起的经济性贬值率为 12%(即 60%−48%)。如果该化工设备的重置成本为 300 万元,则经济性贬值额为

$$经济性贬值额 = 300 \times 12\% = 36(万元)$$

▶ 2. 市场竞争的加剧

一方面,市场竞争的加剧,可能导致产品销售数量的减少,引起设备开工不足,生产能力相对过剩,而引起经济性贬值。贬值的计算可使用规模经济效益指数法。

$$经济性贬值率 = \left[1 - \left(\frac{设备预计可被利用的生产能力}{设备原设计生产能力}\right)^x\right] \times 100\% \qquad (4\text{-}33)$$

$$经济性贬值额＝（重置成本－实体性贬值－功能性贬值）×经济性贬值率$$

$$(4-34)$$

另一方面，由于企业外部的原因，虽然设备生产负荷并未降低，但出现如原材料涨价、劳动力费用上升等情况导致生产成本提高，或迫使产品降价销售等情况，均可能使设备创造的收益减少，使用价值降低，进而引起设备经济性贬值。计算公式为

$$经济性贬值额＝设备年收益损失额×（1－所得税税率）×(P/A,r,n) \quad (4-35)$$

【例 4-12】 某企业的一条生产线，购建时设计生产能力为每天生产 1 600 件产品，设备状况良好，技术上也很先进。由于市场竞争加剧，使该生产线开工不足，每天只生产 1 200 件产品。经评估，该生产线的重置成本为 800 万元，规模经济效益指数取 0.7，如不考虑实体性贬值，试估算该生产线的经济性贬值额。

$$经济性贬值率＝[1－(1\,200÷1\,600)^{0.7}]×100\%＝(1－0.818)×100\%＝18.2\%$$

$$经济性贬值额＝800×18.2\%＝145.6（万元）$$

【例 4-13】 某家电生产企业，年生产能力为 10 万台，由于市场竞争加剧，该厂家产品销售量锐减，如果企业不降低生产量，就必须降价销售该家电产品。假设原来产品销售价为 2 000 元/台，今后要继续保持 10 万台的销售量，产品售价需降至 1 900 元/台，即毛利损失 100 元/台。经估测，该生产线可以继续使用 3 年，若折现率为 10%，试估算该生产线的经济性贬值额。

根据上述公式和有关资料，计算该设备的经济性贬值额：

$$经济性贬值额＝(100×100\,000)×(1－25\%)×(P/A,10\%,3)$$
$$＝7\,500\,000×2.486\,9$$
$$＝18\,651\,750（元）$$

（二）估测机器设备经济性贬值注意事项

在估测设备的经济性贬值时，必须注意以下几点：

① 经济性贬值是由于外界因素造成的。如果一个工厂是因为某些设备自身的原因而不能按原定生产能力生产，那么这样的能力闲置就可能是有形损耗的结果；如果是因为工厂内部的生产能力不均衡，如同样的人力、物力消耗，生产能力却不同，那么这样的能力闲置就可能是功能性贬值问题。

② 设备的生产能力与经济性贬值是指数关系，而非线性关系。

> **思考：** 实体性贬值、功能性贬值和经济性贬值产生的原因分别是什么？请列举一下各种贬值在现实生产生活中的表现？

五、成本法应用举例

【例 4-14】 被评估设备购建于 2008 年，账面价值为 100 000 元，2013 年进行了技术改造，追加技术改造投资 50 000 元。2018 年对该设备进行评估，根据评估人员的调查分析得

到以下数据：

（1）2008 年至 2018 年间该类设备每年价格上升 10％；

（2）该设备的月人工成本比其他同类设备高 1 000 元；

（3）被评估设备所在企业的正常投资报酬率为 10％，规模经济效益指数为 0.7，所得税税率为 25％；

（4）该设备在评估前使用期间的实际利用率仅为正常利用率的 50％，经技术检测，该设备尚可使用 5 年，在未来 5 年中，设备利用率能够达到设计要求。

根据上述条件，估测该设备的有关参数和评估值。

（1）计算设备的重置成本：

$$重置成本 = 100\ 000 \times (1+10\%)^{10} + 50\ 000 \times (1+10\%)^5 = 339\ 899.75(元)$$

$$加权重置成本 = 100\ 000 \times (1+10\%)^{10} \times 10 + 50\ 000 \times (1+10\%)^5 \times 5$$
$$= 2\ 996\ 396.96(元)$$

（2）计算加权投资名义年限：

$$加权投资名义年限 = 2\ 996\ 396.96 \div 339\ 899.75 = 8.82(年)$$

（3）计算加权投资实际年限：

$$加权投资实际年限 = 8.82 \times 50\% = 4.41(年)$$

（4）计算成新率：

$$成新率 = [5 \div (4.41+5)] \times 100\% = 53.14\%$$

（5）计算功能性贬值额：

$$功能性贬值额 = 1\ 000 \times 12 \times (1-25\%) \times (P/A, 10\%, 5) = 34\ 117.2(元)$$

（6）该设备在评估后的设计利用率可以达到设计要求，故经济性贬值率为 0。

（7）计算评估值：

$$设备评估值 = 339\ 899.75 \times 53.14\% - 34\ 117.2 = 146\ 505.53(元)$$

第三节　市场法在机器设备评估中的应用

机器设备评估的市场法是在市场上选择相同或相类似设备为参照物，以其近期市场成交价为依据，通过对被评估设备与参照物设备的可比因素进行对比分析，调整两者的差异对价格的影响，由此得出被评估设备评估价值的一种评估方法。

一、市场法在机器设备评估中的适用范围和前提条件

市场法主要适用于机器设备自身价值或变现价值的评估，应用该方法评估必须具备两个前提条件：一是需要一个充分发育活跃的机器设备交易市场；二是能够找到与被评估设备相同或相类似的参照物设备。在设备市场中与被评估对象完全相同的资产是很难找到的，一般是选择与被评估设备相类似的机器设备作为参照物，参照物与被评估机器设备之间要

具有可比性，这是决定市场法运用与否的关键。

二、运用市场法评估机器设备的基本步骤

▶ 1. 收集有关机器设备交易资料

市场法的首要工作就是在掌握被评估设备基本情况的基础上，进行市场调查，收集与被评估对象相同或类似的机器设备交易实例资料。所收集的资料一般包括机器设备的交易价格、交易日期、交易目的、交易方式、类型、功能、规格型号、已使用年限、实际状态等。对所收集的资料还应进行查实，确保资料的真实性和可靠性。

▶ 2. 选择可供比较的交易实例作为参照物

参照物选择的可比性至少应关注交易情况的可比性和设备本身各项技术参数的可比性。比较因素是一个指标体系，可归纳为个别因素、交易因素、时间因素、地域因素四大类。

（1）个别因素。一般指设备本身在结构、形状、尺寸、性能、生产能力、安装、质量、经济性等方面的差异因素。在评估中，常用简单的描述指标作为比较因素，如名称、型号规格、生产能力、制造厂家、技术指标、出厂日期、役龄、安装方式、实体状态等。

（2）交易因素。是指交易动机、背景对价格的影响，不同的交易动机和交易背景都会对设备的出售价格产生影响。例如，以清偿、快速变现或带有一定优惠条件的出售，其售价往往低于正常的交易价格。另外，交易数量也是影响设备售价的一个重要因素，大批量的购买价格一般要低于单台购买价格。

（3）时间因素。是指评估人员应选择与评估基准日最接近的交易案例，并对参照物的交易时间对价值的影响做出调整。

（4）地域因素。是指由于不同地区市场供求条件等因素的不同，设备的交易价格也受到影响，评估参照物应尽可能与评估对象在同一地区。如评估对象与参照物存在地区差异，则需要做出调整。

▶ 3. 量化和调整差异

设备的差异主要表现在交易情况、质量、功能、新旧程度、交易日期等方面，将被评估设备和参照物设备按可比因素进行比较，量化差异因素，逐一调整参照物的价格。

▶ 4. 确定被评估机器设备的评估值

对差异因素量化调整后，得出初步评估结果。对初步评估结果进行分析，一般用多个参照设备调整后价格的算术平均值或加权平均值作为被评估机器设备的评估值。

三、运用市场法评估机器设备的具体方法

运用市场法评估机器设备是通过对市场参照物进行价值调整完成的，常用的调整方法有直接匹配法、因素调整法、成本比率调整法三种。

（一）直接匹配法

直接匹配法是根据与评估对象基本相同的市场参照物，通过直接比较来确定评估对象

的价值。例如,评估一台电脑时,如果二手电脑交易市场能够找到与评估对象基本相同的电脑,它们的制造商、型号、年代、附件都相同,只有使用时间和实体状态方面有些差异,在这种情况下,评估师一般直接将评估对象与市场上正在销售的同样的计算机作比较,确定评估对象的评估价值。直接匹配法相对比较简单,评估结果能最客观地反映设备的价值,但这种方法对市场参照物的可比性要求较高。直接匹配法的使用前提是评估对象与所选择的参照物基本相同,需要调整的项目较少,差异不大,且差异对价值的影响可以直接确定。如计算机、汽车、飞机等,可以使用直接匹配法。直接匹配法可用公式表示为

$$V = V' \pm \Delta i \tag{4-36}$$

式中:V——评估值;

V'——参照物的市场价值;

Δi——差异调整。

(二)类比调整法

类比调整法是通过比较分析相似的多个市场参照物与被评估设备的可比因素差异,并分别对这些因素逐项做出调整,由此确定被评估设备的价值。这种方法是在无法获得基本相同的市场参照物的情况下,以相似的参照物作为分析调整的基础。为了减少调整时因主观因素产生的误差,所选择参照物应尽可能与评估对象相似。从时间上来说,参照物的交易时间应尽可能接近评估基准日;从地域上来说,参照物应尽可能与评估对象在同一地区;从数量上来说,一般应选择三个或三个以上参照物进行比较。

【例 4-15】评估对象为一台某型号锅炉,评估人员经过市场调查,原生产厂家已不再生产该种型号的锅炉了,评估人员选择本地区近几个月已经成交的其他厂家生产的该型号锅炉的 3 个交易实例作为比较参照物,评估对象及参照物的有关情况见表 4-13。

表 4-13 被评估对象与参照物情况表

评估项目	评估对象	参照物 A	参照物 B	参照物 C
交易价格(元)		100 000	60 000	95 000
交易状况	公开市场	公开市场	公开市场	公开市场
生产厂家	西安	上海	大连	上海
交易时间	2018 年 6 月	2017 年 12 月	2018 年 1 月	2018 年 5 月
已使用年限(年)	5	3	7	4
尚可使用年限(年)	15	17	13	16
成新率(%)	75	85	65	80

评估人员经过对市场信息进行分析得知,3 个交易实例都是在公开市场条件下销售的,不存在受交易状况影响价格偏高或偏低现象,影响售价的因素主要是生产厂家(品牌)、交易时间和成新率。

(1)生产厂家(品牌)因素的分析和修正。经分析参照物 A 和参照物 C 是上海一家机械厂生产的名牌产品,其价格同一般厂家生产的锅炉相比高 20% 左右,则参照物 A、B、C 的修正系数分别为 100/120、100/100、100/120。

（2）交易时间因素的分析和修正。经分析近几个月该类设备的销售价格每月上升 4％ 左右，则参照物 A、B、C 的修正系数分别为 124/100、120/100、104/100。

（3）成新率因素的分析和修正。根据公式"成新率修正系数＝评估对象成新率÷参照物成新率"，参照物 A、B、C 成新率修正系数分别为 75/85、75/65、75/80。

（4）计算参照物 A、B、C 修正后的价格，得出初步结果。

参照物 A 修正后的价格为：$100\ 000 \times \dfrac{100}{120} \times \dfrac{124}{100} \times \dfrac{75}{85} = 91\ 176.47$（元）

参照物 B 修正后的价格为：$60\ 000 \times \dfrac{100}{100} \times \dfrac{120}{100} \times \dfrac{75}{65} = 83\ 076.92$（元）

参照物 C 修正后的价格为：$95\ 000 \times \dfrac{100}{120} \times \dfrac{104}{100} \times \dfrac{75}{80} = 77\ 187.5$（元）

（5）确定评估值。对参照物 A、B、C 修正后的价格进行简单算术平均，求得被评估设备的评估值为

设备评估值＝$(91\ 176.47 + 83\ 076.92 + 77\ 187.5) \div 3 \approx 83\ 814$（元）

第四节 收益法在机器设备评估中的应用

一、基本公式

利用收益法评估机器设备是通过估算设备在未来的预期收益，并采用适当的折现率折算成现值，然后累加求和，得出机器设备评估值的方法。其基本计算公式为

$$P = \sum_{i=1}^{n} \frac{F_i}{(1+r)^i} \tag{4-37}$$

式中：P——评估值；

F_i——机器设备未来第 i 个收益期的预期收益额；

r——折现率；

n——收益期限。

二、前提条件

使用收益法对机器设备进行评估的前提条件有两个：

（1）能够确定被评估机器设备的获利能力、净利润或净现金流量；

（2）能够确定资产合理的折现率。

就单项机器设备而言，大部分不具有独立获利能力。因此，单项设备评估通常不宜采用收益法评估。对于自成体系的成套设备、生产线，以及可以单独作业的车辆等具有独立获利能力的机器设备可以使用收益法评估。另外，在使用成本法评估整体企业价值时，收益法也

经常作为一种补充方法,用来判断机器设备是否存在功能性贬值和经济性贬值。

收益法也可广泛应用于租赁机器设备的评估。对于租赁的机器设备,其租金收入就是收益,如果租金收入和折现率是不变的,则机器设备评估值的计算公式为

$$P = A \times \sum_{i=1}^{n} \frac{1}{(1+r)^i}$$

$$= \frac{A}{r} \left[1 - \frac{1}{(1+r)^n} \right] \tag{4-38}$$

式中:P——评估值;

A——收益年金;

r——折现率;

n——收益期限。

导入案例分析

(1) 机器设备评估方法的选择:

① 市场法适应性分析。市场法是根据公开市场上与被评估对象相似的或可比的参照物的价格来确定被评估对象的价格,如果参照物与被评估对象并不完全相同,需要根据被评估对象与参照物之间的差异对价值的影响做出调整。市场法比较适用于有成熟的市场、交易比较活跃的机器设备评估。本次评估对象为专业生产设备,目前在国内市场上的交易较少,因此很难在国内收集到类似交易案例,所以不宜采用市场法进行评估。

② 收益法适应性分析。利用收益法评估机器设备是通过预测设备的获利能力,对未来资产带来的净利润或净现金流量按一定的折现率折为现值,作为被评估机器设备的价值。使用这种方法的前提条件是要能够确定被评估机器设备的获利能力、净利润或净现金流量以及确定资产合理的折现率;但是大部分单项机器设备不具有独立获利能力。由于本次评估对象为单项机器设备,因此亦不宜采用收益法进行评估。

③ 成本法适应性分析。成本法是用现时条件下重新购置或建造一个全新状态的被评估资产所需的全部成本,减去被评估资产已经发生的实体性贬值、功能性贬值和经济性贬值,得到的差额作为被评估资产的评估值,也可估算被评估资产与其全新状态相比有几成新,即求出成新率,然后用全部成本与成新率相乘,得到的乘积作为评估值。本次评估主要采用重置成本法进行评估,经综合分析后确定资产评估价值。

(2) 关于机器设备评估中的贬值:

① 评估中贬值率=1—成新率,设备成新率是表示设备新旧程度的比率。估测机器设备的成新率通常有三种方法:使用年限法、观察法和修复费用法。其中,技术鉴定法是观察法中较为科学的具体方法,主要是根据机器设备的内在技术状态来确定成新率,这比用看外观和访问用户得出的资料来确定成新率更加可靠和准确。该案例是先用使用年限法和技术鉴定法分别得出被评估设备的成新率,再加权平均得出综合成新率。可见,资产评估中估算设备的成新率注重设备的实际利用情况和维修养护情况,不能简单地利用名义使用年限直接计算。

② 会计中对机器设备等固定资产计算折旧率，企业应当根据与固定资产有关的经济利益的预期实现方式，合理选择固定资产折旧方法。可选用的折旧方法包括：年限平均法、工作量法、双倍余额递减法和年数总和法等。其中年限平均法与评估中的使用年限法名称一致，但会计中的使用年限一般按账簿记录年限或者说是日历年限确定，并且侧重经济利益的预期实现方式；而评估中更侧重设备的实际使用磨损情况。

本 章 小 结

　　资产评估中的机器设备不仅包括自然科学领域所指的机器设备，还包括人们利用电子、电工、光学等各种科学原理制造的装置。一般泛指机器设备、电力设备、电子设备、仪器、仪表、容器、器具等。机器设备是企业重要的生产要素之一，纳入设备评估范围的是作为固定资产管理的机器设备。

　　对机器设备进行评估可以采用成本法、市场法和收益法。

　　成本法是最常用的方法，它适用于继续使用前提下的机器设备评估。它是通过估算机器设备的重置成本，然后扣减实体性贬值、功能性贬值、经济性贬值，来确定机器设备评估价值。

　　市场法是根据现行市场上类似设备若干完成交易的价格资料，通过对被评估设备与参照设备的各种因素对比分析，进行差异量化对参照设备价格进行修正，确定被评估设备的价值。它通常用于交易频繁的通用设备，是设备评估的又一重要方法。

　　收益法一般适用于具有独立获利能力的机器设备的评估，应合理确定收益期限、合理量化机器设备的未来收益、合理确定折现率。

拓展案例

进口机器设备评估案例

　　某公司欲以公司拥有的进口机器设备等资产对外联营投资，故委托某评估机构对该进口设备的价值进行评估，评估基准日为 2018 年 11 月 30 日。评估人员根据掌握的资料，经调查分析后，决定采用成本法评估。

　　设备名称：图像设计系统

　　规格型号：STORK

　　设备产地：A 国××厂家

　　启用日期：2016 年 7 月

　　账面价值：11 000 000.00 元

　　账面净值：9 000 000.00 元

一、计算公式

CIF 价＝FOB 价＋国外运输费＋国外运输保险费

重置现价＝CIF 价＋银行财务费＋外贸手续费＋海关监管手续费＋商检费＋国内运杂费＋国内安装调试费

重置全价＝重置现价＋资金成本

评估价值＝重置全价×综合成新率

二、重置全价的估算

(1) FOB 价为 EUR(欧元)560 000.00 元。该价格系向 A 国××厂家询得,按评估基准日汇率计算,折合 USD(美元)571 000.00 元,评估基准日美元与人民币汇率中间价为 8.278 9 元;

(2) 国外运输费率取 5.5%;

(3) 国外运输保险费率取 0.4%;

(4) CIF 价＝FOB 价＋国外运输费＋国外运输保险费

$\qquad$ ＝571 000.00×(1＋5.5%)×(1＋0.4%)×8.278 9

$\qquad$ ＝604 814.62 元

(5) 关税及增值税:被评估设备根据《当前国家重点鼓励发展的产业、产品和技术目录》及《中华人民共和国上海海关公告——外商投资项目不予免税的进口商品目录》规定,除设备控制系统中的微型计算机不予免关税外,其余机器设备均予免税,由于微型计算机所占金额很少,故计算中未计关税与增值税项目;

(6) 银行财务费率取 0.4%;

(7) 外贸手续费率取 1.5%;

(8) 海关监管手续费率取 0.3%;

(9) 商检费率取 0.3%;

(10) 国内运杂费率取 3%;

(11) 设备基础费:该设备不需专门建设设备基础,故略计此费用;

(12) 国内安装调试费率取 3%;

(13) 资金成本:评估基准日一年期贷款利率 5.85%,半年期贷款利率 5.58%。从合同签订至设备安装调试完毕 12 个月。付款方式为:首期支付 CIF 价的 30%(计息期 12 个月),设备进关开始安装调试支付 60%(计息期 6 个月),安装调试费均匀投入(计息期 3 个月),余款 10% 于调试运行后支付(计息期为零)。

进口设备重置现价＝FOB 价＋国外运输费＋国外运输保险费＋银行财务费＋外贸手续费＋海关监管手续费＋商检费＋国内运杂费＋安装调试费

$\qquad$ ＝[FOB 价×(1＋国外运输费率)×(1＋保险费率)×基准日外汇汇率]×(1＋银行财务费率＋外贸手续费率＋海关监管手续费率＋商检费率＋国内运杂费率＋安装调试费率)

$\qquad$ ＝[571 000.00×(1＋5.5%)×(1＋0.4%)×8.2789]×(1＋0.4%＋1.5%＋0.3%＋0.3%＋3%＋3%)

$\qquad$ ＝5 432 812.00 元(取整)

资金成本＝CIF 价×30％×5.85％×12/12＋(CIF 价×60％＋银行财务费＋外贸手续费＋海关监管手续费＋商检费＋国内运杂费)×5.58％×6/12＋安装调试费×5.58％×3/12

＝604 814.62×30％×5.85％×12/12＋[604 814.62×60％＋604 814.62×(1＋0.4％＋1.5％＋0.3％＋0.3％＋3％)]×5.58％×6/12＋604 814.62×3％×5.58％×3/12

＝10 614.50＋12 478.82＋265.36

＝23 358.68 元

进口设备的重置全价＝重置现价＋资金成本

＝5 430 892.00＋23 358.68

＝5 454 250.68 元

评估价值＝重置全价×综合成新率

三、综合成新率的确定

(一)确定实体性损耗率

(1) 该设备经济使用寿命为 16 年(属印刷设备类)；

(2) 已使用日历年限为 3 年(从 2015 年 11 月开始试车至 2018 年 11 月评估基准日)；

(3) 该机调整因素系数及综合值：

原始制造质量—1.10(进口设备)

设备时间利用率—1.05(1 班/日)

维护保养—1.0(正常)

修理改造—1.0(无)

故障情况—1.0(无)

运行状态—1.0(正常)

环境状况—1.05(良好)

七项调整因素系数综合值为 1.10×1.05×1.0×1.0×1.0×1.0×1.05＝1.21

(4) 已使用年限经七项因素调整后为 3÷1.21＝2.5 年

(5) 实体性损耗率＝2.5÷16×100％

＝15.62％

(二)确定功能性损耗率

功能性损耗率从新旧工艺及相应设备的生产率(印染速度)、耗损及原材料(未加工纸)价格三项因素比较,分别对每项因素估算其功能性损耗,估算均按下列步骤进行：

(1) 将被评估设备的年生产率(或损耗、原材料价格)与功能相同但性能更好的新设备的年生产率(或损耗、原材料价格)进行比较；

(2) 计算二者的差异,分别确定净超额工资、净超额损耗及净超额原材料成本；

(3) 估测被评估设备的剩余寿命；

(4) 以适当的折现率将被评估设备在剩余寿命内每年的净超额费用折现,这些折现值之和即为被评估设备的功能性损耗(贬值),计算公式如下：

被评估资产功能性损耗＝∑(被评估资产年净超额成本×折现系数)

被评估设备功能性损耗具体测算如下:

1. 根据委托方提供的资料

已知:(1) 被评估设备生产率(印染速度)为30m/秒,新设备为90m/秒;

(2) 被评估设备损耗为30%,新设备为10%;

(3) 被评估设备使用原材料加工纸的价格为3000USD/T,新设备为2000USD/T;

(4) 月均印染产量(自经销、代加工、卖模纸)共计51 600m;

(5) 印染模纸1 000m/T;

(6) 设备剩余年限13.5年;

(7) 所得税33%;

(8) 评估基准日美元与人民币的汇率中间价8.278 9;

(9) 折现率取7%。

2. 功能性损耗测算

生产率(印染速度)因素影响值

(1) 旧设备月工资额:

① 经销11 000m   单位工资1.11元/m   月工资额12 210元;

② 代加工17 800m   单位工资0.28元/m   月工资额4 984元;

③ 卖花纸22 800m   单位工资0.31元/m   月工资额7 068元;

旧设备月工资∑＝24 262元

(2) 新设备印染速度90m/秒,旧设备为30m/秒,新设备月工资成本为:

① 经销   1.11×1/3＝0.37   0.37×11,000＝4 070元

② 代加工   0.28×1/3＝0.093   0.093×17,800＝1 655元

③ 卖花纸   0.31×1/3＝0.103   0.103×22,800＝2 348元

新设备月工资∑＝8 073元

(3) 月差异额:24 262－8 073＝16 189元

(4) 年工资成本超支额:16 189×12＝194 268元

(5) 减所得税(33%):194 268×33%＝64 108元

(6) 扣除所得税后年净超额工资:194 268－64 108＝130 160元

(7) 资产剩余使用年限:13.5年

(8) 折现率取7%:13.5年年金折现系数8.554 7

(9) 功能性损耗额:130 160×8.5547＝1 113 480元

3. 按上述步骤测算,得出:

(1) 因第一项因素(生产率)得出的功能性损耗为1 113 480元;

同理,按新旧设备损耗率和使用纸的成本不同,计算出第二、第三项因素的损耗;

(2) 因第二项因素(损耗)得出的功能性损耗为1 113 685元;

(3) 因第三项因素(原材料)得出的功能性损耗为2 938 205元;

（4）上述三因素之和为 5 165 370 元。

$$功能性损耗率＝功能性损耗／重置价格×100\%$$
$$＝5\ 165\ 370／20\ 995\ 772×100\%$$
$$＝24.60\%$$

（三）确定综合成新率

（1）经济性损耗率＝0%

（2）综合损耗率＝实体性损耗率＋功能性损耗率＋经济性损耗率

$$＝15.62\%＋24.60\%＋0\%＝40\%（取整）$$

（3）综合成新率＝1－综合损耗率＝1－40%＝60%

四、评估价值的确定

$$评估价值＝重置全价×综合成新率$$
$$＝5\ 454\ 250.68×60\%$$
$$＝3\ 272\ 550\ 元（取整）$$

案例分析：

1. 该案例是进口机器设备评估的案例。在计算重置全价时，资金成本的计算值得关注。资金成本的计算关键要确定两个因素：一是资金量的大小和投入时间的长短，二是资金的单位使用成本。前者根据实际情况来确定，后者就要具体分析资金的平均投资收益率，通常用银行的存贷款利率来计算。本案例即根据资金投入时间的长短，分别选用了银行一年期贷款利率和半年期贷款利率来计算资金成本。

2. 确定设备实体性损耗率常用的方法有：使用年限法、观察法和修复费用法。修复费用法的使用有一定的条件，其他两种方法的适用范围更大。本案例采用的是进行因素调整后的使用年限法，是使用年限法和观察法在一定层面上的结合。

3. 功能性损耗是由技术进步引起的。通过将被评估设备与功能相同，但性能更好的新设备进行比较，分析二者在运营上的差异并量化，即可得到被评估设备的功能性损耗。在这个过程中，差异分析是很关键的一步。本案例中新旧设备的差异主要是人工成本的差异，在得到人工成本年超支额后，还应扣除所得税。因为人工成本超支将会增加被评估设备的运营成本，降低被评估设备的运营收益，从而减少应计的所得税。在评估中确定的差异应是设备之间的净差异，因此要扣除所得税的影响。

4. 根据有关部门的规定，自 2005 年 2 月起取消海关监管手续费，因此在今后的进口机器设备评估中将不再涉及海关监管手续费。

知识测试与能力训练

一、单项选择题

1. 机器设备本体的重置成本通常是指设备的（　　）。

　　A. 购买价＋运杂费　　　　　　　　B. 购买价＋运杂费＋安装费

　　C. 建造价＋安装费　　　　　　　　D. 购买价或建造价

2. 下列关于物价指数法说法正确的是(　　)。

    A. 一般应采用综合物价指数

    B. 对进口设备所采用的物价指数应是国内物价指数

    C. 物价指数法得到的重置成本一般是更新重置成本

    D. 物价指数法得到的重置成本一般是复原重置成本

3. 设备的(　　)属于进口设备的从属费用。

    A. 到岸价　　　　　　B. 离岸价　　　　　　C. 国内运杂费　　　　D. 国外运杂费

4. 鉴定机器设备实际已使用年限不需要考虑的因素是(　　)。

    A. 技术进步因素　　　　　　　　　　B. 设备使用的日历天数

    C. 设备的使用强度　　　　　　　　　D. 设备的维修保养水平

5. 设备的经济寿命是指(　　)。

    A. 设备从开始使用到报废为止的时间

    B. 设备从使用到运营成本过高而被淘汰的时间

    C. 设备从评估基准日到设备继续使用在经济上不划算的时间

    D. 设备从使用到出现了新的技术性能更好的设备而被淘汰的时间

6. 机器设备评估最常采用的方法是(　　)。

    A. 成本法　　　　　　B. 市场法　　　　　　C. 收益法　　　　　　D. 物价指数法

二、多项选择题

1. 进口设备的重置成本包括(　　)。

    A. 设备购置价　　　B. 设备运杂费　　　C. 设备进口关税

    D. 银行手续费　　　E. 设备安装调试费

2. 运用使用年限法估测设备的成新率涉及的基本参数为(　　)。

    A. 设备总的经济使用寿命　　　　　　B. 设备的技术寿命

    C. 设备的实际已使用年限　　　　　　D. 设备的使用强度

    E. 设备的剩余经济使用年限

3. 设备实体性贬值估测通常采用(　　)进行。

    A. 使用年限法　　　B. 修复费用法　　　C. 观察法

    D. 功能价值法　　　E. 统计分析法

4. 设备的功能性贬值通常表现为(　　)。

    A. 超额重置成本　　B. 超额投资成本　　C. 超额运营成本

    D. 超额更新成本　　E. 超额复原重置成本

5. 机器设备的经济性贬值通常与(　　)有关。

    A. 市场竞争　　　　B. 产品供求　　　　C. 国家政策

    D. 技术进步　　　　E. 设备保养

三、计算题

1. 某条被评估的生产线购建于 2008 年,原始价值为 200 万元,2012 年和 2015 年投资 10 万元和 5 万元进行了两次更新改造,2018 年对该设备进行评估。经评估人员调查,该类设备及相关零部件的定基价格指数在 2008 年、2012 年、2015 年和 2018 年分别为 110%、

125％、130％、145％。该设备尚可使用 6 年。另外,该生产线正常运行需要 6 名技术操作员,而目前新式同类生产线仅需 4 名操作员。假定待评估设备与新式设备的运营成本在其他方面没有差异,操作员的人均年工资为 30 000 元,所得税税率为 25％,适用折现率为10％。根据上述数据资料估算被评估资产的价值。

2. 某被评估设备购建于 2014 年 1 月,账面原值为 100 万元,2016 年 1 月对该设备进行了技术改造,以使用某项专利技术,改造费为 10 万元,2018 年 1 月对该设备进行评估。现得到以下数据:

(1) 2014 年到 2018 年该类设备的环比物价指数为 105％、108％、104％、110％、112％;

(2) 被评估设备的月人工成本比同类设备节约 1 000 元;

(3) 被评估设备所在企业的正常投资报酬率为 10％,规模经济效益指数为 0.7,该企业为正常纳税企业,所得税税率为 25％;

(4) 被评估设备从使用到评估基准日,由于市场竞争的原因,利用率仅仅为设计生产能力的 60％,估计评估基准日以后其利用率会达到设计要求;

(5) 经过了解,得知该设备在评估使用期间因技术改造等原因,其实际利用率为正常利用率的 80％,经评估人员鉴定分析认为被评估设备尚可使用 6 年。

根据上述条件估算该设备的有关技术经济参数和评估值。

C 第五章
Chapter 5 不动产评估

学习目标

1. 了解不动产的含义及特征
2. 了解不动产价格的分类
3. 了解不动产评估的原则及影响不动产价格的因素

能力目标

1. 能熟练运用不动产评估的市场法、收益法、成本法
2. 熟悉不动产评估的基础程序

章节导言

　　房屋建筑物是人们栖身与活动的场所。由于房屋建筑物与土地之间位置的相对不变性，以及价值发挥的相互依存性，房屋建筑物与土地以不动产的形式成为资产评估中常见的评估对象之一。同其他资产相比较，不动产具有很大的不同和自身的特点，因此在评估中对评估客体的正确认识、对评估基准日市场行情的把握、对评估方法的正确选用以及各个参数的选取对于不动产评估的结果来说都至关重要，因此不仅要理解本章中的概念，更要领会各种方法及其运用的前提条件和环境。

案例导入

房地产估价实践中三个容易产生分歧的问题

　　随着我国房地产估价行业的迅速发展，房地产估价理论知识也在不断地完善及更新，相

应的估价制度体系及估价准则也在逐渐健全，从而使广大的房地产估价师在从事房地产估价实践活动过程中能有"法"可依。但随着房地产估价产品种类的增多及房地产估价活动的频繁，估价理论与估价实践存在的一些容易产生分歧的地方值得大家深思。笔者依据多年从事房地产估价工作过程中所积累的估价经验，对房地产估价实践活动中几个容易产生分歧的问题进行分析、归纳和总结，并提出个人观点，谨供同行参考，旨在抛砖引玉。

一、"再次抵押价值"的确定存在着较明显的不确定性因素

《房地产估价理论与方法》（中国房地产估价师执业资格考试辅导教材，2007 年 4 月第三次印刷；下同）第 100 页中对"再次抵押价值"的确定是这样约定的："再次抵押价值＝未设立法定优先受偿权利下的市场价值－已抵押贷款余款÷贷款成数。"笔者认为，这样的描述存在着较明显的不确定性因素，因为公式中贷款成数是指原贷款成数还是指拟再次申请抵押贷款成数并没有明确指出，从而在估价活动中造成了诸多估价师会想当然地认为贷款成数是指原贷款发放时采用的贷款成数。这与中华人民共和国建设部、中国人民银行、中国银行业监督管理委员会三部门在 2006 年 1 月 13 日联合颁发的《关于规范与银行信贷业务相关的房地产抵押估价管理有关问题的通知》"加强房地产抵押估价管理，防范房地产信贷风险，维护房地产抵押当事人的合法权益"的宗旨不符。

众所周知，贷款成数是指贷款额与房地产抵押价值之间的比值。银行在确定贷款成数时，主要考虑企业（个人）的综合素质、房地产的状况及处置变现能力等，对于不同片区、不同类型的房地产在确定贷款成数时有其不同规定。所以我们可以这样认为：银行确定贷款成数时是结合企业（个人）的综合素质、房地产的状况及处置变现能力等因素来确定，因此贷款成数是随着企业（个人）的综合素质、房地产的状况及处置变现能力等因素而发生变化的。所以采用原贷款成数来防范首次贷款余额的风险显然是不合理的。

举个例子更好说明，如甲于 2015 年 1 月 1 日通过房地产 A 抵押在银行乙获得八成 80 万元贷款，至 2007 年 1 月 1 日还有剩余贷款 50 万元，于同日甲向银行乙提出再次抵押申请，银行根据甲的诚信状况、抵押房地产的状况及处置变现能力拟定本次贷款成数为七成，同时委托估价机构对估价时点为 2018 年 1 月 1 日未设立法定优先受偿权利下的市场价值评定为 100 万元，试问再次抵押价值为多少？

诸多估价师通常做法是：再次抵押价值＝未设立法定优先受偿权利下的市场价值－已抵押贷款余款÷贷款成数＝（100－50/0.8）＝37.5 万元。

而笔者认为：按照银行乙根据甲的诚信状况、抵押房地产的状况及处置变现能力等拟定本次贷款成数为七成，其再次抵押能力应有所下降才对。即再次抵押价值＝未设立法定优先受偿权利下的市场价值－已抵押贷款余款÷贷款成数＝（100－50/0.7）＝28.57 万元。

为了佐证笔者的观点，我们不妨假定银行乙采用借新还旧的方式，这种方式与追加抵押贷款是异曲同工之效。即先假定该房地产无抵押贷款，则银行乙依据估价机构出估价报告即可以申请 100×0.7＝70 万元，然后再用 70 万元偿还尚余银行乙贷款 50 万元，即为再次申请抵押贷款 20 万元。通过贷款成数我们可反推出再次抵押价值为 20/0.7＝28.57 万元。与笔者的采用再次抵押贷款成数思路相吻合。

因此再次抵押价值应为"未设立法定优先受偿权利下的市场价值－已抵押贷款余款÷

再次抵押贷款成数"或"未设立法定优先受偿权利下的市场价值×再次抵押贷款成数—已抵押贷款余款÷再次抵押贷款成数"才能真正起到加强房地产抵押估价管理,防范房地产信贷风险,维护房地产抵押当事人合法权益的作用。

二、房地产抵押价值的存在与否界定比较模糊

《房地产估价理论与方法》第156页:"法律、法规和政策应当符合一定条件才能转让的房地产,评估其抵押价值时应符合转让条件。不符合转让条件的房地产,不应作为抵押估价对象;如果委托人要求评估其抵押价值的,其抵押价值为零。"同时还引用了《中华人民共和国房地产管理法》第38条规定"以出让方式取得土地使用权的,转让房地产时应当符合下列条件:(一)按照出让合同约定已经支付了全部土地使用权出让金,并取得土地使用权证书;(二)按照出让合同约定进行投资开发,属于房屋建设工程的,完成开发投资的25%以上,属于成片开发土地的,形成工业用地或者其他建设用地条件"。书中引用这段话,笔者可不可以这样理解呢:不满足条件(一)、(二)的土地使用权不能作为抵押估价对象,如果委托方要求评估该土地使用权抵押价值,其抵押价值为零?

为了说明笔者要阐述的观点,先回顾一下国家土地管理局《关于土地使用权抵押登记有关问题的通知》([1997]国土[籍]字第2号)第2条:关于土地使用权抵押的地价评估和合同签订。

土地使用权抵押应当进行地价评估,并由抵押人和抵押权人签订抵押合同。地价评估收费标准按国家有关规定执行。

(1)以出让方式取得的国有土地使用权,由抵押权人进行地价评估或由具有土地估价资格的中介机构评估并经抵押权人认可后,由抵押人和抵押权人签订抵押合同。

(2)以划拨方式取得的国有土地使用权,由抵押人委托具有土地估价资格的中介机构进行地价评估,经土地管理部门确认,并批准抵押,核定出让金数额后,由抵押人和抵押权人签订抵押合同。

(3)乡(镇)村企业厂房等建筑物抵押涉及集体土地使用权抵押的,由抵押人委托具有土地估价资格的中介机构进行地价评估,经土地管理部门确认,并明确实现抵押权的方式,需要转为国有的,同时核定土地使用权出让金数额。然后,由抵押人和抵押权人签订抵押合同。

(4)以承包方式取得的荒山、荒沟、荒丘、荒滩等荒地的集体土地使用权,由抵押人委托具有土地估价资格的中介机构进行地价评估,并经土地管理部门确认后,由抵押人和抵押权人签订抵押合同。

从以上文字中可以看出土地使用权抵押登记并不受《中华人民共和国房地产管理法》第38条规定约束,因此有些房地产虽然不符合转让条件,但只要符合抵押条件的,笔者认为是可以作为抵押估价对象进行估价的。再如,目前按揭贷款就是一个很好的例子,作为"楼花"其房地产再转让是受到一定的限制的。《中华人民共和国城市房地产管理法》第45条规定"商品房预售的,商品房预购人将购买的未竣工的预售商品房再行转让的问题,由国务院规定"。因此"楼花"转让存在一定的难度,但并不意味着它不能抵押登记,不具有抵押价值。因此笔者认为作为房地产抵押价值存在与否不是以能否转让为前提,而应以能否"抵押"为前提。因此确切地说应该是只有具备抵押条件的房地产才具有房地产抵押价值,否则就不

能作为房地产抵押估价对象。

三、对不同估价方法所测算的结果差异幅度没有做科学性的约定

我们知道，不同的估价方法是从某一角度或某一方面建立起来的，或多或少有一些局限性，因此在估价实务中要求房地产估价师采用两种以上估价方法进行估价，就是出于对不同估价方法局限性的调整及综合平衡的考虑。然而，对不同估价方法计算的结果和估价方法选用上，《中华人民共和国国家标准房地产估价规范》并未作相关硬性规定。从而在房地产估价市场上对两种以上估价方法测算出的评估结果可谓是千差万别，结果数据之间的偏差幅度，大的有50％，或100％，更荒谬的甚至有200％左右。这种硬套两种以上估价方法进行测算的做法是否可取值得商榷，在此笔者认为对估价方法及估价结果的取舍方面更值得深思。在确定最终估价结果时估价人员通常只是对不同估价方法计算出的估价结果进行取舍、调整，而并没有对各种估价方法所测算出的结果进行分析。笔者认为，光取舍、调整还远远不够，还应加入估价师对估价方法的选择对估价结果的影响分析。

曾见过某估价公司对一宗土地使用权抵押评估，在估价报告中该公司采用两种方法即基准地价修正法及假设开发法进行评估，其中基准地价修正法测算出的结果为4 500万元，假设开发法测算出的结果为9 500万元，最后该公司采用算术平均数确定最终估价结果为7 000万元。笔者想说的是两种评估方法测算出的结果相差5 000万元之多，假设开发法比基准地价测算出的结果多出了111％，这样的结果只能说明两个问题，其一是必然有一种方法是不适合本地块的评估；其二是要么两种估价方法均不适合。然而该估价公司并没有考虑是否因估价方法不适合导致如此大的差别，而是通过简单的算术平均就确定了估价结果。这样的现象在估价执业中比比皆是。因此笔者认为《中华人民共和国国家标准房地产估价规范》有必要对两种以上估价方法测算出的结果差别幅度做一个相应的规定或限制。

就评估结果差别幅度的限制方面，笔者建议可以效仿《中华人民共和国国家标准房地产估价规范》对市场比较法中交易情况、交易日期、区域因素和个别因素的修正，视具体情况可采用百分率法、差额法或回归分析法。每项修正对可比实例成交价格的调整不得超过20％，综合调整不得超过30％的规定。因为在确定最终结果时各种估价方法测算出结果可以视同于在市场比较法中的可比案例，可比案例之间的价格相差幅度是绝对不可能允许如上例所述的100％以上。因此笔者建议在估价报告中必须增加分析确定两种以上估价方法的同时确定其中一种作为主估价方法，其他估价方法作为辅助估价方法的理由，辅助估价方法所测算出的结果与主方法测算出的结果偏差幅度不宜超过主方法测算出结果的30％。否则应认定该辅助估价方法不适合拟估标的评估，从而不能作为辅助估价方法列入估价报告中。

我国房地产估价行业是一个循序渐进发展的过程，不能直接套用现成的经验，只有通过广大房地产估价人员在平时的房地产估价实践活动中不断地探索、发现、创新及总结，房地产估价理论才能得以更加丰富，更加完善，房地产估价才能更加体现科学性和艺术性。

（资料来源：福州市房地产估价协会.2009年3月18日）

案例思考：

不动产评估实践中存在分歧的原因是什么？解决不动产评估实践中存在分歧的途径是什么？

第一节　不动产评估概述

一、不动产的概念及其特性

根据 2008 年 7 月 1 日实施的《资产评估准则——不动产》,不动产是指土地、建筑物及其他附着于土地上的定着物,包括物质实体及其相关权益。但是,这并不意味着只有土地和建筑物的合成体才是不动产。不动产的评估对象有三种:单纯的土地的评估,即地产评估;单纯的建筑物的评估,即房产评估;土地和建筑物合成体的评估,即不动产评估。当然,在不动产评估实务中,单纯的建筑物评估比较少见,这里我们以土地的评估和不动产评估为重点内容。

（一）土地

狭义的土地是指地球表层的陆地部分,包括内陆水域和滩涂。广义的土地是指陆地及其空间的全部环境因素,是由土壤、气候、地质、地貌、生物和水文、水文地质等因素构成的自然综合体。土地具有两重性,因为它既是资源,也是资产。尤其是城市土地,是人类改造自然、经过加工的改良物,凝聚了人类大量的物化劳动,投入了各种基础设施,它是由人类开发和再开发形成的。土地的供给可以分为土地的自然供给和经济供给两个方面。

地球提供给人类可利用的土地数量,叫作土地的自然供给,它反映了土地供人类使用的天然特性,其数量包括已利用的土地和未来可供利用的土地。土地的自然供给是相对稳定的,几乎不受任何人为的因素或社会经济因素的影响,因此它是无弹性的。一般来说,自然供给的土地具有以下特征:适宜于人类生存和工作的气候条件;适宜植物生长的土壤质地和气候条件;可以利用的淡水资源;可供人类利用的生产资源;一定的交通条件。

所谓土地的经济供给,是指在土地的自然供给的范围内,对土地进行了开发、规划和整治,以满足人类不同需求的土地供给。因此可以说,土地的经济供给是通过人类开发利用而形成的土地供给。因而土地经济供给的数量会受人类社会活动的影响,如开发新土地、调整用地结构、提高土地集约率等活动都影响土地的经济供给量。由此可见,土地的经济供给是有弹性的。土地的经济供给的变化可以是直接变化,也可以是间接变化。直接变化是指土地经济供给的绝对土地面积的变化或某种用途土地数量绝对面积的变化;间接变化是指单位土地面积上集约率的变化。

▶ **1. 土地的特性**

土地的特性可以分为土地的自然特性和经济特性两个方面(图 5-1)。

(1) 土地的自然特性。

① 位置固定性。土地具有位置的固定性,不能随土地产权的流动而改变其空间的位置。地产交易,不是土地实体本身的空间移动,而是土地产权的转移。土地位置的固定性决定了土地价格具有明显的地域性特征。

② 质量差异性。土地的位置不同,造成了土地之间存在自然差异,这个差异导致了土地级差地租的产生。

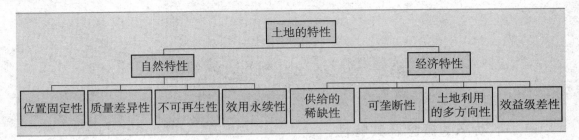

图 5-1　土地的特性

③ 不可再生性。土地是自然的产物,是不可再生资源,土地资源的利用只有科学合理,才能供人类永续利用。

④ 效用永续性。只要对土地利用得当,土地的效用即利用价值会一直延续下去。

(2)土地的经济特性。

① 供给的稀缺性。所谓土地经济供给的稀缺性,主要是指某一地区的某种用途的土地供不应求,形成稀缺的经济资源。土地经济供给的稀缺性,与土地总量的有限性、土地位置的固定性、土地质量的差异性有关。土地经济供给的稀缺性客观上要求人们要集约用地。

② 可垄断性。土地的所有权和使用权都可以垄断。由于土地具有可垄断性,因此,土地所有权或使用权在让渡时,就必然要求在经济上有所表现。

③ 土地利用的多方向性。一块土地的用途很多,可以作为农田,也可以建住宅或建写字楼或建造商场。土地利用的多方向性客观上要求在地产估价中需要确定土地的最佳用途。

④ 效益级差性。由于土地质量的差异性而使不同土地的生产力不同,从而在经济效益上具有级差性。

▶ 2. 土地使用权

在我国,城市土地的所有权属于国家,农村和城市郊区的土地,除由法律规定属于国家所有的以外,属于农民集体所有,宅基地和自留地、自留山属于农民集体所有。集体土地不能进入不动产市场流转,国有土地所有权也不能进入不动产市场流转,因此地价一般指的是土地使用权的价格。土地使用权的取得方式见图 5-2。

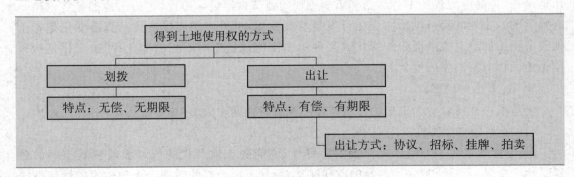

图 5-2　取得土地使用权的方式

(1)土地使用权出让。土地使用权出让是指国家以土地所有者的身份将国有土地使用权在一定年限内出让给土地使用者,并由土地使用者向国家支付土地使用权出让金的行为。

土地使用权最高出让年限由国务院按下列用途确定：居住用地 70 年；工业用地 50 年；教育、科技、文化、卫生、体育用地 50 年；商业、旅游、娱乐用地 40 年；综合或者其他用地 50 年。

（2）土地使用权转让。土地使用权转让是指土地使用者将土地使用权再转移的行为，包括出售、交换、赠予。但要注意，土地使用权转让时，土地使用权出让合同和登记文件中所载明的权利与义务要随之转移，而且未按出让合同规定的期限和条件开发、利用土地的不得转让。

（3）土地使用权出租。土地使用权出租是指土地使用者作为出租人将土地使用权随同地上建筑物和附着物租赁给承租人使用，由承租人向出租人支付租金的行为。未按出让合同规定的期限和条件开发、利用土地的不得出租。

（4）土地使用权抵押。土地使用权抵押时，抵押人与抵押权人应当签订抵押合同。抵押合同不得违背国家法律、法规和土地使用权出让合同的规定；同时，还应当办理抵押登记和过户登记。

值得注意的是，土地使用权的使用年限届满，土地使用者需要继续使用土地的，应当最迟于届满前一年申请续期，除非有社会公共利益需要，一般应该予以批准。土地使用权使用年限届满未申请续期或虽申请但未被批准续期的，土地使用权由国家无偿收回。

（二）建筑物

建筑物与土地不同，建筑物是劳动的产物，是一种社会资源，具有不同于土地的特点。

▶ 1. 建筑物不能脱离土地而独立存在

土地是可以独立存在的一种自然资源和社会资源，而建筑物必须建立在土地之上，与土地具有不可分割性，离开土地的空中楼阁是不存在的。

▶ 2. 建筑物的使用寿命是有限的

尽管建筑物的使用寿命很长，一般可以达到十几年、几十年，甚至更长，但相对于土地来说，建筑物的寿命是相当有限的，也就是说建筑物的使用价值是有时间限制的。随着时间的推移，不管使用还是不使用，建筑物的主体和功能都会不断地贬值，在一定年限后，建筑物就会失去其使用价值。

▶ 3. 建筑物属于可再生性社会资源

建筑物的使用寿命尽管是有限的，但可以通过重建恢复其使用价值，扩展其功能，或通过局部翻修改造等手段延长其使用寿命。

（三）不动产

不动产是土地和房屋及其权属的总称。土地是房屋不可缺少的物质载体，任何房屋都不能离开土地而独立存在，我国《城市房产管理法》规定："房地产转让、抵押时，房屋的所有权和该房屋占用范围内的土地使用权同时转让、抵押。"同时，土地的区位决定了房屋的位置，直接影响到不动产的价格，因此，在不动产评估中，通常要评估不动产的整体价值。不动产一般具有如下几个方面的特性。

▶ 1. 位置固定性

由于房屋固着在土地上，因此不动产的相对位置是固定不变的。可以说，地球上没有完全相同的不动产，即使有两宗不动产的地上建筑物设计、结构和功能等完全相同，因为土地位置的差异也会造成价格的差异。

▶ 2. 供求区域性

由于土地位置的固定性，不动产还具有区域性的特点。一个城市不动产的供给过剩并不能解决另一个城市供给不足的问题。不动产供求关系的区域差异又造成区域之间不动产价格的差异性。

▶ 3. 长期使用性

由于土地可以永续利用，建筑物也是可以再生的，使用年限可达数十年甚至长达上百年，使用期间即使房屋变旧或受损，也可以通过不断地翻修延长其使用期限。

▶ 4. 投资大量性

不动产生产和经营管理要经过一系列过程：取得土地使用权、土地开发和再开发、建筑设计和施工、不动产销售等环节，且需要投入大量的资金。如大城市地价和房屋的建筑成本都相当高，无论开发者和消费者，一般都难以依靠自身的资金进行不动产投资，因此，金融业的支持和介入，是发展不动产必不可少的条件。

▶ 5. 保值与增值性

一般物品在使用过程中由于老化、变旧、损耗、毁坏等原因，其价值会逐渐减少。与此相反，在正常的市场条件下，从长期来看，土地的价值呈上升趋势。由于土地资源的有限性和固定性，制约了对不动产不断膨胀的需求，特别是对良好地段物业的需求，导致价格上涨。同时，对土地的改良和城市基础设施的不断完善，使土地原有的区位条件得到改善，进而使土地增值。

▶ 6. 投资风险性

不动产使用的长期性和保值增值性使之成为投资回报率较高的行业，同时不动产投资风险也比较大。不动产投资的风险主要来自三个方面：

① 不动产无法移动，建成后又不易改变用途，如果市场销售不对路，容易造成长期的空置、积压；

② 不动产的生产周期较长，从取得土地到房屋建成销售，通常要 3～5 年的时间，在此期间影响不动产发展的各种因素发生变化，都会对不动产的投资效果产生影响；

③ 自然灾害、战争、社会动荡等，都会对不动产投资产生无法预见的影响。

▶ 7. 难以变现性

由于不动产位置固定、用途不易改变等，不动产不像股票和外汇那样，可以迅速变现，其变现性较差。

▶ 8. 政策限制性

不动产市场受国家和地区政策影响较大。城市规划、土地利用规划、土地用途管制、住房政策、不动产信贷政策、不动产税收政策都会对不动产的价格产生直接或间接的影响。

二、不动产价格的种类及特点

（一）不动产价格的种类

不动产价格的种类有各种表现形式，可根据其权益、形成方式和交易方式等加以分类。

▶ **1. 根据权益的不同,可分为所有权价格、使用权价格、其他权利价格**

不动产发生交易行为时,所针对的权益有所有权、使用权、抵押权、租赁权、典权等。所针对的不动产权益不同,其价格就不同,如不动产使用权价格、不动产抵押权价格、不动产租赁权价格等。不动产的使用权价格,是指不动产使用权的交易价格。一般情况下,不动产所有权价格高于不动产使用权价格。抵押权价格是为不动产抵押而评估的不动产价格。抵押权价格由于要考虑抵押贷款清偿的安全性,一般要比市场交易价格低。租赁权价格是承租方为取得不动产租赁权而向出租方支付的价格。

▶ **2. 按价格形成方式,可分为市场交易价格、评估价格和理论价格**

市场交易价格是不动产在市场交易中的实际成交价格。在正常的市场条件下,买卖双方均能迅速获得交易信息,买方能自由地在市场上选择其需要,卖方也能自由地出售不动产,买卖双方均以自身利益为前提,在彼此自愿的条件下,以某一价格完成不动产交易。由于交易的具体环境不同,市场交易价格经常波动,可能是公平交易价格,也可能是非公平交易价格。拍卖价格、协议价格、招标价格、转让价格等都属于市场交易价格。市场交易价格一般具有如下作用:它是交易双方收支价款的依据、缴纳契税和管理费的依据等。评估价格是对市场交易价格的模拟。由于评估人员的经验、对不动产价格影响因素理解不同,同一宗不动产可能得出不同的评估价格,评估结果也可能不同,但在正常的情况下,不论运用何种方法,评估结果均不应有太大的差距。不动产评估价格根据使用目的及其作用可分为基准地价、标定地价、房屋重置价格、交易底价、课税价格等几种。其中基准地价、标定地价、房屋重置价格由政府制定,且由政府定期公布。交易底价则不一定由政府制定,可以由交易有关方制定。房屋重置价格,是指在重置时的建筑技术、工艺水平、建筑材料价格、工资水平及运输费用等条件下,重新建造与原有房屋相仿的结构、式样、设备和装修新房时所需的费用。课税价格,是政府为课征有关房地产税而由估价人员评估的作为课税基础的价格。理论价格是经济学理论中认为的不动产"公开市场价格",即如果不动产在合理市场进行交易,它应该是现实的价格。

▶ **3. 按不动产的实物形态,可分为土地价格、建筑物价格和不动产价格**

土地价格包括基准地价、标定地价和出让底价等。基准地价是按照城市土地级别或均质地域分别评估的商业、住宅、工业等各类用地和综合土地级别的土地使用权的平均价格。基准地价评估以城市为单位进行。标定地价是市、县政府根据需要评估的正常地产市场中,具体宗地在一定使用年限内的价格。标定地价可以以基准地价为依据,根据土地使用年限、地块大小、土地形状、容积率、微观区域等条件,通过系数修正进行评估得到,也可以通过市场交易资料直接进行评估得到。出让底价是政府出让土地使用权(招标或拍卖)时确定的最低价格,也称起叫价格,低于这个价格则不出让。出让底价是政府根据土地出让的年限、用途、地产市场行情等因素确定的待出让宗地或成片土地在某时点的价格。建筑物价格是指纯建筑物部分的价格,不包含其占用的土地价格。在现实生活中,很少有单纯建筑物的买卖,因此建筑物价格很少见。不动产价格,是指建筑物连同其占用的土地的价格。

▶ **4. 按不动产价格表示单位,可分为总价格、单位价格、楼面地价等**

不动产价格,是指一宗不动产的整体价格。不动产单位价格,有三种情况:对土地而言,是指单位土地面积的土地价格；对建筑物而言，是指单位建筑面积的建筑物价格；对不动产单位价格而言，是指单位建筑面积的房地产价格。不动产的单位价格的高低能反映不动产单位价格水平的高低，而不动产总价格一般不能说明不动产价格水平的高低。楼面地价，又称单位建筑面积地价，是指平均到每单位建筑面积上的土地价格。楼面地价＝土地总价格/建筑总面积，因为，建筑总面积/土地总面积＝容积率，所以，楼面地价＝土地单价/容积率。

▶ 5. 其他价格，包括公告地价和申报地价

公告地价，是政府定期公布的土地价格，在有些国家和地区，一般作为征收土地增值税和土地征用补偿的依据。申报地价，是土地所有人或使用人参照公告地价向政府申报的土地价格，《中华人民共和国城市房地产管理法》第 34 条规定："国家实行房地产成交价格申报制度。房地产权利人转让房地产，应当向县级以上地方人民政府规定的部门如实申报成交价，不得瞒报或者作不实的申报。"

（二）不动产价格的特点

▶ 1. 不动产价格是权益价格

由于不动产位置不可移动，因此不动产买卖、抵押等并不能转移不动产的物质实体本身，而是转移与不动产有关的各种权益。不动产的权益有多种表现形式，如所有权、使用权、抵押权、租赁权等，因此，发生经济行为的不动产转移方式不同，形成的不动产权益不同，其权益价格也不相同，评估时必须对此仔细考虑。

▶ 2. 不动产价格与用途有关

一般商品的价格由其生产成本、供给和需求等因素决定，其价格一般并不因使用状况不同而产生差别。但是，同样一宗不动产在不同的用途下产生的收益是不一样的。特别是土地，在不同的规划用途下，其使用价值是不一样的，土地价格与其用途相关性极大。例如，在市场经济条件下，一宗土地如果合法地用于经营商业比用于住宅更有利，其价格必然由商业用途决定。

▶ 3. 不动产价格具有个别性

由于不动产的个别性，没有两宗不动产条件完全一致。同时不动产价格形成中，交易主体之间的个别因素也很容易起作用。因此，不动产价格形成具有个别性。由于不动产位置的固定性，其交易往往是单个进行，因此形成的不动产市场是一个不完全竞争市场。不动产不像一般商品可以开展样品交易、批量交易，每一宗不动产交易都具有个别性。

▶ 4. 不动产价格具有可比性

不动产价格尽管具有与一般商品不同的许多特性，但并不意味着其价格之间互不联系。事实上，人们可以根据不动产价格的形成规律，对影响不动产价格的因素进行比较，从而能够比较不动产的价格。

三、不动产评估的原则

所谓不动产评估，是专业评估人员为特定目的对不动产的特定权益在某一特定时点上的价值进行估计。由于土地具有固定性、稀缺性、个别性等特性，不动产市场是一个不完全

竞争即不充分市场。不动产价格通常依交易要求个别形成,受许多个别因素影响,因此评估师在评估时,是在个人经验基础之上对市场做出判断,是科学方法和经验判断的结合。评估师在进行评估活动时,必须受到行业行为准则的约束,在一定的评估原则下开展评估活动。不动产评估原则主要有以下六项:

① 独立、客观、公正原则;

② 合法原则;

③ 最高最佳利用原则;

④ 评估时点原则;

⑤ 替代原则;

⑥ 谨慎原则。见图 5-3。

图 5-3　不动产评估的原则

(一) 独立、客观、公正原则

独立、客观、公正原则要求资产评估机构和资产评估师站在中立的立场上评估出对各方当事人来说都是公平合理的价值。具体地说,"独立"是要求资产评估机构和评估师在评估中不应受包括委托人在内的任何单位和个人的干扰,应当凭借评估专业知识、经验和应有的职业道德进行评估。"客观"是要求评估机构和资产评估师在评估中不应带着自己的情感、好恶和偏见,应当按照事物的本来面目实事求是地进行评估。"公正"是要求资产评估机构和资产评估师在评估中不应偏袒相关当事人中的任何一方,应当坚持原则、公平公正地进行评估。

(二) 合法原则

合法原则要求评估结果是在依法判定的评估对象状况特别是权益状况下的价值。其中的依法,是指不仅要依据宪法和有关法律、行政法规、最高人民法院和最高人民检察院颁布的有关司法解释,还要依据评估对象所在地的地方性法规(民族自治地方应同时依据有关自治条例和单行条例),国务院所属部门颁发的有关部门规章和政策,评估对象所在地的国家机关颁发的有关地方政府规章和政策,以及评估对象的不动产登记簿(房屋登记簿、土地登记簿)、权属证书、有关批文和合同等(如规划意见书、国有建设用地使用权出让合同、房屋转让合同、房屋租赁合同、房地产抵押合同、国有建设用地使用权出让招标文件)。因此,合法原则中所讲的"法",是广义的"法"。

(三) 最高最佳利用原则

最高最佳利用原则要求评估结果是在评估对象最高最佳利用下的价值。最高最佳利用是指在法律上许可、技术上可能、经济上可行,经过充分合理的论证,使评估对象价值最大化的一种最可能的利用。最高最佳利用必须同时满足以下四个条件：

（1）法律上许可；

（2）技术上可能；

（3）经济上可行；

（4）价值最大化。

（四）评估时点原则

评估时点原则要求评估结果是由评估目的决定的某个特定时间的价值。不动产评估之所以要遵循评估时点原则，是因为影响不动产价格的因素是不断变化的，不动产市场是不断变化的，从而不动产价格和价值也是不断变化的。实际上，随着时间的流逝，不动产本身也可能发生变化，例如建筑物会变得陈旧过时，周围环境也有可能发生变化。因此，同一不动产在不同时间往往会有不同的价值。价值与时间密不可分，每一个价值都对应着一个时间，不存在"没有时间的价值"，如果没有对应的时间，价值也就失去了意义。反过来，不可能离开时间来评估评估对象的价值。如果没有了时间这个前提，价值评估将无从下手。评估时点不是随意假定的，是根据评估目的来确定的，一般用公历年、月、日表示。

（五）替代原则

替代原则要求评估结果不得不合理地偏离类似不动产在同等条件下的正常价格。不动产评估之所以要遵循替代原则，是因为根据经济学原理，同一种商品在同一个市场上具有相同的市场价格。一般来说，任何经济主体在市场上的行为，都是要以最小的代价取得最大的效益。因此，任何理性而谨慎的买者在购买商品时，都会"货比三家"，从中选择效用最大而价格最低的。替代原则是针对评估结果而言的，不论采用何种评估方法评估，最后都应把评估结果放到市场中去衡量，只有当评估结果没有不合理地偏离类似不动产在同等条件下的正常价格时，评估结果才可以说是客观合理的。

（六）谨慎原则

谨慎原则是指评估不动产抵押价值时应当遵循的一项原则。谨慎原则要求在存在不确定因素的情况下做出评估相关判断时，应当保持必要的谨慎，充分估计抵押不动产在抵押权实现时可能受到的限制、未来可能发生的风险和损失，不高估假设未设定法定优先受偿权下的价值，不低估注册评估师知悉的法定优先受偿款。

四、不动产评估的程序

不动产评估一般应依照以下程序进行：明确评估基本事项、签订评估合同、制订工作计划、实地勘查与收集资料、测算被估不动产的价值、确定评估结果和撰写评估报告。见图5-4。

（一）明确评估基本事项

在不动产评估时，必须了解评估对象的基本情况，这是拟订不动产评估方案、选择评估方法的前提。评估事项包括以下内容。

▶ **1. 明确评估目的**

不同的评估目的，其所评估的价值的内涵就不相同。不动产评估目的包括不动产转让、

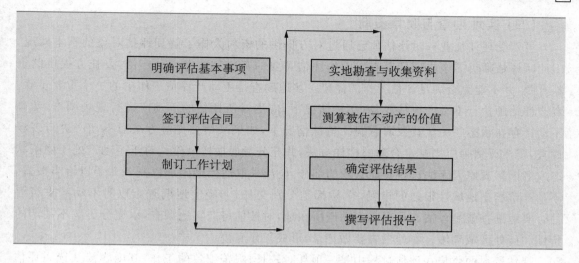

图 5-4 不动产评估的程序

抵押、租赁、保险、税收、征收、征用、企业产权变动,以及财务报告目的等。因此在受理评估业务时,通常由委托评估方提出评估目的,并将评估目的明确地写在评估报告上。

▶ 2. 了解评估对象

注册资产评估师执行不动产评估业务,应当全面了解不动产的实物状况、权益状况和区位状况,掌握评估对象的主要特征。对不动产的实体了解包括:土地面积、土地形状、临路状态、土地开发程度、地质、地形及水文状况;建筑物的类型、结构、面积、层数、朝向、平面布置、工程质量、新旧程度、装修和室内外的设施等。对不动产的权益状况了解包括土地权利性质、权属及土地使用权年限、建筑物的权属、评估对象设定的其他权利状况等。

▶ 3. 确定评估基准日

所谓确定评估基准日,就是确定待估对象的评估时点,通常以年、月、日表示。由于不动产价格经常处于变化之中,而且不动产价格随其价格影响因素的变化而变动,因此,必须事先确定所评估的是某一具体时点的价值。

（二）签订评估合同

在明确评估基本事项的基础上,双方便可签订评估合同,用法律的形式保护各自的权益。评估合同是委托方和受理方就评估过程中双方的权利和义务达成的协议,包括对评估对象,评估目的、评估时点、评估收费、双方责任、评估报告等事宜的约定。评估日期一般也要写入评估项目委托合同中,一旦确定,评估人员必须按期保质完成。评估合同的内容要明确规定双方的权益和应尽的义务,以及对违反合同的处理办法。一旦合同签订后,任何一方未经对方同意不得随意更改合同内容,如有未尽事宜,双方需通过协商解决。

（三）制订工作计划

制订工作计划,就是对评估工作日程、人员组织等做出安排。在对被评估对象有了基本了解后,就可以对资料的收集、分析和价值的测算等工作程序和组织做出科学的安排。工作计划的合理制订,有助于提高工作效率和评估质量。

（四）实地勘查与收集资料

虽然受理评估业务时评估师已通过对方提供的资料大体了解到评估对象的基本状况，但此时评估师仍需亲临现场勘查。因为评估需要的资料和数据十分广泛，委托方提供的资料有限，并不能完全满足评估工作的需要。实地勘查是不动产评估工作中的一个重要步骤。资产评估师执行不动产评估业务，一般情况下，应当对所评估的不动产进行现场调查，明确不动产存在状态并关注其权属状况。特殊情况下，如果采用抽样等方法对不动产进行现场调查，资产评估师应当制定合理的抽样方法，并充分考虑抽样风险。对于不动产处于隐蔽状态或者因客观原因无法进行实地查看的部分，应当采取适当措施加以判断并予以恰当披露。不动产市场是地域性很强的市场，交易都是个别交易，非经实地勘查难以对不动产进行评估。实地勘查就是评估人员亲临不动产所在地，对被估房产实地调查，以充分了解不动产的特性和所处区域环境。实地勘查要做记录，形成工作底稿。

评估资料的收集在评估过程中是一项耗时较长、艰苦细致的工作，其内容涉及选用评估方法和撰写评估报告所需的资料数据，包括：评估对象的基本情况；有关评估对象所在地段的环境和区域因素资料；与评估对象有关的不动产市场资料，如市场供需状况、建造成本等；国家和地方涉及不动产评估的政策、法规和定额指标。获得上述资料的途径除了委托方提供外，还主要通过现场的勘测和必要的调查访问。

（五）测算被估不动产的价值

资产评估师执行不动产评估业务，应当根据评估对象特点、价值类型、资料收集情况等相关条件，分析市场法、收益法和成本法三种资产评估基本方法的适用性，恰当选择评估方法。《资产评估准则——不动产》有如下规定：

资产评估师采用市场法评估不动产时，应当收集的交易实例信息一般包括：交易实例的基本状况，主要有名称、坐落、四至、面积、用途、产权状况、土地形状、土地使用期限、建筑物建成日期、建筑结构、周围环境等；成交日期；成交价格，包括总价、单价及计价方式；付款方式；交易情况，主要有交易目的、交易方式、交易税费负担方式、交易人之间的特殊利害关系、特殊交易动机等。

用作参照物的交易实例应当具备的条件包括：在区位、用途、规模、建筑结构、档次、权利性质等方面与评估对象类似；成交日期与评估基准日接近；交易类型与评估目的吻合；成交价格为正常价格或者可修正为正常价格。

资产评估师运用收益法评估不动产时，应当了解：不动产应当具有经济收益或者潜在经济收益；不动产未来收益及风险能够较准确地预测与量化；不动产未来收益应当是不动产本身带来的收益；不动产未来收益包含有形收益和无形收益。资产评估师还应当合理确定收益期限、净收益与折现率：收益期限应当根据建筑物剩余经济寿命年限与土地使用权剩余使用年限等参数，并根据有关法律、法规的规定合理确定；确定净收益时应当考虑未来收益和风险的合理预期；折现率与不动产的收益方式、收益预测方法、风险状况有关，也因不动产的组成部分不同而存在差异。折现率的口径应当与预期收益口径保持一致。

资产评估师运用成本法评估不动产，估算重置成本时，应当了解：重置成本采用客观成本；不动产重置成本采取土地使用权与建筑物分别估算然后加总的评估方式时，重置成本的相关成本构成应当在两者之间合理划分或者分摊，避免重复计算或者漏算；不动产的重置成本通常采用更新重置成本。当评估对象为具有特定历史文化价值的不动产时，应当尽量采用复原重置成本，并对不动产所涉及的土地使用权剩余年限、建筑物经济寿命年限及设施设备的经济寿命年限进行分析判断，合理确定不动产的经济寿命年限。而且还应全面考虑可能引起不动产贬值的主要因素，合理估算实体性贬值、功能性贬值和经济性贬值。

（六）确定评估结果

同一宗不动产运用不同评估方法评估出来的价值往往不一致，需要进行综合分析。综合分析是对所选用的评估方法、资料及评估程序的各阶段，做客观的分析和检查。此时应特别注意以下几点：所选用的资料是否适当；评估原则的运用是否适当；对资料分析是否准确，特别是对影响因素权重的赋值是否恰当。

（七）撰写评估报告

注册资产评估师执行不动产评估业务，应当在履行必要的评估程序后，根据《资产评估准则——评估报告》编制评估报告，无论单独出具不动产评估报告，还是将不动产评估作为评估报告的组成部分，注册资产评估师都应当在评估报告中披露必要信息，使评估报告使用者能够合理理解评估结论。评估报告是评估过程和评估成果的综合反映，通过评估报告，不仅可以得到不动产评估的最后结果，还能了解整个评估过程的技术思路、评估方法和评估依据。

第二节　不动产价格的影响因素

影响不动产价格的因素很多，错综复杂，而且动态发展，但主要有一般因素、区域因素和个别因素三个层次，见图 5-5。

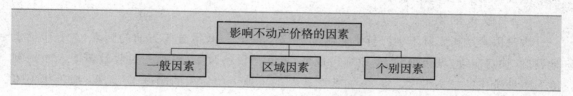

图 5-5　影响不动产价格的因素

一、一般因素

一般因素是指影响不动产价格的一般、普遍、共同的因素。它通常会对整个不动产市场产生全面的影响，从而成为影响不动产价格的基本因素。

（一）社会因素

社会因素包括人口数量、人口素质、家庭规模、政治安定状况、社会治安状况、城市化程度及公共设施的建设状况等。人口因素与不动产价格的关系非常紧密，呈正相关。人口增多，对不动产的需求就会增加，而在供给相对匮乏的情况下，房价水平就会上升。人口素质，包括人们的受教育程度、文明程度等,也可能引起不动产价格的变化。例如,地区居民的素质低、组成复杂,社会秩序欠佳,则该地区不动产价格必然低落。家庭规模是指社会或某一地区家庭平均人口数。家庭人口数有变化,即使人口总数不变,也将影响居住单位数的变动,从而影响住宅使用面积需求的变动,导致不动产需求的变化,最终影响到不动产价格。政治安定状况是指现有政权的稳定程度、不同政治观点的党派和团体的冲突情况、民族的团结情况等。一般来说,政局稳定、民族团结、人们安居乐业,不动产价格就会呈上升趋势。社会治安状况对房价的影响主要指不同区域的治安状况对该区域房价的影响。城市化意味着人口向城市地区集中,造成城市不动产需求不断加大,带动城市不动产价格上涨。另外,公共设施的建设又从成本方面推动不动产价格,从而导致不动产价格上升。

(二)经济因素

经济因素包括经济发展状况,储蓄及投资水平,财政收支及金融状况,物价、工资及就业水平、利率水平等。经济发展状况对不动产价格的影响巨大。经济发展速度快,各行各业对不动产的需求也就相应增加,不动产价格看涨;在经济发展速度放慢甚至萧条时,不动产价格就会出现徘徊甚至回落的情况。因此,不动产价格的变化也可以反映经济发展的状况。储蓄及投资水平对不动产价格的影响较为复杂。一般来说,随着储蓄水平和投资水平的提高,人们对不动产的需求就会增加。财政收支和金融状况对不动产价格的影响表现为,财政、金融状况的恶化会导致银根紧缩,从而造成一方面对不动产的需求减退,另一方面因开发资金不足,使不动产的供给量也急剧下降。物价波动对不动产价格的影响较为明显,当通货膨胀严重时,人们为了减少货币贬值带来的损失,往往转向不动产投资,以求保值增值,从而刺激不动产价格猛涨。在工资及就业水平较高时期,由于人们货币购买力较强,就可能推动不动产价格;反之,失业率上升,问津不动产的人就会减少。利率水平对不动产价格的影响也较为复杂,但一般来讲,利率提高一方面增加不动产的开发成本,另一方面会减少对不动产的投资需求;反之则相反。

(三)政策因素

政策因素是指影响不动产价格的制度、政策、法规、行政措施等方面的因素,主要包括土地制度、住房制度、城市规划、土地利用规划、不动产价格政策、不动产税收政策等。土地制度对土地价格的影响很大。例如,在我国传统的土地无偿使用的制度下,地租、地价等根本不存在。在市场经济条件下,制定科学合理的土地制度和政策,不仅使国家作为土地所有者的权益得到体现,而且通过市场形成合理的土地使用权价格,可以大大促进土地的有效利用。住房制度与土地制度一样,对不动产价格的影响也是很大的。实行福利型的住房制度,必然造成住宅不动产价格偏低,无法促进供给的有效增加,难以形成真正的不动产市场。城市规划、土地利用规划等,对不动产价格都有很大的影响,特别是城市规划中规定用途、容积率、覆盖率、建筑高度等指标。就规定用途来说,城市规划把土地规划为住宅区、商业区、工业区等,这就相当于大体上规定了某地区的土地价格。不动产价格政策对不动产价格的影响是通过具体的政策措施来实现的,如果政府试图抑制过高的房价,就会采取一系列有助于降低房价的措施,如降低税收、降低贷款利率、规定收费标准等。不动产税收政策对不动产价格的影响是比较明确的,税收的变化必然会直接影响不动产价格。

影响不动产价格的一般因素除了上面所讲的三个方面外,还有自然因素,如日照、气候、温度、湿度、降雨量等。

一般因素影响所有不动产时,通过价格体现出来,因而对具体的评估对象而言,一般因素并不是评估中重点考虑的因素。

二、区域因素

区域因素是指不动产所在区域的自然、社会、经济、政策等因素相结合所产生的区域性特征对不动产价格水平的影响因素。这些因素包括商业、服务业繁华度,道路通达度,交通便捷度,设施完备度和环境质量状况等因素。当然,不同性质的区域,如住宅区、商业区、工业区等,其影响不动产价格的区域因素是不同的,即使是同一种因素,其对不同性质区域的影响程度也是不同的。

(一)商业、服务业繁华度

商业、服务业繁华度是指所在区域的商业、服务业繁华状况及各级商业、服务中心的位置关系。一般来说,商业、服务业繁华程度越高,该地区的不动产价格也就越高。

(二)道路通达度

道路通达度是指所在区域道路系统的通畅程度。道路的级别(一般分为主干道、次干道、支路)越高,则该区域的不动产价格也越高。

(三)交通便捷度

交通便捷度是指区域交通的便捷程度,包括公共交通系统的完善程度和便利程度。交通越是便捷,不动产价格就越高。

(四)设施完备度

设施完备度是指城市的基础设施、生活设施、文化娱乐设施等的完备程度。基础设施主要包括供水、排水、供电、供气、供热、通信等设施;生活设施主要包括学校、医院、农贸市场、银行、邮电局等设施;文化娱乐设施主要包括电影院、图书馆、博物馆、俱乐部、文化馆、公园、体育场馆等设施。这些设施的完备程度对不动产价格有较大的影响,设施越是完备,不动产价格越高。

(五)环境质量状况

环境质量状况是指区域景观环境、人文环境、社区环境等状况,包括景观、绿化、空气质量、区域居民素质、社区文化、污染等状况。一般来说,一个区域拥有优美的环境、清新的空气、优良的水质,则该区域的不动产价格水平会较高。

当然,在进行不动产评估时,应注意评估对象的用途。因为,不同用途的不动产,所考虑的区域因素是不同的,且同一种因素对不同用途的不动产来说,其影响的方向、影响的程度均会有所不同,如对于临街的住宅,车水马龙、人来人往是一个不利因素,但对于商铺却是个有利因素。

三、个别因素

个别因素是指不动产的个别性对不动产个别价格的影响因素,它是决定相同区域不动产出现差异价格的因素,包括土地个别因素和房屋建筑物个别因素两个方面。

(一) 土地个别因素

不同用途的土地个别因素并不完全一致,对土地价格影响较大的个别因素主要有如下几个方面。

▶ 1. 位置、面积、地势、地质

位置的差异可带来收益上的差异、生活环境的差异,要获得位置好的地段,必然要付出较高的代价。土地面积大小对于土地的利用有一定的制约作用,土地面积对土地价格的影响主要是通过它与土地利用性质是否匹配发挥作用的。如果土地面积过小,其可利用的范围就会缩小,从而影响地价。地势即与相临地块的高低关系,一般来说,地势高的土地价格要高于地势低的土地价格。地质条件与地价的关系是正相关的,即地质条件越好,地价越高;地质条件越低劣,地价越低。

▶ 2. 形状、宽度、深度

土地的形状可能是矩形、三角形或不规则形,对建筑物的规模可能产生不同的影响。通常,地块形状使用的效用大,则价格就高。临街宽度与深度对商业地块的价格影响很大,在宽度一定的条件下,一般来说,宽度增大,土地的价格也增加,如宽度与深度适当,则可使地块充分发挥面积的效用。

▶ 3. 临街状况

地块的临街状况对地价的影响很大,街角地处于两条街道交叉或拐角处,具有两面正面长度,对商用不动产最能发挥效用,从而使地价提高。但对于居住用不动产来说,街角地对地价的影响则相反。临街地、一面临街,其商用价值低于街角的土地。袋地深入到街区的腹地,通过巷道与街道相连,从而形成了不利的位置条件,其商用价值较低,但袋地用于住宅建设时,地价可能高于商用,这要看袋地的采光、通风、视野、防火等因素情况。盲地一般指未接公共道路的宗地,其价格一般较低。

▶ 4. 规划用途、容积率、使用年限

土地的用途对地价的影响很大,同样一块土地规划为不同的用途,则地价各不相同。一般来说,对于同一宗土地,商业用途、住宅用途、工业用途的地价是递减的。容积率是影响地价的一个主要因素,容积率越大,地价就越高;反之则越低。使用年限对地价影响也较大,土地使用年限越长,则地价越高。

▶ 5. 生熟程度

生熟程度是指被开发的程度,土地的被开发程度越高,则地价也越高。通常,土地有生地、毛地、熟地之分,熟地的价格要高于生地和毛地的价格。

(二) 房屋建筑物个别因素

从房屋建筑物个别性看,影响不动产价格的个别因素主要有以下几个方面。

▶ 1. 面积、构造、材料等

房屋建筑物的高度、建筑面积不同,建造成本就有差异;构造及使用材料品质不同,也影响着建造成本。

▶ 2. 设计、设备

房屋建筑物的设计是否合理,设备档次、质量对建筑物的价格有重大影响。一般来说,房屋的布局、造型及使用功能合理,房价就高;设备的性能好、质量好,同样房价也高。

▶ 3. 施工质量

施工质量是指房屋建筑物在抗震、防渗漏、隔音、抗变形、抗磨损及安全性等方面的质量。在其他条件相同的情况下,房屋的施工质量将直接影响不动产的价格。

▶ 4. 楼层、朝向

楼层的高低决定房屋的使用功能和使用的方便性、舒适性,进而影响房价。房屋的朝向决定房屋的通风、采光及视野等并进而影响房价。

▶ 5. 政府各种法规的限制

如政府对住宅区绿地面积的规定,对房屋间距的规定,消防对建筑的要求以及建筑高度限制等,都会影响到房价。

▶ 6. 新旧程度

新的房屋价格一般较高,旧的房屋价格一般较低。

第三节　收益法在不动产评估中的应用

一、基本思路

收益法是不动产评估最常用的方法之一,是将被评估不动产未来预期收益折现以确定其评估值的方法。具体的步骤为:

(1)搜集相关不动产收入和费用资料;

(2)预测不动产客观总收益;

(3)估算不动产客观总费用;

(4)测算不动产净收益;

(5)估测并选择适当的资本化率;

(6)选用恰当的具体评估技术和方法估测不动产评估价值。

二、适用范围

收益法适用于有收益的不动产价值的评估,如写字楼、商场、旅馆、公寓用地等,而不适用于政府机关、学校、公园等公共建设设施不动产价值的评估。

三、净收益的估算

(一) 含义

净收益是指归属于不动产的收益除去各种费用后的收益,即总收益扣除总费用,一般以年为单位。在确定净收益时，必须注意不动产的实际净收益和客观净收益的区别。实际净收益是指在现实状态下被估不动产实际取得的净收益，实际净收益由于受到多种因素的影响，通常不能直接用于评估。例如，当前收益权利人在法律上、行政上享有某种特权或受到特殊的限制，致使不动产的收益偏高或偏低，而这些权利或限制又不能随同转让；当前不动产并未处于最佳利用状态，收益偏低；收益权利人经营不善，导致亏损，净收益为零甚至为负值；土地处于待开发状态，无当前收益，同时还必须支付有关税、费，净收益为负值。由于评估的结果是用来作为正常市场交易的参考，因此，必须对存在上述偏差的实际净收益进行修正，剔除其中特殊的、偶然的因素，取得的不动产在正常的市场条件下用于法律上允许的最佳利用方向上的净收益值，其中还应包含对未来收益和风险的合理预期。这个收益被称为客观净收益，只有客观净收益可以作为评估的依据。

（二）客观总收益

总收益是指以收益为目的的不动产和与之有关的各种设施、劳动力及经营管理者要素结合产生的收益，也就是指被估不动产在一年内所能得到的所有收益。求取总收益时，以客观收益即正常收益为基础。在计算以客观收益为基础的总收益时，不动产所产生的正常收益必须是其处于最佳利用状态下的结果。最佳利用状态是指该不动产处于最佳利用方向和最佳利用程度。在现实经济中，应为正常使用下的正常收益。由于现实经济过程的复杂性，呈现在评估人员面前的收益状况也非常复杂，因而较难确定收益。如某种经营能带来的收益虽较丰厚，但在未来存在激烈竞争或存在潜在的风险，使现实收益呈下降趋势，则不能用现实收益估价，而必须对其加以修正。为此，在确定收益值时，一是需以类似不动产的收益作比较；二是需对市场走势作准确的预测；三是必须考虑收益的风险性和可实现性。

（三）客观总费用

总费用是指取得该收益所必需的各项支出，如维修费、管理费等，也就是为创造总收益所必须投入的正常支出。总费用也应该是客观费用。

总费用所应包含的项目随被评估不动产的状态不同而有所区别。费用支出，有些是正常支出，有些是非正常支出。作为从总收益中扣除的总费用，要做认真分析，剔除不正常的费用支出。

（四）不同类型的不动产净收益的估算

不同类型的不动产净收益的具体估算并不相同，主要有以下几种可供参考。

▶ 1. 出租型不动产正常收益的估测

$$正常收益＝租赁收入－维修费－管理费－保险费－房地产税－租赁代理费 \qquad (5-1)$$

租赁收入具体包括有效毛租金、租赁保证金、押金等的利息收入。

$$有效毛租金＝毛租金－空置损失－损失租金 \qquad (5-2)$$

维修费、管理费、保险费、房地产税和租赁代理费是否要扣除，应在分析租赁合同的基础上决定，关键看租赁合同规定这些费用具体由谁来负担。如果上述费用由出租方负担，则应将这些费用全部扣除；如果这些费用全部由承租方负担，此时的租赁收入就接近于净收益或正常收益了。

▶ **2. 直接经营性不动产正常收益的估测**

直接经营性不动产通常是指不动产所有者同时又是经营者,不动产租金与不动产经营者利润没有分开。直接经营性不动产的正常收益实际上就是该不动产纯租金。

正常收益＝销售收入－销售成本－销售费用－销售税金及其附加－管理费用－
财务费用－经营利润　　　　　　　　　　　　　　　　　　　(5-3)

▶ **3. 自用或尚未使用不动产正常收益的估测**

自用或尚未使用不动产正常收益的估测可以参照同一市场上有收益的类似不动产的有关资料,并参照上述方法估算。

在不动产未来有限年期正常收益的测算过程中,通常不把土地使用权的摊销费和房屋建筑物的折旧费作为扣除项。如果把不动产未来有限期的收益年限假设为无限年限,此时,在测算不动产未来收益的过程中,则需要把土地使用权的摊销费和房屋建筑物的折旧费作为正常费用处理。

四、折现率或资本化率的估测

折现率或资本化率是决定不动产价格的最关键因素。评估价格对折现率或资本化率最为敏感,折现率或资本化率的每个微小变动,都会导致评估价格的显著变化。因此,评估价格要求确定一个很精确的折现率或资本化率。

(一)求取方法

▶ **1. 收益与售价比率法**

这种方法是以市场上收集若干与待评估不动产相类似的交易案例,分析其内含资本化,然后加以加权平均或简单平均求出折现率或资本化率的方法。此方法适用于市场比较成熟、交易案例较多的情况。由于这种方法的数据来自市场,能直接反映市场供求状况,因而是一种比较客观的方法。

【例5-1】 在不动产市场中收集到5个与待估不动产类似的交易实例,详见表5-1。

表 5-1　纯收益与售价交易实例

可比实例	纯收益元(年·平方米)	价格(元/平方米)	资本化率(%)
1	418.9	5 900	7.1
2	450.0	6 000	7.5
3	393.3	5 700	6.9
4	459.9	6 300	7.3
5	507.0	6 500	7.8

对以上5个可比实例的资本化率进行简单算术平均就可以得到资本化率 r,即

$$r＝(7.1\%＋7.5\%＋6.9\%＋7.3\%＋7.8\%)÷5＝7.32\%$$

▶ **2. 无风险报酬率加风险报酬率法**

无风险报酬率一般可选用一年期国库券利率或银行一年定期贷款利率,然后根据影响待评估不动产的社会经济环境,预计其风险程度确定风险报酬率,并以这两者之和为资本化率。这种方法适用于不动产存在不活跃市场、难以寻找类似的交易实例的情况。

▶ 3. 各投资风险、收益率排序插入法

这种方法的基本思路是收集社会上各种类型投资及其收益率的资料，按收益率大小进行排序，并制成图表，评估人员再根据经验判断待估不动产的资本化率应在哪个范围内，从而确定所要求取的资本化率。

（二）折现率或资本化率的种类

▶ 1. 综合折现率或资本化率

综合折现率或资本化率是将土地和附着于其上的建筑物看作一个整体来评估所采用的折现率或资本化率。此时评估的是不动产整体的价格，采用的净收益也是房地合一的净收益。

▶ 2. 建筑物折现率或资本化率

建筑物折现率或资本化率用于评估建筑物的自身价格。这时采用的净收益是建筑物自身所产生的净收益，把不动产整体收益中的土地净收益排除在外。

▶ 3. 土地折现率或资本化率

土地折现率或资本化率用于求取土地自身的价格。这时采用的净收益是土地自身的净收益，把不动产整体收益中的建筑物净收益排除在外。一般来说，土地资本化率会低于建筑物资本化率的 $2\%\sim3\%$。

综合资本化率、建筑物资本化率和土地资本化率的关系，可用式(5-4)表示如下：

$$r = \frac{r_1 L + r_2 B}{L + B} \tag{5-4}$$

或

$$r = r_1 x + r_2 y \tag{5-5}$$

$$r_1 = \frac{r(L + B) - r_2 B}{L} \tag{5-6}$$

式中：r——综合资本化率；

r_1——土地资本化率；

r_2——建筑物资本化率；

x——土地价格占不动产价格的比例；

y——建筑物价格占不动产价格的比例；

L——土地价格；

B——建筑物价格。

五、收益期限的确定

不动产收益期限要根据具体的评估对象、评估对象的寿命及评估时采用的假设条件等来确定。

（1）对于单独的土地和单纯的建筑物作为评估对象的，应分别根据土地使用权年限和建筑物经济寿命确定未来可获收益的期限。

（2）对于土地与建筑物合成体作为评估对象的，如果建筑物的经济寿命长于或等于土地使用权年限，则根据土地使用权年限确定未来可获收益的期限；如果建筑物的经济寿命短于土地使用权年限，则可以先根据建筑物的经济寿命确定未来可获收益的期限，然后再加上土地使用权年限超出建筑物经济寿命的土地剩余使用年限确定未来可获收益的期限。

六、计算公式

（一）评估房地合在一起的不动产价值

$$不动产价值=\frac{不动产净收益}{综合资本化率}$$

$$=\frac{不动产总收益-不动产总费用}{综合资本化率}$$

$$=\frac{不动产总权益-（管理费+维修费+保险费+税金）}{综合资本化率} \quad (5\text{-}7)$$

（二）单独评估土地的价值

▶ 1. 由土地收益评估土地价值

$$土地价值=\frac{土地净收益}{土地资本化率}$$

$$=\frac{土地总收益-土地总费用}{土地资本化率}$$

$$=\frac{土地总收益-（管理费+维护费+税金）}{土地资本化率} \quad (5\text{-}8)$$

▶ 2. 由不动产收益评估土地价值

（1）土地价值=不动产价值-建筑物现值

$$=不动产价值-（建筑物重置价-年贬值额×已使用年数）$$

$$=建筑物重置价-\frac{建筑物重置价-残值}{耐用年限}×已使用年数$$

$$=建筑物重置价-\frac{建筑物重置价×（1-残值率）}{耐用年限}×已使用年数 \quad (5\text{-}9)$$

此时，建筑物的现值必须采用收益法以外的方法，可以是成本法和市场法，但一般采用成本法。

（2）土地价值=$\dfrac{房产地净收益-建筑物净收益}{土地资本化率}$

$$=\frac{房地产净收益-建筑物现值×建筑物资本化率}{土地资本化率} \quad (5\text{-}10)$$

不动产价值和不动产净收益的计算方法和前面相同。

（三）单独评估建筑物的价值

1. 建筑物价值=不动产价值-土地价值 $\quad (5\text{-}11)$

此时，土地的现值必须采用收益法以外的方法，可以是成本法和市场法，但一般采用市场法。

2. 建筑物价值=$\dfrac{房地产净收益-土地净收益}{建筑物资本化率}$ $\quad (5\text{-}12)$

值得注意的是，用来求取不动产净收益的不动产总费用并不包含不动产折旧费。同时，以上所列计算公式均假设土地使用年限为无限年期，但在评估实务中应注意土地使用的有限年期。

七、应用举例

【例5-2】 某房地产公司于2016年2月以有偿出让方式取得一块土地的50年使用权,并于2016年2月在此地块上建成一座钢筋混凝土结构的写字楼,当时造价为每平方米3 800元,经济耐用年限为60年。目前,该类型建筑的重置价格为每平方米4 200元。该大楼总建筑面积为5 000平方米,全部用于出租。据调查,当地同类型写字楼的租金一般为每天每平方米2元,空置率在10%左右,每年需支付的管理费用一般为年租金的3.5%,维修费为建筑物重置价的1.5%,房产税为租金收入的12%,其他税为租金收入的6%,保险费为建筑物重置价的0.2%,资本化率确定为8%。试根据以上资料评估该写字楼在2018年2月的价格。

解:(1)估算年有效毛收入:

$$年有效毛收入=2×365×5 000×(1-10\%)=3 285 000(元)$$

(2)估算年营运费用:

① 管理费:年管理费$=3 285 000×3.5\%=114 975(元)$

② 维修费:年维修费$=4 200×5 000×1.5\%=315 000(元)$

③ 保险费:年保险费$=4 200×5 000×0.2\%=42 000(元)$

④ 税金:年税金$=3 285 000×(12\%+6\%)=591 300(元)$

⑤ 年营运费用:年营运费用$=114 975+315 000+42 000+591 300=1 063 275(元)$

(3)估算年净收益:年净收益等于年有效毛收入减去年营运费用,即

$$年净收益=3 285 000-1 063 275=2 221 725(元)$$

(4)计算不动产价格:不动产的剩余收益期为45年,则

$$不动产价格=2 221 725÷8\%×[1-1÷(1+8\%)^{45}]=26 901 538(元)$$

(5)评估结果:经评估,该写字楼在2018年2月的价格为26 901 538元,单价为每平方米5 380元。

【例5-3】 某房地产公司于2011年11月以有偿出让方式取得一块土地的50年使用权,并于2013年11月在此土地上建成一座砖混结构的写字楼,当时造价为每平方米2 000元,经济耐用年限为55年,残值率为2%。目前,该类建筑重置价格为每平方米2 500元。该建筑物占地面积500平方米,建筑物面积为900平方米。目前,该建筑物用于出租,每月平均实收租金为3万元。另据调查,当地同类写字楼出租租金一般为每月每平方米50元,空置率为10%,每年需支付的管理费为年租金的3.5%,维修费为重置价的1.5%,土地使用税及房产税为每平方米20元,保险费为重置价的0.2%,土地资本化率为7%,建筑物资本化率为8%。试根据以上资料评估该宗地2018年11月的土地使用权价格。

解:(1)选定评估方法。该宗不动产有经济收益,适宜采用收益法。

(2)计算年总收益。年总收益应该为客观收益而不是实际收益。

$$年总收益=50×12×900×(1-10\%)=486 000(元)$$

(3)计算总费用:

① 管理费:年管理费$=486 000×3.5\%=17 010(元)$

② 维修费:年维修费$=2 500×900×1.5\%=33 750(元)$

③ 税金:年税金＝20×900＝18 000(元)

④ 保险:年保险费＝2 500×900×0.2％＝4 500(元)

⑤ 年总费用:年总费用＝年管理费＋维修费＋年税金＋年保险费

$$＝17 010＋33 750＋18 000＋4 500$$

$$＝73 260(元)$$

(4) 计算不动产纯收益:

$$不动产纯收益＝年总收益－年总费用$$

$$＝486 000－73 260$$

$$＝412 740(元)$$

(5) 计算建筑物纯收益:

① 计算年贬值额。年贬值额本来是应该根据建筑物的耐用年限而确定,但是,在本例中,土地使用年限小于建筑物耐用年限,根据《城市房地产管理法》的规定,土地使用权出让年限届满,土地使用权由国家无偿收回。这样,建筑物的重置价必须在可使用期限内全部收回。本例中,不动产使用者可使用的年限为50－2＝48(年),并且不计残值,视为土地使用权年期届满,一并由政府无偿收回。(注:如计算残值也可以)

$$年贬值额＝建筑物重置价÷使用年限＝2 500×900÷48＝46 875(元)$$

② 计算建筑物现值:

$$建筑物现值＝建筑物重置价－年贬值额×已使用年数$$

$$＝2 500×900－46 875×2$$

$$＝2 156 250(元)$$

$$建筑物纯收益＝建筑物现值×建筑物资本化率＝2 156 250×8％＝172 500(元)$$

(6) 计算土地纯收益:

$$土地纯收益＝年不动产纯收益－建筑物年纯收益$$

$$＝412 740－172 500$$

$$＝240 240(元)$$

(7) 计算土地使用权价格。土地使用权在 2018 年 11 月的剩余使用年期为 50－4＝46(年)。

$$土地使用权价格＝\frac{240\ 240}{7\%}×\left[1－\frac{1}{(1+7\%)^{46}}\right]＝3\ 279\ 280.8(元)$$

(8) 评估结果。本宗土地使用权在 2018 年 11 月的土地使用权价格为 3 279 280.8 元,单价为每平方米 6 558.56 元。

第四节　市场法在不动产评估中的应用

一、基本思路

市场法是不动产评估最常用的方法之一,是在求取一宗待评估不动产价格时,依据替代原理,将待评估不动产与类似不动产的近期交易价格进行对照比较,通过对交易情况、交易日期、区域因素和个别因素等的修正得出待评估不动产在评估基准日的价格。

二、适用范围

只要有类似不动产的适合的交易实例都可应用市场法。因此在不动产市场比较活跃的情况下,市场法得到广泛应用。在同一地区或同一供求范围内的类似地区中,与待估不动产相类似的不动产交易越多,市场法应用越有效。而在下列情况下,市场法往往难以适用:

(1) 没有发生过不动产交易或在不动产交易发生较少的地区;

(2) 对某些类型很少见的不动产或交易实例很少见的不动产,如古建筑等;

(3) 对那些很难成为交易对象的不动产,如教堂、寺庙等;

(4) 风景名胜区土地;

(5) 图书馆、体育馆、学校用地等。

三、计算公式

$$P = P' \cdot A \cdot B \cdot C \cdot D \times 容积率修正系数 \times 使用年限修正系数 \qquad (5\text{-}13)$$

式中:P——待评估不动产评估价格;

P'——可比交易实例价格;

A——交易情况修正系数;

B——交易日期修正系数;

C——区域因素修正系数;

D——个别因素修正系数。

式(5-10)中,各个因素均为待评估不动产的可比特征与参照物可比特征之比,即都是以评估对象为标准的。

A:正常交易定量值定为100,通过参照物实际交易与正常交易比较确定参照物交易的定量值。

B:交易日期修正系数,是待评估不动产交易日物价指数与参照物交易日物价指数之比。

C:区域因素一般采用打分法进行评价。区域因素修正系数为待评估不动产区域因素评价值与参照物区域因素评价值之比。

D:个别因素一般包括容积率因素、土地使用年限因素与其他个别因素。

① 一般情况下,地价指数与容积率相关,根据容积率与地价指数的对应关系,确定不同的容积率对应的地价指数,将容积率的对比转化为地价指数的比较;也可将容积率与修正系数直接联系进行比较。

② 我国实行有限年期的土地使用权有偿使用制度,土地使用年期的长短,直接影响土地收益的多少。土地的年收益确定以后,土地的使用期限越长,土地的总收益就越多,土地利用效益也越高,土地的价格也会因此提高。通过使用年期修正,可以消除由于使用期限不同而对不动产价格造成的影响。

土地使用的年期修正系数按下式计算：

$$K = \frac{P/A,r,m}{P/A,r,n} = \frac{1-(1+r)^{-m}}{1-(1+r)^{-n}}$$ (5-14)

式中：K——将可比实例年期修正到待评估对象使用年期的年期修正系数；

r——还原利率；

m——待评估对象的使用年期；

n——可比参照物的使用年期。

③ 其他个别因素一般采用打分法进行评价。其他个别因素修正系数为待评估不动产其他个别因素评价值与参照物其他个别因素评价值之比。

每个参照物与待评估不动产各个可比因素按上述方法比较均可得出一个评估值，有几个参照物就可得出几个评估值。最后，根据执业经验，分析取舍评估值，并采用适当的方法最终确定一个评估值。

四、操作步骤

(一) 收集交易资料

运用市场法评估不动产，必须以大量的交易资料为基础，如果资料太少，则评估结果难免失真，因此，评估人员要经常性地搜集并积累尽可能多的交易资料，而不要等到需要采用市场法估价时才临时去做。所搜集的交易资料一般包括不动产的坐落位置、用途、交易价格、交易日期、交易双方的基本情况、建筑物结构、设备及装修情况、周围环境以及市场状况等。对于搜集到的每一个交易实例、每一个内容，都需要查证，做到准确无误。另外，所选取的交易案例资料不应该超过 5 年。

(二) 确定可比交易案例

评估人员应对从各个渠道搜集的交易实例进行筛选，选择其中符合本次评估要求的交易对象作为供比较参照的交易实例。为确保估价的精确度，参照物交易实例的选取要注意以下几点：

(1) 应在邻近地区或同一个供需圈内的类似地区中的交易实例；

(2) 与待估不动产属于同一交易类型，且用途相同；

(3) 参照物的交易应属于正常交易或可修正为正常交易；

(4) 与待估不动产的估价日期接近；

(5) 与待估不动产的区域特征、个别特征相近。

(三) 因素修正

▶ 1. 交易情况修正

交易情况修正就是剔除交易行为中的一些特殊因素所造成的交易价格偏差，使所选择的参照物交易实例的交易价格成为正常价格。特殊因素对交易情况的影响主要表现在以下几个方面：

(1) 有特别利害关系的人之间的交易，如亲友之间、有利害关系的单位之间的交易，通常价格偏低；

（2）有特殊动机的交易，如急于脱手的价格往往偏低，急于购买的价格往往偏高；

（3）有意为逃避交易税，签订的是虚假交易合同，造成交易价格偏低；

（4）买方和卖方不了解市场行情，盲目购买或出售，使交易价格偏高或偏低。

上述情况对交易价格的影响主要由评估人员靠经验加以判断和修正。

▶ 2. 交易日期修正

由于参照物交易实例与待估不动产的交易时间不同，价格会发生变化，因此必须进行适当的交易日期修正。交易日期修正一般是利用价格指数，将交易实例当时的交易价格修正为评估基准日价格。利用价格指数进行交易日期修正的公式为

$$\text{评估基准日的交易实例价格} = \frac{\text{交易实例当时成交价格} \times \text{评估基准日价格指数}}{\text{交易日价格指数}} \quad (5\text{-}15)$$

值得注意的是，公式中所选用的价格指数应该是本地区的不动产价格指数，当缺乏这样的资料时，可以通过调查本地区过去不同时间的数宗类似不动产的交易价格，并测算出这些不动产价格随时间变化的变动率，以此代替不动产价格指数。

▶ 3. 区域因素修正

区域因素修正主要内容包括参照物交易实例所在区域与待估不动产所在区域在繁华程度、交通状况、环境质量、城市规划等方面的差异。进行因素修正时，主要有两种方法：

（1）直接比较法，即把待估不动产区域因素具体化、分值化。如把待估不动产区域因素具体细化为繁华程度、交通通达状况、基础设施完备程度、公共设施完备程度等，并给出分值，再以此为基准，将所选择的参照物的各因素相比较打分，求得各个参照物的区域因素修正比率。

（2）间接比较法，即假想一块标准不动产，以其具体区域因素状况及其分值为基准，参照物不动产与待估不动产的具体区域因素均与其逐项因素比较打分，求得参照物和待估不动产的区域因素值以及区域因素修正比率。

▶ 4. 个别因素修正

个别因素修正主要内容包括参照物的交易实例与待评估不动产在面积、形状、临街状态、位置、地势、土地使用年限及建筑物结构、朝向、装修、设备、已使用年限等方面的差异。个别因素修正的方法与区域因素修正的方法大致相同。

▶ 5. 容积率修正

容积率与地价指数相关，可以根据容积率与地价指数的对应关系确定不同的容积率对应的地价指数，然后将容积率的对比转化为地价指数的比较；也可将容积率与修正系数直接联系进行比较。

▶ 6. 使用年限修正

土地使用年限修正系数的数学表达式为

$$K = \frac{1 - \dfrac{1}{(1+r)^m}}{1 - \dfrac{1}{(1+r)^n}} \quad (5\text{-}16)$$

式中：K——将可比实例年期修正到待评估对象使用年期的年期修正系数；

　　　r——还原利率；

　　　m——待评估对象的使用年期；

　　　n——可比实例的使用年期。

（四）确定不动产价格

按照要求，采用市场法评估不动产至少应选择三个以上参照物交易实例，通过上述各种因素修正后，至少应得到三个以上初步评估结果，最后需要综合求出一个评估值，作为最终的评估结论。在具体操作中，可考虑采用以下几种方法：

（1）简单算术平均法。将多个参照物交易实例修正后的初步评估结果简单地算术平均后，作为待评估不动产的最终评估结果。

（2）加权算术平均法。判定各个初步评估结果与待评估不动产的接近程度，并根据接近程度赋予每个初步评估结果以相应的权重，然后将加权平均后的结果作为待评估不动产的评估价值。

（3）中位数法。以多个初步评估结果的中间一个价格作为待评估不动产的评估价值。

> 思考：用市场法评估不动产的前提条件是什么？其评估结果和其他方法评估的结果会有什么样的差异？

第五节　成本法在不动产评估中的应用

一、基本思路

成本法是不动产评估方法之一，是以重置一宗与待评估不动产可以产生同等效用的不动产所需投入的各项费用之和为依据，再加上合理的利润和税金来确定不动产价格。不动产评估的成本法和一般意义上的成本法是不同的，评估结果不是不动产的成本价，而是从再取得不动产的角度评判其交换价值。成本法的评估对象可以划分为新开发的土地、新建的不动产、旧的建筑物。

二、适用范围

成本法的适用范围很广泛，只要是新开发建造、计划建造或可以假设重新开发建造的不动产，都可以用成本法评估。但成本法尤其适用于那些既无收益也很少发生交易的不动产的评估，如政府的办公楼、学校、图书馆、医院、军队、公园等公用、公益性不动产，以及化工厂、钢铁厂、发电厂、码头、机场等有独特设备或只针对个别用户的特殊需要而开发建造的不动产。单纯的建筑物评估通常也采用成本法。

三、土地评估中成本法操作步骤

土地评估中成本法的计算公式为

土地使用权价格＝土地取得费＋土地开发成本＋投资利息＋投资利润＋税费＋

    土地增值收益　　　　　　　　　　　　　　　　　　　　　　　　(5-17)

（一）土地取得费

土地取得费是为取得土地而向原土地使用者支付的费用，主要有以下两种情况。

（1）国家征用集体土地而支付给农村集体经济组织的费用，包括土地补偿费、地上附着物和青苗补偿费及安置补助费等。

一般认为，土地补偿费中包含一定的级差地租。地上附着物和青苗补偿费是对被征地单位已投入土地而未回收的资金的补偿，类似地租中所包含的投资补偿部分。安置补助费是为保证被征地农业人口在失去其生产资料后的生活水平不致降低而设立的，因而可以看成是从被征土地未来产生的增值收益中提取的部分作为补偿。按照《中华人民共和国土地管理法》有关规定：征用耕地的补偿费用包括土地补偿费、安置补助费以及地上附着物和青苗的补偿费。征用耕地的土地补偿费，为该耕地被征用前3年平均年产值的6～10倍。征用耕地的安置补助费，按照需要安置的农业人口数计算。需要安置的农业人口数，按照被征用的耕地数量除以征地前被征用单位平均每人占有耕地的数量计算。每一个需要安置的农业人口的安置补偿费标准，为该耕地被征前3年平均年产值的4～6倍。但是，每公顷被征用耕地的安置补助费，最高不得超过被征用前3年平均年产值的15倍。征用其他土地的土地补偿费和安置补助费标准，由各省、自治区、直辖市参照征用耕地的土地补偿费和安置补助费的标准规定。被征用土地上的附着物和青苗的补偿标准，由各省、自治区、直辖市规定。征用城市郊区的菜地，用地单位应当按照国家有关规定缴纳新菜地开发建设基金。另外，按照以上规定支付土地补偿费和安置补助费，尚不能使需要安置的农民保持原有生活水平的，经省、自治区、直辖市人民政府批准，可以增加安置补助费。但是，土地补偿费和安置补助费标准的总和不得超过土地被征用前3年平均年产值的30倍。在特殊情况下，国务院根据社会经济发展水平，可以提高被征用耕地的土地补偿费和安置补助费标准。

（2）为取得已利用城市土地而向原土地使用者支付的拆迁费用，这是对原城市土地使用者在土地投资未收回部分的补偿，补偿标准各地均有具体规定。

（二）土地开发成本

一般来说，土地开发成本涉及基础设施配套费、公共事业建设配套费和小区开发配套费。

（1）基础设施配套费。对于基础设施配套常常概括为"三通一平"和"七通一平"。

"三通一平"是指通水、通路、通电和平整地面；"七通一平"是指通上水、通下水、通电、通信、通气、通热、通路和平整地面。

（2）公共事业建设配套费。主要指邮电、图书馆、学校、公园、绿地等设施的费用。这与项目大小、用地规模有关，各地情况不一，视实际情况而定。

（3）小区开发配套费。同公共事业建设配套费类似,各地根据用地情况确定合理的项目标准。

（三）投资利息

投资利息就是资金的时间价值。在用成本法评估土地价格时,投资包括土地取得费和土地开发费两大部分。这两部分资金的投入时间和占用时间不同,因此要分别考虑其计息期。土地取得费在土地开发开工前即要全部付清,在开发完成销售后方能收回,因此,计息期应为整个开发期和销售期。而土地开发费在开发过程中逐步投入,销售后收回,若土地开发费是均匀投入,则计息期为开发期的一半。

（四）投资利润

投资的目的是为了获取相应的利润,作为投资的回报,对土地投资当然也要获取相应的利润。该利润计算的关键是确定销售利润率或投资回报率。利润率计算的基数可以是土地取得费和土地开发费,也可以是开发后土地的地价。计算时,要注意所用利润率的内涵。

（五）税费

整个开发过程中涉及的税金和费用,可以按照国家税收政策和法规来确定。

（六）土地增值收益

土地增值收益主要是由于土地的用途改变或土地功能变化而引起的。由于农地转变为建设用地,新用途的土地收益将远高于原用途的土地收益,即带来土地增值收益。由于这种增值是土地所有者允许改变土地用途带来的,因此,应归土地所有者所有,对土地价格应该考虑土地增值收益。

根据计算公式,前四项(或五项)之和为成本价格,成本价格乘以土地增值收益率即为土地所有权收益。目前,土地增值收益率通常为 $10\% \sim 25\%$。

四、新建不动产评估中成本法操作步骤

新建不动产价格＝土地取得费用＋开发成本＋开发利润＋管理费用＋投资利息＋

$$销售税费＋正常利润 \tag{5-18}$$

（一）土地取得费用

土地取得的途径有征用、拆迁改造和购买等,根据取得土地的不同途径,分别测算取得土地的费用,包括有关土地取得的手续费及税金。

（二）开发成本

开发成本包括勘查设计和前期工程费、基础设施建设费、建筑安装工程费、公共配套设施费和其他税费及间接费用。

（1）勘查设计和前期工程费。包括:临时用地、水、电、路、场地平整费;工程勘查测量及工程设计费;城市规划设计、咨询、可行性研究费、建设工程许可证执照费等。

（2）基础设施建设费。包括由开发商承担的红线内外的自来水、雨水、污水、煤气、热力、供电、电信、道路、绿化、环境卫生、照明等建设费用。

（3）建筑安装工程费。可设想为开发商取得土地后将建筑工程全部委托给建筑商施

工,开发商应当付给建筑商的全部费用。包括建筑安装工程费、招投标费、预算审查费、质量监督费、竣工图费、二三材差价、定额调整系数、建材发展基金等。

（4）公共配套设施费和其他税费。包括由开发商支付的非经营性用房,如居委会、派出所、托儿所、自行车棚、信报箱、公厕等;附属工程,如锅炉房、热力点、变电室、开闭所、煤气调压站的费用和电贴费等;文教卫生,如中小学、文化站、门诊部、卫生所用房的建设费用。而商业网点,如粮店、副食店、菜店、小百货店等经营性用房的建设费用应由经营者负担,按规定不计入商品房价格。

（5）开发过程中的税费及其他间接费用。

（三）开发利润

以土地取得费用和开发成本之和作为利润计算的基数。利润率应根据开发类似不动产的平均利润率来确定。

（四）管理费用

管理费用主要是指开办费和开发过程中管理人员的工资等。

（五）投资利息

以土地取得费用和开发成本之和作为计算利息的基数。计息期的确定同土地评估中的计息期。

（六）销售税费

销售税费主要包括销售费用、销售税金及附加和其他销售税费。

销售税费是销售开发完成后不动产所需的费用和应由开发商缴纳的税费,可根据税法和有关收费标准来测算。一般包括以下几种费用。

▶ 1. 销售费用

包括广告宣传费用、展销费、销售人员的工资、办公费用、委托销售代理费及其他在销售过程中发生的费用。

▶ 2. 销售税金及附加

包括应缴纳的营业税、城市维护建设税和教育费附加等。

▶ 3. 其他销售税费

包括应由开发商负担的印花税、土地增值税、交易手续费、空房看管费、保修期内的维修费等。

五、旧建筑物评估中成本法操作步骤

应用成本法评估旧建筑物,应该以旧建筑物的重新建造成本为基础,结合建筑物的贬值来确定。具体公式为

$$旧建筑物价格＝重置成本－年贬值额×已使用年数 \qquad (5-19)$$

或

$$旧建筑物价格＝重置成本×成新率 \qquad (5-20)$$

（一）重置成本

建筑物的重置成本是假设旧建筑物所在的土地已取得,且为空地,除了旧建筑物不存在之外,其他状况均维持不变,然后在此空地上重新建造与旧建筑物完全相同或具有相同效用的新建筑物所需的一切合理必要的费用、税金和正常利润的和。

建筑物的重置成本一般可采用成本法估算,也可在估算出房地合一的价格后,再扣除其中包含的土地价格后求得,还可采用市场法来估算。

（二）年贬值额

贬值额是指建筑物的价值减损。这里所指的贬值与会计上的折旧的内涵不一样。建筑物的价值减损,一般由两方面因素引起:一方面是物理化学因素,即因建筑物使用而使建筑物磨损、建筑物自然老化、自然灾害引起的建筑物结构缺损和功能减弱,所有这些因素均导致建筑物价值减损,故这种减损又被称为有形损耗;另一方面是社会经济因素,即由于技术革新、建筑工艺改进或人们观念的变化,引起建筑设备陈旧落后、设计风格落后,由此引起建筑物陈旧、落后,致使其价值降低,这种减损称为无形损耗。所以,从建筑物重置成本中扣除建筑物损耗即为建筑物现值,因此确定建筑物贬值额就成为房产评估中的关键一环。

计算年贬值额的方法很多,常用的方法是直线法,又称定额法,即假设建筑物的价值损耗是均匀的,在耐用年限内每年的贬值额相等。则建筑物每年的贬值额为

$$D = \frac{C-S}{N} = \frac{C(1-R)}{N} \tag{5-21}$$

式中:D——年贬值额;

C——建筑物的重新建造成本;

S——建筑物的净残值,即建筑物在达到耐用年限后的剩余价值扣除旧建筑物拆除、清理等处理费用后所剩余的价值;

N——建筑物的耐用年限;

R——建筑物的残值率,即建筑物的净残值与重新建造成本的比率。

根据《房地产估价规范》,各种结构的房屋的经济耐用年限的参考值一般如下:

钢结构:生产用房 70 年,非生产用房 80 年;

钢筋混凝土结构:生产用房 50 年,非生产用房 60 年;

砖混结构一等:生产用房 40 年,非生产用房 50 年;

砖混结构二等:生产用房 40 年,非生产用房 50 年;

砖木结构一等:生产用房 30 年,非生产用房 40 年;

砖木结构二等:生产用房 30 年;非生产用房 40 年;

砖木结构三等:生产用房 30 年,非生产用房 40 年;

简易结构:10 年。

为了使耐用年限的计算更为准确,可利用以下公式:

$$耐用年限＝建筑物已使用年限＋建筑物尚可使用年限 \tag{5-22}$$

（三）成新率

建筑物的成新率测算主要采用使用年限法和打分法两种方法。

▶ 1. 使用年限法

$$建筑物成新率 = \frac{建筑物尚可使用年限}{建筑物实际已使用年限 + 建筑物尚可使用年限} \times 100\% \qquad (5\text{-}23)$$

▶ 2. 打分法

打分法是指评估人员借助于建筑物成新率的评分标准，包括建筑物整体成新率评分标准，以及按不同构成部分的评分标准进行对照打分，得出或汇总得出建筑物的成新率。具体操作时可按评分标准对建筑物的结构、装修、设备三个部分分别打分，然后再对三个部分的得分进行修正，最后得出建筑物的成新率。可参照以下公式：

$$成新率 = \frac{G \times 结构部分合计得分 + S \times 装修部分合计得分 + B \times 设备部分合计得分}{100} \times 100\%$$
$$(5\text{-}24)$$

式中：G——结构部分的评分修正系数；

S——装修部分的评分修正系数；

B——设备部分的评分修正系数。

思考：用成本法评估不动产的前提条件是什么？用成本法评估的结果和用其他评估方法评估的结果可能会有什么样的差异？为什么？

导入案例分析

我国资产评估发展仅有 20 多年，随着市场经济的发展已经取得了丰硕的成果，但随着资产及资产评估多样化的发展，资产评估的发展还滞后于资产评估实践的发展，这就要求资产评估理论研究工作者要紧扣实践的客观发展现实，尽快地对评估实践进行理论上的解释、总结，并放入实践中进行检验，进而指导实践活动。

本 章 小 结

不动产因工程规模、设计标准、建筑结构、建筑材料和施工方法的不同，以及所处地理位置和环境的不同，其造价标准和评估价格会有显著的差异，房地产的质量和功能也明显影响着其价值。建筑与安装工程涉及较深的专业知识，评估人员应了解建筑与安装工程中的基础知识，熟悉造价编制方法和标准。此外，评估人员还需多方面掌握市场信息，搜集不动产市场价格的最新数据和正常文件资料，充分考虑各种影响房地产价格的因素变化。在建建筑工程的评估中，要注意工程项目的完工程度或停建状况，要考虑其停工原因和贬值情况，注意其价值实现的可能性。城镇土地的价格在很大程度上受到土地政策和市场供求的影响。简单地依据开发成本或基准地价来估算是不合适的。土地市场进化过程中，当地土地招标拍卖的价格水平具有一定的参考价值。

拓展案例

近日,记者在海南省三亚市采访了这样一件事:该市的一座标志性建筑——创业大厦,竟先后由 6 个单位评估出 10 个价格,以致最高价和最低价竟相差近两倍!对此,该大厦的产权人——海口中海建设开发公司(以下简称中海公司)总经理丁爱笛非常气愤,却无可奈何,因为又将面临第 11 次评估了。

据悉,创业大厦建成于 1994 年 12 月,是中海公司和中创公司投资 2.5 亿元共同开发建设的,该大厦总建筑面积达 4.4 万平方米,因其设计标准和建筑质量最高而成为三亚市标志性建筑,也是海南最高档次的标志性建筑之一。

1997 年 4 月,先是由光大资产评估公司对创业大厦进行了首次综合评估:每平方米均价为 7 120 元;其中 A、D 栋 7 522 元/平方米,B 栋 6 801 元/平方米,C 栋 6 394 元/平方米。当时中海公司因无力偿还贷款和借款,愿意通过法律诉讼程序以楼抵债。然而,创业大厦却被法院先后委托的 5 家评估所评估出 9 个价格,加上光大资产评估公司的评估共有 10 次评估。中海公司认为,虽然楼与楼、层与层之间的价格会有差别,但对创业大厦评估出 10 个价格,却不能不让人生疑。

其一,同样的 A 栋 2 874 元/平方米的最低价与 7 522 元/平方米的最高价竟相差近两倍!其二,同是一个不动产评估所最好的楼层房价 2 874 元/平方米,而几个月前评估同一大厦的地下室却为 6 443 元/平方米,如此"地下"价格竟比"地上"贵一倍多,真是荒唐至极!其三,还是这家不动产评估所对同一地段的 8 层投资大厦评估为 7 030 元/平方米,这样的普通楼竟然也比创业大厦贵出一倍半的价格,让人不可思议。其四,国佳公司开始评估 A 栋 4 060 元/平方米,半年后又无故自我否定,竟作出 3 637 元/平方米的评估。其五,海南省建设厅先是同意省法院委托的国佳公司评估,去年岁末却又以"无资格跨地区评估"为由,正式下文取消国佳公司的两次评估。其五,法院明明委托的是评估创业大厦的"房产价值",可是不动产评估所非要评估出"拍卖起价"为 2 874 元/平方米,而这两者其实根本就是两回事。

本案例中,对同一幢大楼及大楼的不同楼层,在几年内多次评估,评估出的价值相差很大,引起有关当事人及媒体的关注,出现这种现象是评估机构或评估师本身的问题吗?

(资料来源:法制日报,2001 年 1 月 20 日. http://www.sina.com.cn)

分析:

该案例在以下几个方面值得特别关注:

(1)资产评估机构和评估人员的执业能力和社会责任心亟待提高。几家不同的资产评估机构或不同的评估人员对同一项资产所产生的评估结果不完全一致是正常合理的,但如果差异过大,就说明有的机构或人员评估的结果是错误的。

(2)资产评估机构和评估人员在评估中首先对评估目的和对象应该很清楚,是完全评估还是限制评估要做到心中有数。

(3)资产评估人员应该有扎实的理论知识、丰富的实践经验和良好的职业道德。这样才能公平公正地、在市场行情特别了解的情况下、正确运用资产评估方法、选择正确的参数、经过合理的测算和分析得出客观合理的资产评估值。

知识测试与能力训练

一、单项选择题

1. 待估建筑物为砖混结构单层住宅，宅基地面积为 300 平方米，建筑面积为 200 平方米，月租金为 3000 元，土地资本化率为 7%，建筑物资本化率为 8%，评估时，建筑物的剩余使用年限为 25 年，取得租金收入的总成本为 7600 元，评估人员另用市场法求得土地使用权价格每平方米 1 000 元，运用建筑物残余估价法所得到建筑物的价值最有可能是(　　)元。

  A. 61 667　　　　　B. 925 000　　　　　C. 789 950　　　　　D. 58 041

2. 若反映宗地地价水平，(　　)指标更具说服力。

  A. 建筑物总价格/土地总面积

  B. 土地总价格/土地总面积

  C. 房地总价格/土地总面积

  D. 土地总价格/建筑物总面积

3. 某评估机构采用市场法对一房地产进行评估，评估中共选择了三个参照物，并分别得到 127 万元、142 万元、151 万元三个评估值，则被评估不动产的价值最接近(　　)万元。

  A. 140　　　　　B. 157　　　　　C. 141　　　　　D. 148

4. 某一宗土地用于住宅开发时的价值为 300 万元，用于商业大楼开发时的价值为 500 万元，用于工业厂房开发时的价值为 280 万元。城市规划确认该土地可用于住宅或工业。该宗土地价值应评估为 300 万元，这体现了不动产评估的(　　)。

  A. 供求原则　　　　B. 替代原则　　　　C. 最佳使用原则　　　　D. 贡献原则

二、多项选择题

1. 影响地价的一般因素有(　　)。

  A. 政策因素　　　　　　　　　　　B. 区域因素

  C. 社会因素　　　　　　　　　　　D. 经济因素

  E. 人口因素

2. 不动产评估遵循的原则有(　　)。

  A. 最高最佳利用原则　　　　　　　B. 合法原则

  C. 替代原则　　　　　　　　　　　D. 供求原则

  E. 贡献原则

3. 我国不动产评估的标的物一般包括(　　)。

  A. 土地使用权　　　　　　　　　　B. 土地所有权

  C. 建筑物及其权益　　　　　　　　D. 建筑物中的水暖设施

  E. 建筑物中的办公设施

三、计算题

1. 某房地产开发企业2016年1月以出让方式取得一块土地50年的使用权,土地面积为1 000平方米,并于2017年1月在此块土地上建成建筑面积为4 000平方米的钢筋混凝土框架结构的写字楼一座,其经济耐用年限为60年,残值率为0。评估基准日,该类建筑物重置价格成本为每平方米2 800元。现该写字楼用于出租,每年实收租金250万元,另据调查,当地同类写字楼出租租金为每平方米每天2元,空置率为10%,每年需支付的管理费为年租金的3%,维修费为重置价格的1.5%,房产税为租金收入的12%,营业税及附加为租金收入的5.5%,保险费为重置价格的0.2%,土地资本化率为6%,建筑物资本化率为8%。试根据以上资料评估该宗地于2018年1月的价格。

2. 有一宗"七通一平"待开发建设用地,面积为2 000平方米,使用期限为50年,容积率为4,拟开发建设写字楼,建设期为2年,建筑费用为每平方米4 500元,专业费用为建筑费用的8%,建筑费和开发成本费在整个建设期间内均匀投入,写字楼建成后,拟对外出租,租金预计为每天每平方米2.5元,出租率为90%,管理费用为年租金的3%,维修费用为建筑费用的1.5%,保险费用为建筑费用的0.2%,税金为年租金的17.5%,银行一年期贷款利率为5%,不动产资本化率为7%,开发商要求的利润率为地价和开发成本(建筑费用+专业费用)之和的20%。试评估该宗地的价值。

3. 有一待估宗地,剩余使用年限为30年,土地资本化率为7%,现收集到A、B、C、D四个宗地交易实例,具体情况详见表5-2。

表5-2所示交易情况、区域因素和个别因素均是交易实例与评估对象比较,以评估对象为基准确定的数值,该城市此类用地容积率与地价的关系为:当容积率为2.5～3.5时,容积率每增加0.1,宗地地价比容积率2.5时增加2%。该城市从2015年到2018年,此类用地每年价格上涨2%。试根据上述条件评估该宗地于2018年1月的价格。

表 5-2 某待估宗地与交易实例比较

宗 地	成交价格 (元/平方米)	交 易 时 间	交 易 情 况	容积率	区域因素	个别因素	剩余时间 (年)
评估对象		2018.01	0	3	0	0	30
A	2 860	2017.01	−1%	2.8	0	−1%	28
B	3 120	2017.01	0	3.2	+3%	0	30
C	2 990	2017.01	0	3	+1%	0	29
D	2 730	2017.01	−2%	2.8	−1%	−1%	28

4. 某宾馆的土地使用权年限40年,自2013年6月开始,该宾馆共有床位300张,平均每张租金是45元/天,年空置率为20%,与当地同档次宾馆的租金水平相似。营业费用平均每月14万元,正常营业费用平均为营业收入的30%。该类不动产综合资本化率为8%。估算该宾馆于2018年6月的收益价格。

5. 某砖混结构住宅占地面积达 200 平方米，建筑面积达 120 平方米，月租金为 2 400 元，空房损失按半月租金计，房产税按年租金的 12% 计，土地使用税按每年 2 元/平方米计，管理费按年租金的 3% 计，维修费按年租金的 4% 计，保险费 288 元，另知，用市场法和成本法求得的土地使用权价格为 500 元/平方米，土地资本化率为 8%，建筑物资本化率为 10%，建筑物剩余使用年限为 25 年。试用收益法评估该建筑物的价格。

6. 某块地的面积为 60 000 平方米，是通过出让取得的，出让金为 150 元/平方米，拆迁房为 100 元/平方米，开发费为 300 元/平方米，其他费用为 45 元/平方米，土地开发周期为 2 年，第一年投入资金占总开发费用的 60%。目前，市场上地产开发的投资报酬率为 10%，银行贷款利率为 6%，土地的出让增值收益率为 15%。试评估该土地的价格。

C 第六章
hapter 6　其他资产评估

学习目标

1. 了解资源性资产、无形资产、流动资产、长期投资性资产的概念
2. 熟悉其他各类资产评估的特点
3. 掌握其他各类资产的评估方法

能力目标

1. 具备应用合适的资产评估方法评估各类资产的能力
2. 能够发现各类资产评估中出现的问题
3. 具备深入探究各类资产评估方法的能力

章节导言

资产种类异常丰富，而且随着社会的发展，新类型的资产与日俱增，虽然不是评估的主流，但在市场经济发展中也起着至关重要的作用，需要我们对其不断进行学习、研究和实践。

案例导入

陕西一金银珠宝公司成立于 2008 年，主要从事于黄金、珠宝等饰品的加工和销售，至今已成为年销售额达数亿元的行业龙头企业，在外省市设立网点 100 余家。该公司拟以"CCC"系列商标折价入股，投资组建股份公司。"CCC"系列商标是该公司多年经营运作而形成的无形资产，并且这一无形资产已得到了社会的认同，其产品的价值及本次投资行为都

证明了此点。由于其历史成本形成的特殊性，这部分无形资产在账面上没有反映，而"CCC"系列商标的价值在市场上也未找到可比较性较强的交易案例，因而排除了用市场法的可能。通过分析，该公司具备运用收益法的前提条件，而且运用收益法对"CCC"系列商标进行评估能较真实地反映该部分资产的价值。评估基准日为 2013 年 12 月 31 日。从企业历史及现实经营状况、经营特色、市场三个方面进行评估前企业状况分析，评估中进行收益预测、折现率测算，进而确定该无形资产的价值。

（资料来源：陕西省西安市某资产评估事务所内部资料）

案例思考：

（1）无形资产评估常用的评估方法有哪些？

（2）评估前企业状况分析如何进行？

（3）收益预测、折现率测算考虑的因素有哪些？

（4）本案例事后调查的结论是什么？

第一节　资源性资产评估

资源性资产是由自然资源进化而来的，并能进入社会生产过程的一种特殊资产。因此资源性资产既具有自然资源属性，又具有资产的经济资源属性。对资源性资产的评估，不但要考虑自然资源稀缺性和自然力所决定的价值，还要考虑进入生产过程中直接投入的社会必要劳动所创造的价值。

一、资源性资产的概念、特点和分类

（一）资源性资产的概念

▶ 1. 自然资源

自然资源是指在现代技术经济条件下，自然环境中能被人类利用并能为人类当前和未来生存与发展提供所需的一切物质和能量。如土地、海洋、草地、森林、野生动植物、矿藏、水资源、阳光、地质遗迹资源等。自然资源是一个动态的概念，信息、技术和相对稀缺性的变化都能把以前没有价值的物质变成宝贵的资源。那些已被发现但不知其用途，又不能用现代科学技术提取的，或虽然有用，但与需求相比因数量过大而没有稀缺性的物质（如空气等）不能称作自然资源，而是自然物，不属于资产评估的评估对象。

▶ 2. 资源性资产

自然物无论发现与否，都是自然存在的。只有当人类确实查明了、探明了、确认了自然物是有使用价值的物质，这时才能说它是自然资源。人类可以通过这些自然力作用下所生成的自然资源，作为生产过程中的投入，为使用者的未来获得更大的利益。把这些资源再赋予权利，它就会成为资产，即资源性资产。资源性资产是为特定主体所拥有和控制的，能够用现代科学技术取得，已经被开发利用，并且能用实物量度和货币计量，能够给特定主体的未来经营带来收益的自然资源。

理解资源性资产要把握两点，即当前技术经济条件和一定的经济价值。在科技水平较低，人类对某种自然界物质或能量尚未认识，或者远不能开发利用时，这种自然界物质与能量只是一种环境资源，而不是资产；当其开发尚不能给人们带来一定经济价值（效益），也就是当生产成本大于其产出时，我们也不把这种自然资源视为资产，这就是人们所说的在开发利用自然资源中，必须同时符合技术可行、经济合理的原则，二者缺一不可。

（二）资源性资产的特点

资源性资产是自然资源资产化的表现形式，因此，资源性资产具有自然资源的自然属性。同时资源性资产属于资产，又带有了资产的经济属性和法律属性。

▶ 1. 自然属性

（1）天然性。天然性是指资源性资产完全由自然物质组成，并处于自然状态。随着人类对自然干预能力的加强，部分资源性资产表现为人工投入与天然生成的共生性。

（2）有限性和稀缺性。资源性资产的有限性和稀缺性表现在：资源性资产的数量是有限的，人类能够使用的自然资源在一定时期或一定时点上是有限的，人类活动使某些自然资源数量减少、枯竭或耗尽，资源性资产的有限性导致了稀缺性。如矿产资源随着开发利用，消耗一点少一点。再如土地资源，其自然总量具有一定的稀缺性。对于森林资源，如果人们不进行培植补充，长期无节制地利用，也会逐渐耗竭。稀缺性资源必须按照合理、充分、节约原则进行利用。如果评估资源性资产时，违背这些资产的自然规律，必然会降低资源性资产的价值。

（3）生态性。各种资源如太阳、大气、地质、水文、生物等构成了一个复杂的体系，形成特定的生态结构，构成不同的生态系统。不同的资源间相互依存，具有一定的生态平衡规律。如果过度的开采和获取资源，使消耗超过补偿的速度，会导致这些资源的灭绝，破坏生态系统的平衡。

（4）区域性。资源性资产在地域上分布不均衡，存在显著的数量或质量上的区域差异。在我国，金属矿产资源基本分布在由西部高原到东部山地丘陵的过渡地带；森林资源也呈集中分布的状态，长白山林地面积和木材蓄积占有比例就比较高。

▶ 2. 经济属性

（1）有用性。有用性是指资源性资产所存在的天然物质的使用价值。这里需要指出的是，能成为资源性资产的天然物质必须具有使用价值，不能使用的自然资源不能为其拥有者带来经济利益，不能作为评估对象。但是，具有使用价值的天然物质未必都能成为资源性资产。例如，太阳能资源有使用价值，如果太阳能不能变成储存的资源，就不能成为资源性资产；没有开发利用的原始森林，因其不能进入社会生产过程，不处于使用状态而不能成为资产。由于技术经济条件限制，不是所有的有用成分都能得到充分利用。如矿产资源资产的共生、伴生矿物的回收，矿量的回采程度，都不可避免地会丢弃一部分。因此，评估资源性资产必须充分考虑综合利用程度和最佳利用量度。

（2）定量性。定量性是指资源性资产可以用实物量指标和货币量指标进行定量。资源在自然状态下既无实物量，也无法以货币进行计量，所以，它只能是自然资源而不是资产。只有当资源被查明了蕴藏量，计算出潜在的实物量时，才可以用特殊方法计算出以货币量反映的价值量，资源才成为资产。但是，由于受时间、空间的制约，对资源性资产质量的判断和数量的计算很难做到完全明确，加之自然因素的不可确定性，使资源性资产的计量复杂化。因此，在评估资源性资产时，要用多种手段测量资产的质量和数量。

（3）可取性。可取性是指资源性资产的自然物质能够用现代科学技术取得。已经探明了的矿产资源，若由于矿物组合成分复杂，选冶性能差，不能用现代科学技术取得，就不能成为人类的财富。相反，现代科学技术越先进，取得可供使用的矿产资源就越多。所以只有能用现代科学技术取得的自然资源，才能称为资源性资产。

（4）价值与价格无关性。资源性资产在现实情况下有偿取用的价格，与一般商品价格的基本含义不同。资源性资产本身不存在任何物化劳动，它的价格只是形式上的价格，不是社会劳动度量的真正本意。

（5）价值差异性。资源性资产处于一定的区位，具有区位固定性。不同区位经济环境和地理环境上的差异，导致不同资源性资产使用价值和价值的不同，如不同矿区的矿品差异。

▶ 3. 法律属性

（1）资源性资产必须能为特定主体所拥有和控制。凡是能被拥有和控制的自然资源，一定是处于静态的存置空间和可以使用的状态，任何产权主体都不会拥有没有被控制的自然资源。只有能为特定主体所拥有和控制的资源性资产，才能够给权利人带来经济利益。

（2）资源性资产的使用权可以依法交易。《中华人民共和国宪法》规定："矿藏、水流、森林、山岭、草原、荒地、滩涂等自然资源，都属于国家所有，即全民所有；由法律规定属于集体所有的森林和山岭、草原、荒地、滩涂除外。"我国实行资源性资产的所有权和使用权相分离制度，法律不允许资源性资产的所有权转让，但是使用权可以依法转让。

（三）资源性资产的分类

资源性资产可按照其多方面的属性进行分类，下面仅以对其管理及经营特点加以分类：

（1）按权属性质划分，可分为国家拥有的资源与单位或其他经济主体拥有的资源。这里的拥有既包括国家以权力职能行使的所有权，又包括单位或其他经济主体拥有的使用权或经营权概念。

（2）按照资源在开发过程中可否再生划分，可分为再生性资源与非再生性资源。前者如矿产资源、土地资源等，后者如森林资源、动物资源等。

（3）按照资源本身的自然特性划分，可分为土地资源、矿产资源、水资源、森林资源、海洋资源等。

（4）按照资源存在与发展中是否有生命运动来划分，可分为生物资源与非生物资源。前者如动植物等，后者如岩石、矿物等。

二、资源性资产评估的特点

资源性资产由于自身的自然、经济和法律属性，与其他资产评估相比，具有一定的特点：

（一）评估对象的无形性

我国自然资源大部分属于国家所有，只有一部分属于集体所有，如矿产资源属于国家所有，大部分森林资源属于国家所有，并实行所有权和使用权相分离的制度。由于法律不允许资源性资产的所有权转让，只有资源性资产的使用权能在市场上流转，因此资源性资产评估的对象，不是物质实体本身，而是资源性资产的使用权，资源性资产评估是对使用权的权益价值进行评定估算。

（二）评估内容的复杂性

资源性资产评估中要考虑很多的影响因素。首先，资源性资产实物量是价值量评估的基础，评估其价值前，必须核查其实物量，因此，资源性资产评估既要评估有形资产，还要评估无形资产。其次，在评估价值时还要考虑区位、品位等多种差异因素。另外，资源性资产的使用往往要追加一定的劳动，例如天然草原防灾治虫、森林防火、矿产资源勘探等，这些劳动耗费要求在资源性资产的使用权转让中得到补偿。因此，资源性资产评估还应包括对其追加的劳动成本、资源再生费用和补偿费用的评估。

（三）评估方法和结果体现在资源性资产使用的阶段性上

对同一种资源性资产在不同阶段进行评估，会产生不同的评估结果。例如，对同一矿种的评估，在普查、详查、勘探阶段是探矿权评估，而在勘探阶段之后是采矿权的评估，评估途径不同，评估结果也不相同。再如，同一个林木资源资产要根据幼年期、成年期去评定估算。因此，在评估过程中，对资源资产的质和量，不能通过简单的市场调查来确定，必须依靠对自然资源的科学认识，按照科学的程序、方法来调查和测算。

三、资源性资产评估的方法

为了合理开发利用资源性资产，并且使国家的所有权的权益真正得到实现，我国实行所有权与使用权分离的原则，通过使用权在市场上流转，促进资源性资产按照市场经济规律合理配置。国家通过征收资源占用租金或资源补偿费、探矿权价款、采矿权价款来维护所有者权益。所以，资源性资产评估通常是对资源资产使用权的估算和评定。但是，由于资源性资产使用权是依附于资源资产实体存在的，因此，资源性资产评估就不能脱离资源资产实体而存在，而要结合资源资产的数量、质量、市场供求关系及资源产品的价格、资源政策等各种影响因素进行评估。资源性资产评估的基本途径有三种：一是补偿价格法；二是收益现值法；三是市场法。

（一）补偿价格法

资源性资产补偿价格构成因素及其计费标准，除实际发生的外，通常按国家有关规定加以规范。评估资源性资产补偿价格时，首先要实地勘查评估对象，根据有关法规和评估对象的实际情况，确定补偿价格的构成要素，评估各类费用。资源性资产的评估具体步骤如下：

（1）踏勘评估对象，查阅有关法规。

（2）确定补偿价格的构成因素。以下各种因素都在一定程度上分别影响补偿价格的构成：

① 资源的种类；

② 资源的再生性；

③ 资源的保护、改良状况；

④ 资源的现役状况及其同居民的关系。

（3）确定补偿价格的计费方法。根据资源性资产补偿价格的构成要素，有两种不同的计费途径。

① 据实际计费，适用于对已经发生的各种费用的评估，如青苗补偿费、资源勘测费等。

② 按法定或公允计费标准计费，适用于预提费用性质的价格构成要素的评估。

由于这些费用有的存在多重标准，档次差别较大，有的没有确定再生补偿对象，补偿费用本身就不确定，前者如搬迁费、安置费，后者如各种不可再生资源后备的开发费等，其共同特点是计费有较大的伸缩性，为了使转让双方都能够接受，就要由国家规定统一标准或按社会公允价格来计费。

（4）汇总价格构成的各要素，选择同类对象参照比较，综合确定资源性资产的补偿价格。

综上所述，资源性资产补偿价格法的一般公式为

$$资源性资产补偿价格 = \sum \left[\begin{array}{c} 补偿价格的 \\ 各构成要素 \end{array} \times \begin{array}{c} 该构成要素 \\ 的计费标准 \end{array} \right] \pm \begin{array}{c} 参照比较 \\ 调整额 \end{array} \qquad (6\text{-}1)$$

在实际评估实务中，往往由上述一般途径得到两种简化的方法。一是费用核算法，即按评估对象补偿价格的特定构成及计费标准来估价。由于资源性资产在空间上不可位移，从而可比性较差，这种方法通常是适用的。二是市场法，即通过类似交易价格，考虑不可比因素并进行调整而得到评估价，这在能够寻找类似交易时是适用的。

资源性资产的补偿价格在国家建设征用资源或其他单位、个人以非营利为目的取得资源性资产的使用权时，其使用权价格，应根据不同的对象评估。一般来说，国家征用时，应参照国家规定的价格或计费标准进行评估；非国家征用时，应参照市场价格评估。

（二）收益现值法

资源性资产的收益现值是由绝对收益和级差收益进行本金化而计算出的一个形式上的价格。因而评估资源性资产的着重点主要是对绝对收益和级差收益的评估。收益现值法是指对资源性资产剩余使用期间的预期收益，按照一定的本金化率，计算资产价格的一种方法。其基本公式为

$$收益现值 = \frac{收益额}{适用本金化率} \qquad (6\text{-}2)$$

式（6-2）表明，资源性资产的价格，实际上是资源性资产的租金本金化。

采用收益现值法评估资源性资产的价格，关键在于如何评定租金（这里将它称为绝对收益和级差收益）及如何确立本金化率。

▶ 1. 收益额的评估

（1）资源性资产绝对收益额的评估。绝对收益是指最劣等的自然生产要素获得超过社会平均利润的差额。按照马克思的观点，它应等同于同类自然生产要素的生产物市场价格

减去社会平均生产价格的余额。评估绝对收益实质上是确定上述"两个价格"。

在评估实务上有两种方法。一是按照资源补偿价格并考虑国家对节约利用资源加价的因素,确定绝对收益本金化价格。由于资源的有限性,上述补偿费用和加价都可以从资源产品的价格中补偿,这种办法一般比较可行。另一种办法是先计算绝对收益,再本金化,即根据资源产品的平均利润率与社会平均利润率确定。这种方法在资源产品价格较高时适用。然而,我国上游产品价格偏低,限制了这种办法的运用。

(2) 资源性资产级差收益额的评估。级差收益率是指同类性质的有限自然生产要素,由于优劣不同,拥有优等条件的自然生产要素而形成的一种超过部门平均利润的差额。它等于支配性质相同而等级不同的自然生产要素的收益,与支配同类劣等自然生产要素的收益差额。级差收益的多少,取决于自然生产要素的等级。具体评估方法以评估某煤矿的级差收益为例来说明。

① 找出劣等煤矿部门煤产品的社会平均收益,可取国家有关部门的统计。

② 确立被评估煤矿的等级,这是一项复杂而关键的工作,该煤矿等级的确定,可考虑的因素包括:地质的矿层条件,主要为矿床的埋深、垂直于水平延伸和矿体的倾角,矿体的厚度及露采石的剥离厚度与矿体厚度之比,储量密度、矿石化系数,矿体与围岩的地质构造条件,矿体与围岩的水文地质状况,矿体与围岩石力学特性(岩石硬度、断裂状态等),岩石温度、放射危险等;矿藏储量数额;矿物成分、构成、有用部分含量和无用的或有害的杂质,即储量质量;所处地理位置。根据这几个因素,可以大体弄清楚被评估的煤矿情况,以此来确立该煤矿同已开采的煤矿哪个较为相似,从而确定相似的已开采的煤矿为被评估煤矿的等级。当然选择相似的煤矿应该具有代表性。

③ 确定被评估煤矿产品收益。该煤矿产品收益可参照与被评估煤矿相似的煤矿部门产品收益确定。

④ 计算出煤矿的级差收益。

$$级差收益=该等煤矿产品收益-劣等煤矿部门产品收益$$

需要特别强调的是,由于我国资源产品的价格绝大部分偏低,上述评估方法一般不适用。当该资源劣等条件下的收益低于社会水平时,必须改造上述公式,用社会平均收益代替。改造后的公式为

$$级差收益 = \frac{该等资源}{产品的收益} - \left[\frac{按社会平均水平计}{算的资源产品收益} + \frac{资源补}{偿价格} + \frac{节约利用资}{源的加价} \right] \quad (6\text{-}3)$$

需要注意的是,资源性资产的绝对收益、级差收益的多少,是根据社会平均生产价格、部门生产价格、市场价格及个别生产价格计算的。计算的收益额应为一定时期内每年的固定收益额。可是上述价格并不是固定不变的,若想预测某一时期的这些价格,难度是很大的,因此可直接采用现时的市场价格计算。

▶ 2. 本金化率的确定

本金化的过程是按照本金化率折现的方法,把未来收益转换成现值。本金化率的确定关键是正常反映一定的收益率,若不能反映一定的收益率,经营某一资源性资产就会缺乏吸引力。因此,在确定本金化率时,主要是采用资金利润率。

资金利润率，即平均资金利润率，它包括有关部门的资金利润率、行业的资金利润率、社会平均资金利润率。采用哪个作为资源性资产超额收益的本金化率，应由资源性资产的绝对收益和级差收益的计算内容决定。绝对收益是经营某一类资源性资产而获得的生产物的市场价格与社会生产价格的差额，因此，计算绝对收益的本金化价格时，应采用社会平均资金利润率并参照同类企业的资金利润率。以此类推。

（三）市场法

市场法是借助市场上类似的参照物价格，来确定被评估对象价格的一种方法。这种方法比较简便。但要找的参照物必须是可比的，因为资源性资产市场尚待开发和开放，现在很难找到类似的参照物。以后随着资源性资产进入市场，市场面扩大，就可以直接采用市场法来评估资源性资产的价格，具体方法可以参照房地产评估的内容。

资源性资产评估对象是使用权无形资产及其所依托的实物资源性资产。资源性资产所涉及的无形资产包括资源性资产调查成果、资源性资产经营权（如矿业权、土地使用权），还包括资源性资产作为环境的组成元素、生态环境平衡不可缺少的生态效益资产（如森林的水源涵养、防风固沙、水土保持等）、自然景观旅游资源资产等。由于有些资产计量手段不够，没有开展评估。目前开展评估的主要有矿产资源资产和森林资源资产。

四、资源性资产评估举例

【例 6-1】 东北地区某村准备转让 10 公顷的杉木成熟林，要求对其林木资产进行评估。根据资产清查该小班面积为 10 公顷，蓄积量 1 500 立方米，平均胸径 22 厘米，平均采材距 1 200 米，运距 30 公里。查地利系数表，其地利系数为 0.978。

参照案例 1：附近林场两年前花 80 000 元向邻村购买年龄、平均胸径、平均树高都与该小班相近的杉木成熟林 6 公顷，蓄积量 900 立方米。其地利系数为 1.023。由于通货膨胀，杉原木中径材的平均价格已由两年前的每立方米 600 元升至每立方米 700 元。

参照案例 2：附近林场一年前花 70 000 元向另一村庄购买年龄和树高相近、平均胸径为 20 厘米的杉木成熟林 5 公顷，其蓄积量为 800 立方米，地利系数为 0.92。一年前杉原木中径材平均价为每立方米 660 元。

参照案例 3：附近林场不久前用 52 500 元购买了年龄、平均直径、树高都与该小班相近的成熟林 3 公顷，蓄积量 500 立方米，地利系数为 1.1。

应用市场法评估该林木资产。

参照案例 1：$K_b = 700 \div 600 = 1.167$

$\qquad K = 0.978 \div 1.023 = 0.956$

$\qquad G = 80\ 000 \div 900 = 88.89$

$\qquad P_1 = K_b \cdot K \cdot G = 1.167 \times 0.956 \times 88.89 = 99.17$

参照案例 2：$K_b = 700 \div 660 = 1.061$

$\qquad K_1 = 0.978 \div 0.92 = 1.063$

$\qquad K_2 = 22 \div 20 = 1.10$

$$G = 70\ 000 \div 800 = 87.5$$

$$P_2 = K_b \cdot K_1 \cdot K_2 \cdot G = 1.061 \times 1.063 \times 1.10 \times 87.5 = 108.55$$

参照案例 3：$K_b = 1$

$$K = 0.978 \div 1.1 = 0.889$$

$$G = 52\ 500 \div 500 = 105$$

$$P_3 = K_b \cdot K \cdot G = 1 \times 0.889 \times 105 = 93.35$$

取三个案例估算值的算数平均值为被评估林木资产的评估值：

$$P = (P_1 + P_2 + P_3) \div 3 = (99.17 + 108.55 + 93.35) \div 3 = 100.36(元/立方米)$$

总评估值为

$$P_t = P \cdot M = 100.36 \times 1\ 500 = 150\ 540(元)$$

第二节 无形资产评估

一、无形资产的概念、特点和分类

（一）无形资产的概念

我国于 2009 年 7 月 1 日起施行的《资产评估准则——无形资产》中对无形资产的定义是，无形资产是指特定主体所拥有或控制的、不具有实物形态、对生产经营与服务长期能发挥作用且带来经济利益的资源，是与有形资产相对应的概念。

理解无形资产定义，必须把握以下基本点：

▶ 1. 非实体性

无形资产没有实物形态，又往往依附于一定的实物载体，这是其区别与有形资产的重要特征。如工业产权、专有技术等，与厂房、机器、设备等多项有形资产相比，其最显著的特征就是没有实物形态。因此，无形资产的评估需要考虑其依托的实体。

▶ 2. 排他性

无形资产要能为企业的生产经营持续地产生效益，而且是由特定主体排他占有，凡不能排他或者不需要任何代价即能获得的，都不是无形资产。无形资产的排他性可以是通过企业自身保护取得，也可以是以适当公开其内容作为代价来取得广泛而普遍的法律保护，有的则是借助法律保护并以长期生产经营服务中的信誉取得社会的公认。

▶ 3. 效益性

无形资产必须能够以一定的方式，直接或间接地为其控制主体（所有者、使用者或投资者）创造效益，而且必须能够在较长时期内持续产生经济效益，这是无形资产存在的前提条件。

（二）无形资产的特点

无形资产是各类资产或企业整体资产中的一种资产，它与有形资产有着一般的共性，但由于发挥作用的方式明显区别于有形资产，因而它的价值又有其自身的特点。

1. 附着性

附着性是指无形资产往往附着于有形资产而发挥其固有功能。例如，制造某产品的专有技术要体现在专用机械生产线、工艺设计之上。各种知识性的资产一般都要物化在一定的实体之中。

2. 共益性

共益性是指无形资产可以作为共同财富，由不同的主体同时共享。但是，由于市场具有有限性和竞争性，在知识产品由不同主体共享时，由于追求自身利益的需要，又会形成各主体的相互排斥性。这表明当无形资产的使用者超出一定规模时就会引起竞争，给本企业产品在市场上实现价值造成困难，从而妨碍垄断利润和超额利润的实现，这就是机会成本。因此，考虑无形资产的共益性，就是要求在资产评估时考虑机会成本的补偿问题。

3. 积累性

无形资产的积累性体现在两个方面，一是无形资产的形成往往建立在一系列其他成果之上，在生产经营的一定范围内发挥特定的作用。二是无形资产自身的发展也是一个不断积累和演进的过程。

4. 替代性

替代性是指一种技术取代另一种技术，一种工艺替代另一种工艺，其特性是替代、更新。一种无形资产总会被更新的无形资产所取代。因而，在无形资产评估中必须考虑它的作用期间，尤其是尚可使用年限，这主要取决于该领域内技术进步的速度和无形资产带来的竞争。

（三）无形资产的分类

知识经济来临的时代，要求人们对无形资产的性质、范围、内容及作用进行深入的研究。目前，在我国作为评估对象的无形资产通常包括专利权、非专利技术、生产许可证、特许经营权、租赁权、土地使用权、矿产资源勘探权和采矿权、商标权、版权、计算机软件及商誉等。下面按不同标准对无形资产进行具体分类：

1. 按企业取得无形资产的方式分类

按企业取得无形资产的方式，无形资产可分为企业自创的无形资产和外购的无形资产。前者是由企业自己研制创造获得的以及由于客观原因形成的，如自创专利、非专利技术、商标权、商誉等；后者则是企业以一定代价从其他单位购入的，如外购专利权、商标权等。

2. 按期限分类

无形资产按期限划分为有期限无形资产和无期限无形资产。有期限无形资产是指资产的有效期为法律所规定，如专利权、商标权等，它们的成本都要在其有效期内予以摊销。无期限无形资产是指资产的有效期限法律上并无规定，如商誉。

3. 按无形资产能否独立存在分类

按能否独立存在，无形资产分为可确指无形资产和不可确指无形资产。凡是那些具有专门名称，可单独取得、转让或出售的无形资产，称为可确指无形资产，如专利权、商标权等；

那些不可辨认、不可单独取得,离开企业整体就不复存在的无形资产,称为不可确指无形资产,如商誉。

▶ 4. 按无形资产有无专门法律保护分类

无形资产按有无专门法律保护可分为有专门法律保护的无形资产和无专门法律保护的无形资产。专利权、商标权等均受到国家专门法律保护,无专门法律保护的无形资产如非专利技术等。

▶ 5. 按作用领域分类

无形资产按作用领域,可分为促销型无形资产、制造型无形资产和金融型无形资产,这是美国评值公司的分类。

此外,国际评估准则委员会在其颁布的《无形资产评估指南》中,将无形资产分为权利型无形资产(如租赁权)、关系型无形资产(如顾客关系、客户名单等)、组合型无形资产(如商誉)和知识产权(包括专利权、商标权和版权等)。

二、无形资产评估的方法

由于无形资产存在着非实体性、价值形成的积累性、开发成本界定的复杂性、价值的不确定性等特点,因而对无形资产价值进行评估的难度较大,评估结果的精确度相对较低。收益法、成本法、市场法评估无形资产的适用程度依次降低。虽然无形资产预期收益的实现具有较大的不确定性,但从逻辑上和实践上看,收益法还是最为适用于无形资产评估的方法。

(一)收益法在无形资产评估中的应用

▶ 1. 收益法公式

根据无形资产转让或许可使用选取参数的渠道不同,收益法在应用上可以表示为下列两种方式:

(1)无形资产的转让方的收益来源于使用该无形资产的总收益分成:

$$P = \sum_{t=1}^{n} \frac{K \cdot R_t}{(1+r)^t} \tag{6-4}$$

式中:P——无形资产评估价值;

K——无形资产分成率;

R_t——第 t 年使用无形资产带来的收益;

t——收益期限;

r——折现率;

n——收益预测期限。

(2)无形资产的转让方的收益来源于使用该无形资产的超额收益:

$$P = \sum_{t=1}^{n} \frac{R_t}{(1+r)^t} \tag{6-5}$$

式中:P——无形资产评估价值;

R_t——未来第 t 个收益期的预期收益额；

r——资本化率（本金化率、折现率）；

t——收益预测年期；

n——收益预测期限。

▶ 2. 收益法应用中各项技术经济指标的确定

（1）无形资产收益额的确定。无形资产收益额的测算，是采用收益法评估无形资产的关键步骤。如前所述，无形资产收益额是由无形资产带来的超额收益。同时，无形资产附着于有形资产发挥作用并产生共同收益，因此，关键问题是如何从这些收益中分离出无形资产带来的收益额。

① 直接估算法。通过使用无形资产的前后收益情况对比分析，确定无形资产带来的收益额。在许多情况下，从无形资产为特定持有主体带来的经济利益上，可以将无形资产划分为收入增长型无形资产和费用节约型无形资产。

收入增长型无形资产，是指无形资产应用于生产经营过程时，能够使产品的销售收入大幅度增加。增加的原因在于：生产的产品能够以高出同类产品的价格销售；生产的产品采用与同类产品相同价格的情况下，销售数量大幅度增加，市场占有率扩大，从而获得超额收益。

第一种原因，在销售量不变、单位成本不变的情况下，形成的超额收益可以参考式（6-6）计算：

$$R = (P_2 - P_1)Q(1 - T) \tag{6-6}$$

式中：R——超额收益；

P_2——使用被评估无形资产后单位产品的价格；

P_1——未使用被评估无形资产前单位产品的价格；

Q——产品销售量；

T——所得税税率。

第二种原因，在单位价格和单位成本不变的情况下，形成的超额收益可以参考式（6-7）计算：

$$R = (Q_2 - Q_1)(P - C)(1 - T) \tag{6-7}$$

式中：R——超额收益；

Q_2——使用被评估无形资产产品的销售量；

Q_1——未使用被评估无形资产前产品的销售量；

P——产品价格；

C——产品的单位成本；

T——所得税税率。

因为销售量增加不仅可以增加销售收入，而且还会引起成本的增加。因此，估算销售量增加形成收入增加，从而形成超额收益时，必须扣减由于销售量增加而增加的成本，这在计算中应予以考虑。

费用节约型无形资产，是指无形资产的应用，使得生产产品中的成本费用降低，从而形成超额收益。假定销售量不变、价格不变时，可以用式（6-8）计算无形资产为投资者带来的超额收益。

$$R = (C_1 - C_2)Q(1 - T) \tag{6-8}$$

式中：R——超额收益；

C_1——未使用无形资产前的产品单位成本；

C_2——使用无形资产后产品的单位成本；

Q——产品销售量；

T——所得税税率。

实际上，收入增长型和费用节约型无形资产的划分，是假定其他资产因素不变的情况下，为了明晰无形资产形成超额收益来源情况的人为划分方法。通常，无形资产应用后，其超额收益是收入变动和成本变动共同形成的结果。评估者应根据上述特殊情况，加以综合性的运用和测算，以科学地测算超额收益。

② 差额法。当无法将使用了无形资产和未使用无形资产的收益情况进行对比时，采用无形资产和其他类型资产在经济活动中的综合收益与行业平均水平进行比较，可得到无形资产获利能力，即"超额收益"。具体步骤：收集有关使用无形资产的产品生产经营活动财务资料，进行营利分析，得到经营利润和销售利润率等基本数据；对上述生产经营活动中的资金占用情况（固定资产、流动资产和已有账面价值的其他无形资产）进行统计；收集行业平均资金利润率等指标；计算无形资产带来的超额收益。

$$无形资产带来的超额收益 = 净利润 - 净资产总额 \times 行业平均收益率 \tag{6-9}$$

或

$$无形资产带来的超额收益 = 经营利润 - 资产总额 \times 行业平均资金利润率 \tag{6-10}$$

或

$$无形资产带来的超额收益 = 销售收入 \times 销售利润率 - 销售收入 \times$$

$$每元销售收入平均占用资金 \times 行业平均资金利润率$$

$$\tag{6-11}$$

使用这种方法，应注意这样计算出来的超额收益，有时不完全由被评估无形资产带来（除非能够认定只有这种无形资产存在），往往是一种组合无形资产超额收益，还须进行分解处理。

③ 分成率法。无形资产收益通过分成率来获得，是目前国际和国内技术交易中常用的一种实用方法。即

$$无形资产收益额 = 销售收入（利润）\times 销售收入（利润）分成率 \tag{6-12}$$

对于销售收入（利润）的测算已不是较难解决的问题，重要的是确定无形资产分成率。既然分成对象是销售收入或销售利润，因而，就有两个不同的分成率。实际上，由于销售收入与销售利润有内在的联系，可以根据销售利润分成率推算出销售收入分成率；反之亦然。

因为

$$收益额 = 销售收入 \times 销售收入分成率$$

$$= 销售利润 \times 销售利润分成率 \tag{6-13}$$

所以

$$销售收入分成率＝销售利润分成率×销售利润率 \qquad (6-14)$$

$$销售利润分成率＝\frac{销售收入分成率}{销售利润率} \qquad (6-15)$$

在资产转让实务上，一般是确定一定的销售收入分成率，俗称"抽头"。例如，在国际市场上一般技术转让费不超过销售收入的 3%～5%，如果按社会平均销售利润率 10% 推算，则技术转让费为销售收入的 3% 的利润分成率为 30%。从销售收入分成率本身很难看出转让价格是否合理，但是，换算成利润分成率，则可以加以判断。

（2）无形资产评估中折现率的确定。折现率的内涵是指与投资于该无形资产相适应的投资报酬率。折现率一般包括无风险利率和风险报酬率。一般来说，无形资产投资收益高，风险性强，因此，无形资产评估中折现率往往要高于有形资产评估的折现率。评估时，评估者应根据该项无形资产的功能、投资条件、收益获得的可能性条件和形成概率等因素，科学地测算其风险利率，以进一步测算出其适合的折现率。

另外，折现率的口径应与无形资产评估中采用的收益额的口径保持一致。如果收益额采用净利润，则折现率应选择资产收益率；如果收益额采用净现金流，则折现率应选择投资回收率（投资回收率＝净现金流量/资产平均占用额）。

（3）无形资产收益期限的确定。无形资产收益期限或称有效期限，是指无形资产发挥作用，并具有超额获利能力的时间。无形资产不像有形资产那样存在由于使用或自然力作用形成的有形损耗，它只存在无形损耗。

资产评估实践中，预计和确定无形资产的有效期限，可依照下列方法确定：法律或合同、企业申请书等规定法定有效期限和受益年限的，可按照法定有效期限与受益年限孰短的原则确定。一般来说，版权、专利权、专营权、进出口许可证、土地使用权、矿业权等，均具有法定或合同规定的期限。这时关键问题是分析法定（合同）期限内是否还具有剩余经济寿命，按其剩余经济寿命来确定其有效期限。法律未规定有效期，企业合同或企业申请书中规定有受益年限的，可按照规定的受益年限确定。法律和企业合同或申请书均未规定有效期限和受益年限的，按预计受益期限确定。预计受益期限可以通过统计分析或与同类资产比较得出。

（二）成本法在无形资产评估中的应用

采用成本法评估无形资产，其基本公式为

$$无形资产评估值＝无形资产重置成本×成新率 \qquad (6-16)$$

从式（6-16）可以看出，估算无形资产重置成本（又称重置完全成本）和成新率，是评估者所面临的重要工作。

▶ **1. 自创无形资产重置成本的估算**

自创无形资产的成本是由创制该资产所消耗的物化劳动和活劳动费用构成的，如果自创无形资产所发生的成本费用已作资产化处理，即已有账面价格，则可以按照定基物价指数作相应调整，即得到重置成本。在评估实务中，自创无形资产往往无账面价格，需要进行评估。其方法主要有两种：

（1）成本核算法。核算法的基本计算公式为

$$无形资产重置成本＝直接成本＋间接成本＋资金成本＋合理利润 \qquad (6-17)$$

直接成本按无形资产创制过程中实际发生的材料、工时消耗量,按现行价格和费用标准进行估算。即

$$无形资产直接成本 = \sum(物质资料实际耗费量 \times 现行价格) +$$

$$\sum(实耗工时 \times 现行费用标准) \qquad (6\text{-}18)$$

这里,评估无形资产直接成本不是按现行消耗量而是按实际消耗量来计算。

自创无形资产重置成本计算中一般需要考虑合理利润,合理利润来源于自创无形资产的直接成本、间接成本和资金成本之和与外购同样的无形资产的平均市场价格之间的差额。如果不是评估无形资产的公允市价,仅仅是为了估算其创制成本,则可以不考虑合理利润。

(2) 倍加系数法。对于投入智力比较多的技术型无形资产,考虑到科研劳动的复杂性和风险,可用式(6-19)估算无形资产重置成本:

$$无形资产重置成本 = \frac{C + \beta_1 V}{1 - \beta_2} \cdot (1 + L) \qquad (6\text{-}19)$$

式中:C——无形资产研制开发中的物化劳动消耗;

V——无形资产研制开发中的活劳动消耗;

β_1——科研人员创造性劳动倍加系数;

β_2——科研的平均风险系数;

L——无形资产投资报酬率。

▶ 2. 外购无形资产重置成本的估算

外购无形资产一般有购置费用的原始记录,也有可能参照现行交易价格,评估相对比较容易。外购无形资产的重置成本包括购买价和购置费用两部分,一般可以采用以下两种方法:

(1) 市价类比法。在无形资产交易市场中选择类似的参照物,再根据功能和技术先进性、适用性对其进行调整,从而确定其现行购买价格,购置费用可根据现行标准和实际情况核定。

(2) 物价指数调整法。它是以无形资产的账面历史成本为依据,用物价指数进行调整,进而估算其重置成本。其计算公式为

$$无形资产重置成本 = 无形资产账面成本 \times \frac{评估时物价指数}{购置时物价指数} \qquad (6\text{-}20)$$

【例6-2】某企业2005年外购的一项无形资产账面值为90万元,2007年进行评估,试按物价指数法估算其重置完全成本。

分析:经鉴定,该无形资产系运用现代先进的实验仪器经反复试验研制而成,物化劳动耗费的比重较大,可适用生产资料物价指数。根据资料,此项无形资产购置时物价指数和评估时物价指数分别为120%和150%,故该项无形资产的重置完全成本为

$$90 \times \frac{150\%}{120\%} = 112.5(万元)$$

▶ 3. 无形资产成新率的估算

无形资产成新率的确定,可以采用专家鉴定法和剩余经济寿命预测法进行。

（1）专家鉴定法。专家鉴定法是指邀请有关技术领域的专家，对被评估无形资产的先进性、适用性做出判断，从而确定其成新率的方法。

（2）剩余经济寿命预测法。它是由评估人员通过对无形资产剩余经济寿命的预测和判断，从而确定其成新率的方法。其计算公式为

$$成新率 = \frac{剩余使用年限}{已使用年限 + 剩余使用年限} \times 100\% \qquad (6\text{-}21)$$

式(6-21)中，已使用年限比较容易确定，关键是确定无形资产的剩余使用年限，具体预测方法可参照收益法中有关"无形资产收益期限的确定"。

（三）市场法在无形资产评估中的应用

虽然无形资产具有的非标准性和唯一性特征限制了市场法在无形资产评估中的应用，但这并不排除在评估实践中仍有应用市场法的必要性和可能性。国外学者认为，市场法强调的是具有合理竞争能力的财产的可比性特征。如果有充分的源于市场的交易案例，可以从中取得作为比较分析的参照物，并能对评估对象与可比参照物之间的差异做出合适的调整，就可应用市场法。运用市场法评估无形资产应注意以下事项。

▶ 1. 具有合理比较基础的类似的无形资产

作为参照物的无形资产与被评估无形资产至少要满足形式相似、功能相似、载体相似及交易条件相似的要求。国际资产评估准则委员会颁布的《无形资产评估指南》指出："使用市场法必须具备合理的比较依据和可进行比较的类似的无形资产。参照物与被评估无形资产必须处于同一行业，或处于对相同经济变量有类似反应的行业。这种比较必须具有意义，并且不能引起误解。"

▶ 2. 收集交易信息

收集类似的无形资产交易的市场信息以及无形资产以往的交易信息作为横向和纵向比较的基础。关于横向比较，评估人员需要收集参照物与被评估无形资产的形式、功能和载体方面的基本资料；同时，应尽量收集致使交易达成的市场信息，即要涉及供求关系、产业政策、市场结构、企业行为和市场绩效的内容。对于纵向比较，评估人员既要看到无形资产具有依法实施多元和多次授权经营的特征，使得过去交易的案例成为未来交易的参照依据，同时也应看到，时间、地点、交易主体和条件的变化等影响被评估无形资产的未来交易价格。

▶ 3. 市场价格信息应满足相关、合理、可靠和有效的要求

无论是横向比较，还是纵向比较，参照物与被评估无形资产会因时间、空间和条件的变化而产生差异，评估人员应对此做出言之有理、持之有据的调整。

三、无形资产评估举例

【例6-3】委托方：A公司

评估对象：A公司商誉

评估目的：A公司股份制改组

评估基准日：2018年7月31日

评估方法：收益剩余法

评估公司在实施了对 A 公司提供的法律性文件与会计记录以及相关资料的验证审核，按公认的产权界定原则对 A 公司提交的资产清单进行了必要的产权验证及对资产的实地察看与核对，进行了必要的市场调查和交易价格的比较的基础上，对 A 公司所指定的全部资产在 2018 年 7 月 31 日所表现的市场价值从总体上提出了客观、公允的评估意见，继而对 A 公司的商誉价格作出了公允的判断。

（一）评估方法

首先运用收益现值法对 A 公司的全部资产进行评估，然后扣除用重置成本法或现行市价法评出的 A 公司的各项有形资产及可确指的无形资产，其剩余额即可判断为 A 公司商誉之价格，此方法即为收益剩余法。

收益现值法是指通过估算被评估资产的未来预期收益并折算成现值，借以确定被评估资产价格的一种资产评估方法，其基本步骤如下：

1. 确定被评估资产的未来收益期

根据 A 公司主要生产设备的运行周期，我们确定 A 公司的被评估资产的未来预期收益期为 10 年。

2. 对未来收益作出预测

对未来收益，即未来现金流量（包括未来营业利润、未来提取的折旧额、收益期末预期固定资产残值及目前营运流动资金的预期回收数）作出预测。其具体步骤如下：

（1）A 公司的产品主要有 X、Y 两种，X 产品系 Z 工业品的最主要原料，根据 A 公司利润表提供的最近 5 年 X 产品销售量资料及全国 Z 工业品及 X 产品销售市场预测，运用移动加权平均法和指数法确定未来销售量；根据 A 公司提供的最近 5 年产品销售价格资料、未来市场供需关系、通货膨胀及原材料价格的预测，运用移动加权平均法与指数法确定未来销售价格；根据目前 A 公司销售税费的平均负担率，确定未来销售税率。据此编制未来 3 年销售收入和税金预测表。

（2）根据 A 公司主要产品单位产品成本表和有关消耗定额统计表提供的直接材料、燃料及动力的单位消耗及单位价格的历史资料，并考虑企业技术改造和降低消耗、未来市场价格变动、进出口关税税率的变化等因素的影响，运用回归分析法和指数调整法确定未来产品直接材料和燃料动力的单位成本，据以编制未来 3 年产品直接材料和燃料动力单位成本预测表；根据 A 公司主要产品单位产品成本表和车间经费及企业管理费明细表提供的工资费用、车间经费的历史资料，按企业会计制度的要求作一定的调整后，运用指数调整法和移动加权平均法确定直接人工和制造费用的单位成本。据此编制未来 3 年生产成本预测表。

（3）根据 A 公司车间经费和企业管理费明细表、银行借款明细表提供的企业管理费、销售费用和银行贷款余额的历史资料，按财政部发布的企业会计制度的要求作一定调整后，考虑未来企业管理费用和销售费用的变化趋势，运用移动加权平均法和指数调整法，确定未来 3 年管理费用、销售费用和财务费用。据此编制管理费用、销售费用和财务费用预测表。

（4）运用以上销售收入及税金预测表、生产成本预测表及管理费用、销售费用和财务费用预测表提供的数据，并根据该公司利润表提供的其他业务利润的历史资料，运用指数调整法确定未来 3 年其他业务利润，据以编制未来 3 年营业利润预测表。

（5）在未来 3 年营业利润的基础上，运用移动加权平均法和指数调整法，综合确定未来 10 年收益期的营业利润。

（6）根据 A 公司资产负债表及有关固定资产分类账提供的扣除生活性固定资产部分后的固定资产原值和净值资料，运用直线法确定未来 10 年的预期平均年折旧额和 10 年后的预计固定资产残值。

（7）将 A 公司 2018 年 7 月资产负债表提供的自有流动资金数作为 10 年流动资金残值数。

3. 确定折现率

综合考虑同行业平均资金利润率、社会资金最低平均收益率确定收益现值法的折现率。在 A 公司收益法评估中采用 8.5% 的折现率。

4. 现金流量预测

根据上述现金流量预测和所确定的折现率，编制 A 公司未来 10 年现金流量预测及收益现值法资产评估表。（考虑到 A 公司中由银行借款利息支出和汇兑损失构成的财务费用有其历史原因，因而，扣除财务费用的未来 3 年的营业利润并不能准确反映其实际资产的收益水平，所以，在确定现金流量时，将营业利润加上财务费用形成现金流量中的利润数。）

（二）评估结果

在实施了上述资产评估程序和方法后，得出 A 公司应用于改组成股份有限公司之目的的全部资产的收益法评估值，扣除根据重置成本法及现行市价法评出的有形资产及可确指的无形资产评估值，判断出 A 公司商誉在 2018 年 7 月 31 日所表现的公允市场价值，如表 6-1 所示。

表 6-1　A 公司商誉在 2018 年 7 月 31 日所表现的公允市场价值　　　单位：万元

评 估 项 目	评估值
收益法评估全部资产总值	141 441.6
有形资产及可确指无形资产评估值	138 190.8
A 公司商誉评估值	3 250.8

第三节　流动资产评估

一、流动资产的概念、特点和分类

（一）流动资产的概念

流动资产是指企业在 1 年内或者超过 1 年的一个营业周期内变现或者耗用的资产，包括库存现金、各种银行存款以及其他货币资金、短期投资、应收及预付款项、存货以及其他流动资产等。

（二）流动资产的特点

▶ **1. 周转速度快**

流动资产在使用中要经过一个生产周期，即经过购买、生产、销售三个阶段，改变其实物形态，并将其全部价值转移到所形成的商品中，构成产品成本的重要组成部分，然后从营业收入中得到补偿。周转速度快是流动资产最主要的特征，周转速度的加快能给企业带来增值。所以，判断一项资产是否是流动资产，不仅仅是看资产的表面形态，还应视其周转状况而定。

▶ **2. 变现能力强**

流动资产的周转速度快在一定程度上决定了其变现能力强，变现能力强是企业的流动资产区别于其他资产的重要标志。但是，各种形态的流动资产，其变现速度又有所区别。按其变现能力的强弱排序，首先是货币形态的流动资产资金；其次是短期内出售的存货和近期可变现的债权性资产；最后是生产加工过程中在产品和准备耗用的其他物资。变现能力反映一个企业的对外支付能力和偿还债务的能力。因此，一个企业拥有的流动资产越多，企业对外支付和偿还债务的能力越强，企业的风险就相对较小。

▶ **3. 形态多样化**

流动资产在周转过程中不断改变其形态，依次由货币形态开始，经过供应、生产、销售等环节，最后又变为货币形态，各种形态的流动资产在企业中同时并存，分布于企业的各个环节。尤其是实物类流动资产，不仅不同行业的流动资产的实物形态千差万别，即使是相同的行业，不同类型的企业的流动资产的实物形态也相差很大。

（三）流动资产的分类

在实际评估工作中，一般将流动资产归为以下四类：

（1）实物类流动资产，包括原材料、低值易耗品、在产品、产成品。

（2）货币类流动资产，包括库存现金、银行存款、其他货币资金和短期内准备变现的短期投资。

（3）债权类流动资产，包括各种应收及预付款项和待摊费用等。

（4）其他流动资产，指除以上资产之外的流动资产。

二、流动资产评估的特点

（一）合理确定流动资产的评估基准日

流动资产的显著特点就是周转速度快，这就使资产的构成、价值和数量都处于一种变化的状态中，而资产评估是确定资产在某一时点的价值，不可能人为地停止流动资产的周转。因此，应该充分利用会计资料，评估基准日应尽可能与会计保持一致，选择在会计期末。同时，评估人员还必须在规定的时点进行资产清查、登记和确定流动资产数量，避免重复登记和遗漏登记现象的发生。

（二）流动资产的评估对象是单项资产

流动资产的评估主要是以单项资产为对象进行价值评估的。因此，流动资产的评估只要根据其本身的特点进行,而不需要以其综合获利能力进行综合性评估。

（三）流动资产评估中的资产清查要分清主次、掌握重点

流动资产具有数量较大、种类较多的特点,因此,清查工作量很大,在评估时要考虑时间要求和评估成本。一般来说,流动资产评估往往需要根据不同企业的生产经营特点和流动资产分布的特点,分清主次、掌握重点,选择不同的方法进行清查和评估。清查采用的方法可以是抽查、重点清查和全面盘点。当抽查核实中发现原始资料或清查盘点工作可靠性较差时,要扩大抽查范围,直至核查全部流动资产。

（四）流动资产评估对会计资料的依赖性较大

基于流动资产的数量较大、种类较多、周转速度快的特点,许多价格资料很难通过市场一一获取,而只能依赖会计核算资料。那么,为了保证评估结果的质量,要求评估人员认真地判断会计资料的真实性、准确性和完整性。

（五）流动资产的账面价值基本可以反映其现值

由于流动资产周转速度快,变现能力强,在价格变化不大的情况下,流动资产的账面价值基本上可以反映其现值。因此,在特定的情况下,可以采用历史成本作为评估值。同时,评估流动资产时一般可以不考虑资产的功能性贬值,其实体性贬值的计算只适用于在用低值易耗品和呆滞、积压存货类流动资产的评估。

三、流动资产评估的方法

流动资产评估的基本方法包括历史成本法（账面净值法）和重置成本法,历史成本法（账面净值法）指根据会计记录的流动资产账面确定流动资产价值以其作为资产评估的重要依据;重置成本法是从购买者角度出发,按现时条件重新购买被评估资产所需的费用来确认资产价值的一种方法。这里主要介绍实物类流动资产中产成品及库存商品评估。

产成品及库存商品是指已完工入库和已完工并经过质量检验但尚未办理入库手续的产成品以及商品流通企业的库存商品等。对此类存货应依据其变现能力和市场可接受的价格进行评估,适用的方法有成本法和现行市价法。

（一）成本法

采用成本法对生产及加工工业的产成品评估,主要根据生产、制造该项产成品全过程中发生的成本费用确定评估值。具体有以下两种方法。

▶ **1. 评估基准日与产成品完工时间接近**

当评估基准日与产成品完工时间较接近,产成品成本变化不大时,可以直接按产成品的账面成本确定其评估值。计算公式为

$$产成品评估价值＝产成品数量×产成品单位成本 \tag{6-22}$$

▶ **2. 评估基准日与产成品完工时间间隔较长**

当评估基准日与产成品完工时间相距较远时,产成品的成本费用变化较大,产成品评估值有下列两种计算方法:

$$产成品评估价值＝产成品实有数量×（合理材料工艺定额×单位材料现行市价＋$$
$$合理工时定额×单位时间的合理工资及费用） \tag{6-23}$$

或

$$产成品评估值＝产成品实际成本×（材料成本比率×材料综合调整系数＋$$
$$工资、费用成本比率×工资、费用综合调整系数）\qquad(6-24)$$

【例6-4】某企业产成品实有数为60台，每台实际成本为58元。根据会计核算资料，生产该产品的材料费用与工资及其他费用的比例为6：4，根据目前价格变动情况和其他相关资料，确定材料综合调整系数为1.15，工资及费用综合调整系数为1.02。由此可以计算该产成品的评估值。

$$产成品评估值＝60×58×（60％×1.15＋40％×1.02）＝3\ 821.04（元）$$

（二）市场法

这种方法是指按不含税的可接受市场价格，扣除相关费用后计算被评估库存商品评估值的方法。在用市场法时应注意以下几点：

（1）产成品的使用价值。评估人员要对产品本身的技术水平和内在质量进行鉴定，明确产品的使用价值及技术等级，进而确定合理的市场价格。

（2）分析产品的市场供求关系和被评估产品的前景。这样也有利于产品市场价格的合理确定。

（3）市场价格的选择应以公开市场上形成的产品近期交易价格为准，非正常交易情况下的交易价格不能作为评估的依据。

（4）对于产成品的实体性损耗，如表面的残缺等可以据其损坏程度，确定适当的调整系数来进行调整。

另外，采用市场法评估时，市场价格中包含了成本、税金、利润的因素，对这部分利润和税金的处理应视产成品评估的不同目的和评估性质而定。如果产成品的评估是为了销售，应直接以现行的市场价格作为评估值，不需要考虑是否扣除销售费用和税金的问题；如果产成品的评估是为了投资等，由于产成品在新的企业中以市价销售后，流转税金和所得税等都要流出企业，追加的销售费用也应得到补偿。因此，在这种情况下，应从市价中扣除各种税金作为产成品的评估价值。

四、流动资产评估举例

【例6-5】某科技公司为股份制改造进行流动资产评估，通过对库存部分流动资产清理和有关资料收集，得到如表6-2所示的库存流动资产评估申报表。

表6-2　流动资产评估申报表

流动资产序号	流动资产名称	流动资产数量（吨、件、平方米）	账面单价（元）	各流动资产价值（元）
1	A—15	50	3.00	150
2	A—34	1 000	1.05	1 050
3	A—41	475	2.00	950
4	B—7	10	10.00	100
5	B—15	2 600	0.50	1 300

续表

流动资产 序号	流动资产名称	流动资产数量 (吨、件、平方米)	账面单价(元)	各流动资产价值 (元)
6	B—28	600	5.00	3 000
7	B—81	1 000	0.25	250
8	CD—84	2 000	11.00	22 000
9	CD—91	3 000	0.10	300
10	G—4	100	0.40	40
11	G—5	600	0.10	60
12	G—25	440	2.50	1 100
13	H—10	2 000	0.25	500
合计总价值				30 800

在具体评估过程中,需要对该企业库存中 13 项流动资产进行 ABC 分类。

评估基准日为 2018 年 10 月 30 日。2018 年 11 月 5 日评估人员在账、表、单核对一致的基础上对 13 项流动资产进行分类,并对 AB 类进行调查,发现并无盘盈、盘亏、变质、毁损等情况,材料购销存单齐全,实物类全部存放在各类仓库中。

因企业进行股份制改造,委估资产 A—15、A—34、A—41、B—7、B—15、B—28、B—81、CD—848 种材料属于在用续用,其他 5 种材料属于转用续用。

CD—84 材料购置时间为 2018 年 2 月,据评估基准日较早,价格发生变动。据评估人员市场调查,每件价格上升 15%。其他材料价格并无多大变化。

试确定 CD—84 材料的评估值。

解:由题意,对 AB 类材料进行调查,发现并无盘盈、盘亏、变质、毁损等情况,材料购销存单齐全,实物类全部存放在各类仓库中可知,AB 类材料的损耗价值为 0。

因为 CD—84 材料购置时间为 2018 年 2 月,据评估基准日较早,价格发生变动。据评估人员市场调查,每件价格上升 15%,所以

$$CD—84 材料的评估价值 = 库存数量 × 进价 × 市场供需升降指数 - 价值损耗$$
$$= 2\ 000 × 11.00 × (1 + 15\%) - 0$$
$$= 25\ 300(元)$$

因为其他材料价格并无多大变化,所以

$$CD—84 材料的评估值 = 30\ 800 + 25\ 300 - 22\ 000$$
$$= 34\ 100(元)$$

第四节　企业价值评估

一、企业的概念及特点

(一) 企业的概念

企业是以营利为目的,按照法律程序建立的经济实体,形式上体现为由各种要素资产组

成并具有持续经营能力的自负盈亏的法人实体。即企业是由各个要素资产围绕着一个系统目标,发挥各自特定功能,共同构成一个有机的生产经营能力和获利能力的载体。从这个定义中,可以看出,企业不仅是一个获利能力的载体和经济实体,而且还是按照法律程序建立起来的并接受法律、法规规范约束的经济组织。

(二)企业的特点

▶ 1. 营利性

企业作为一种特殊的资产,其经营的目的就是营利。为了达到营利的目的,企业需要在既定的生产经营范围内,以其生产工艺为主线,将若干要素资产有机组合并形成相应的生产经营结构和功能。

▶ 2. 持续经营性

企业要获取盈利,必须进行经营,而且要在经营过程中努力降低成本和费用,创造收入。为此,就要求企业对各种生产经营要素进行有效组合并保持最佳利用状态,以适应不断变化的外部环境及市场结构。影响生产经营要素最佳利用的因素很多,持续经营是保证正常盈利的一个重要方面。

▶ 3. 整体性

构成企业的各个要素资产虽然各具不同性能,但它们是在服从特定系统目标前提下构成企业整体。企业的各个要素资产功能不会都很健全,但它们可以被整合为具有良好整体功能的资产综合体。当然,即使构成企业的各个要素资产的个体功能良好,但如果它们之间的功能不匹配,由此组合而成的企业整体功能也未必很好。因此,整体性是企业区别于其他资产的一个重要特征。

二、企业价值评估的特点

企业价值是企业在特定时期、地点和一定条件约束下所具有的持续获利能力。因此,企业价值评估就是由专业机构人员,按照特定的目的,遵循客观经济规律和公正的原则,依照国家规定的法定标准与程序,运用科学的方法,对企业法人单位和其他具有独立获利能力的经济实体的持续获利能力的评定估算。

企业价值评估对象是一种整体性评估,是由多个或多种单项资产组成的资产综合体,决定企业价值高低的因素,是企业的整体获利能力,它与构成企业的各个单项资产的评估值简单加和是有区别的。这些区别主要表现在以下几个方面。

▶ 1. 评估对象不同

企业价值评估的对象是按特定生产工艺或经营目标有机结合的资产综合体的获利能力,而各个单项资产的评估值的加和,是将各个可确指的单项资产作为独立的评估对象进行评估,然后再加总。

▶ 2. 影响因素不同

企业价值评估是以企业的获利能力为核心,综合考虑影响企业获利能力的各种因素以及企业面临的各种风险进行评估。而将企业单项资产的评估值加总,是在评估时针对影响各个单项资产价值的各种因素展开的。在现代企业中，投入产出效率、资源配置效率等因素对企业获利能力的影响很大，有着同样资产规模的企业，其获利能力可能存在很大差异。

▶ 3. 评估结果不同

由于企业价值评估与构成企业的单项资产的评估值加和在评估对象、影响因素等方面存在差异，两种评估的结果也会有所不同。单项资产评估值加和并不等于企业价值评估的结果，其原因是企业内部总存在着某些不可确指的无形资产，而不可确指的无形资产是单项资产评估所无法触及的，其中最主要的部分是商誉的价值。

三、企业价值评估的方法

（一）收益法

企业价值评估的直接对象是企业的整体获利能力，将企业在未来的继续经营中可能产生的净收益还原为当前的资本额或投资额，然后用这个金额衡量企业当前的价值，收益法是该思路的具体体现。通过估算被评估企业将来的预期经济收益，并以一定的折现率折现得出其价值。其计算公式为

$$P = \sum_{t=1}^{n} \frac{R_t}{(1+r)^t} \tag{6-25}$$

式中：P——企业评估价值；

　　R_t——未来第 t 个收益期的预期收益额；

　　r——资本化率（本金化率、折现率）；

　　t——收益预测年期；

　　n——收益预测期限。

从式（6-25）不难发现，运用收益法对企业进行价值评估，关键在于对以下三个问题的解决：

▶ 1. 正确界定企业收益

企业的收益能以多种形式出现，包括净利润、净现金流、息前净利润和息前净现金流。选择以何种形式的收益作为收益法中的企业收益，直接影响对企业价值的最终判断。

▶ 2. 合理预测企业收益

要求评估人员对企业的将来收益进行精确预测是不现实的。但是，由于企业收益的预测直接影响对企业盈利能力的判断，是决定企业最终评估值的关键因素，所以在评估中应全面考虑影响企业盈利能力的因素，尽可能客观、公正地对企业的收益作出合理的预测。

▶ 3. 恰当选择折现率

由于不确定性的客观存在，对企业未来收益的风险进行判断至关重要。能否对企业未来收益的风险作出恰当的判断，从而选择合适的折现率，对企业的最终评估值具有较大影响。

（二）市场法

企业比较法和并购案例比较法的核心问题是确定适当的价值比率或经济指标。基于上

述困难,运用市场法对企业价值进行评估,一般通过间接比较分析影响企业价值的相关因素,即相关因素间接比较的方法对企业价值进行评估,其思路可用公式表示为

$$\frac{V_1}{X_1} = \frac{V_2}{X_2} \tag{6-26}$$

即

$$V_1 = X_1 \cdot \frac{V_2}{X_2} \tag{6-27}$$

式中:V_1——被评估企业价值;

V_2——可比企业价值;

X_1——被评估企业与企业价值相关的可比指标;

X_2——可比企业与企业价值相关的可比指标。

V/X 通常称为可比价值倍数。式(6-26)和式(6-27)中 X 参数通常选用的财务变量包括:息税、折旧前利润,即 EBIDT;无负债的净现金流量;销售收入;净现金流量;净利润;净资产;等等。

(三) 成本法

成本法的理论基础也是"替代原则",即任何一个精明的潜在投资者,在购置一项资产时所愿意支付的价格不会超过建造一项与所购资产具有相同用途的替代品所需的成本。这种方法起源于对传统的实物资产的评估,如土地、建筑物、机器设备等的评估,而且着眼点是成本,很少考虑企业的收益和支出。在使用成本法评估时,主要通过调整企业财务报表的所有资产和负债来反映它们的现时市场价值,因此又称为账面价值调整法。当然,在企业价值评估中运用成本法时要遵循的一个假设是,企业的价值等于所有有形资产和无形资产的成本之和减去负债,即

$$企业整体价值 = 有形资产价值 + 无形资产价值 \tag{6-28}$$
$$股东全部权益价值 = 企业整体价值 - 企业负债 \tag{6-29}$$

(四) 加和法

加和法是成本法和收益法在企业重建思路下的一种融合,其基本思路是首先将被评估企业视为一个生产要素的组合体,在对各项资产清查核实的基础上,逐一对各项可确指资产进行评估并加总;然后通过企业价值评估中的收益法来确定企业是存在商誉还是经济性贬值,最后将各单项可确指资产评估值之和加上企业的商誉或减去企业的经济性损耗,就可以得到企业价值的评估值。其计算公式为

$$企业整体资产价值 = \sum 单项可确指资产评估值 + 商誉 \tag{6-30}$$

或

$$企业整体资产价值 = \sum 单项可确指资产评估值 - 经济性贬值 \tag{6-31}$$

四、企业价值评估举例

【例 6-6】L 公司成立于 2009 年 6 月,注册资本为人民币 10 000 万元,专注于地面数字电

视高新技术的产业化、工程化和市场化工作，是集营运、开发、生产、系统集成的工程与设计于一体的实业公司。上市公司 F 拟收购 L 公司股权，遂聘请 S 资产评估事务所对 L 公司所拥有的整体资产进行评估。评估人员根据 L 公司的具体经济情况和所处的行业环境，结合评估目的和方法的特点，选择收益法进行评估，确定评估基准日为 2018 年 12 月 31 日。评估过程如下。

一、收益法适用性判断

二、企业概况及背景分析

三、企业历史经营状况分析

四、企业未来情况预测

（一）主营业务收入预测

（二）主营业务成本分析

（三）主营业务税金及附加

（四）人工费用

（五）设备投资支出及折旧费用

（六）制造费用

（七）经营费用

（八）管理费用

（九）投资收益

（十）所得税

（十一）净利润

（十二）净现金流量预测

（十三）折现率确定

本次折现率的确定，通过分别确定无风险报酬率、行业风险报酬率和企业个别风险报酬率，然后相加得到本次评估适用的折现率。

根据以上相关指标的选定，确定本次评估的折现率为：

折现率＝3.26％＋3.8％＋8％

　　　＝15.06％

取整为 15％

评估值＝现值合计

　　　＝98 236 964.31 元

五、结论分析

L 公司评估前账面资产总额为 98 236 964.31 元，账面负债总额为 431 181.67 元，净资产为 97 805 782.64 元。经评估 L 公司整体资产价值为 228 686 000 元（大写人民币贰亿贰仟捌佰陆拾捌万陆仟元），评估增值 130 880 217.36 元，增值率为 133.82％。

第五节 长期投资性资产评估

一、长期投资性资产的概念及分类

投资是指企业为通过分配来增加财富,或为谋求其他利益,而将资产让渡给其他单位所获得另一项资产的行为。投资性资产按其投资目的和持有时间分为短期投资资产和长期投资性资产。长期投资性资产是指企业不准备随时变现,持有时间超过一年以上的投资。短期投资资产是指能够随时变现并且持有时间不超过一年的投资。长期投资性资产按其投资的性质不同,可分为长期股权投资、持有至到期投资和混合性投资等。长期股权投资是指为了获取其他企业的权益或净资产而进行的投资,如对其他企业的股票投资、为获取其他企业股权的联营投资等。持有至到期投资是指企业的长期债券,如购买国库券、公司债券等。混合性投资通常兼有股权和债权双重性质的投资,表现为混合性证券投资,如企业购买的优先股股票、可转换公司的债券等。

二、长期投资性资产资产评估的特点

由于长期投资性资产是以对其他企业享有的权益而存在的,因此,长期投资性资产性评估主要是对长期投资性资产所代表的权益进行评估。其主要特点是:

(一)长期投资性资产评估是对资本的评估

长期投资性资产中的长期股权投资是投资者在被投资企业所享有的权益,虽然投资者的出资形式有货币资金、实物资产和无形资产等,但是投放到被投资企业后,就会与被投资企业的其他资产融为一体,成为该企业资产的一部分;而对于投资者而言,它们只能被作为投资资本看待,发挥着资本的功能。因此对长期投资性资产评估实质上是对资本的评估。

(二)长期投资性资产评估是对被投资企业获利能力的评估

长期投资性资产中的长期股权投资是投资者不准备随时变现、持有时间超过一年的对外投资,其根本目的是获取投资收益和实现投资增值。因此,被投资企业的获利能力就成为长期投资性资产价值的决定性因素。

(三)长期投资性资产评估是对被投资企业偿债能力的评估

由于长期投资性资产中的持有至到期投资到期应收回本息,被投资企业偿债能力的大小直接影响着投资企业债权到期收回本息的可能性。因此,被投资企业偿债能力就成为持有至到期投资评估的决定因素。

三、长期投资性资产评估的方法

长期投资性资产评估的基本方法包括市场法和收益法。这里主要介绍债券评估方法和股票评估方法。

（一）债券评估方法

债券作为一种有价证券，从理论上讲，它的市场价格是收益现值的市场反应。当债券可以在市场上自由买卖、变现时，债券的现行市价就是债券的评估值。但是，如果企业购买的是不能在证券市场自由买卖的债券，其价值就需要通过一定的方法进行评估。

▶ 1. 上市交易债券的评估

上市交易的债券是指经政府管理部门批准，可以在证券交易所内买卖的证券，它可以在市场上自由交易、买卖。对此类债券一般采用市场法进行评估，根据评估基准日的收盘价确定它的评估值。如果在某些特殊情况下市场价格被严重扭曲，已不能反映债券的内在价值，就不能再用市场法进行评估，而应参照非上市交易债券的评估方法。同时，不论按什么方法评估，上市交易债券的评估值一般不应高于证券交易所公布的同种债券的卖出价。

采用市场法进行评估，应在评估报告书中说明所用评估方法和结论与评估基准日的关系，并说明该评估结果应随市场价格变化而予以调整。

债券评估值等于债券数量乘以评估基准日收盘价，即

$$债券评估值＝债券数量×评估基准日债券的收盘价 \tag{6-32}$$

▶ 2. 非上市交易债券的评估

非上市交易债券是指不能进入市场自由买卖的债券。因无法通过市场取得债券的现行市价，非上市交易债券不能采用市场法进行评估，一般采用收益法。根据还本付息方式不同，债券可分为定期支付利息到期还本和到期一次还本付息两种。

（二）股票评估方法

▶ 1. 上市交易股票的评估

上市交易股票是指企业公开发行的，可以在股票市场上自由交易的股票。在证券市场发育完善的条件下，股票的市场价格基本上可以作为股票评估的依据，即可采用市场法进行评估；但对于发育不完善的证券市场，股票的市场价格就不能作为股票评估的依据，而应采取与非上市交易股票相同的评估方法。

股票评估值等于股票数量乘以评估基准日收盘价，即

$$上市交易股票评估值＝上市交易股票股数×评估基准日该股票市场收盘价 \tag{6-33}$$

▶ 2. 非上市交易股票的评估

非上市交易股票一般采用收益法，即通过综合分析股票发行企业的经营状况和风险、历史利润和分红情况、行业收益等因素合理预测股票投资的未来收益，并选择合理的折现率确定评估值。

四、长期投资性资产评估举例

【例 6-7】某评估公司受托对 B 企业拥有的 A 公司债券进行评估，被评估债券面值 10 万元，系 A 公司发行的 3 年期一次还本付息债券，年利率 5％，单利计息，评估基准日距离到期日为两年，当时国库券利率为 4％。经评估人员调查分析，发行企业经营业绩良好，财务状况稳健，两年后具有还本付息的能力，投资风险较低，取 2％的风险报酬率，以国库利率作为无

风险报酬率,故折现率取 6%。试确定该债券的评估值。

$$F = A(1 + m \cdot i) = 10 \times (1 + 3 \times 5\%) = 11.5(万元)$$

$$P = F/(1+r)^n = 11.5/(1+6\%)^2 = 11.5 \times 0.89 = 10.235(万元)$$

式中:F——终值;

　　　A——债券面值;

　　　m——债券年限;

　　　n——年限;

　　　P——评估值;

　　　i——利率;

　　　r——折现率。

即 B 企业债券的评估值为 10.235 万元。

导入案例分析

无形资产评估常用的评估方法有市场法、收益法、成本法。

1. 评估前企业状况分析

此步骤是很重要的,它是下一步有关数据预测的基础,而很多评估机构在用收益现值法评估时却忽视了这个步骤。评估机构根据企业自身的特点,从四个方面对企业的内部情况进行了详尽分析,通过分析为下一步有关数据的预测提供了依据。此分析中如能再加入对企业外部经济环境的分析,如对资产所处行业或地区当前的发展状况的分析、国家主要经济政策和科技进步对行业发展的影响分析等,则可使测算的数据更具说服力。有关此类的分析资料,可以到行业协会等部门去收集。

2. 收益预测

此案例中对收益预测中的有关数据进行了比较详细的分析和测算,而很多机构在评估时对该部分中的数据分析不够详细,更多的只是测算表代替分析,使人无从知晓数据如何得来。收益的预测是收益法运用的关键步骤,评估时应对该部分的分析和预测投入更多的精力。业务收入的预测是收益预测中的重点,很多数据都是根据它推算出来的,更应是重点分析和测算的对象。此案例中,对业务收入的预测还不够深入和细致。业务收入的预测应根据企业的历史经营状况,并结合主营产品市收入进行预测。其中主营产品的产销量、价格的预测应有企业或市场数据支持,当与历史状况产生显著变化时应说明变化的原因和依据。

3. 折现率的确定

此案例中对折现率的计算方法虽正确,但对其中风险利率的确定却过于简单。这也是很多评估机构在评估风险利率时存在的问题。对于风险分析可以结合以上的"评估分析",从经营风险、财务风险、行业风险、社会风险等方面进行分析。另对于无风险利率的选取不应采用加权平均方法确定,而应直接选取近期的中长期国债利率或定期存款利率。

4. 收益期的确定

对收益期预测可以从两方面考虑:一是资产的剩余寿命期,主要是指资产的经济寿命,要考虑科学技术进步等因素对资产获利能力的影响；二是在具有法律效力的合同、协议等契约中对资产收益期限的约定。在实际操作时，可以根据两者"孰短"原则来确定资产的收益期限。

5. 事后调查

此案例虽然存在一些问题，但是相比较而言，是一个较好地运用收益法评估无形资产的案例。事实证明，该评估结果是合理的。评估结果得到交易双方认可，委估资产已按评估结果折价入股成立了股份公司。

本章小结

资产评估涉及各类资产，不同资产类型具有不同的特点，本章从其概念、特点和分类角度对资源性资产、无形资产、流动资产、企业价值、长期投资性资产进行概述，讲述这几类资产评估的特点，重点阐述这几类资产的主要评估方法。

拓展案例

一份假评估报告背后的民企国企之争

王杰本报记者　王杰　北京报道

刚刚进入世界500强的延长石油，在一场股权重组"拉锯战"中被举报涉嫌国有资产流失。本报记者独家获悉，民企法定代表人赵发琦已向陕西纪委实名举报延长石油与陕西中化益业能源投资有限公司（"投资公司"）、陕西中化益业能源有限公司（"能源公司"）合谋骗取国有资产，导致国有资产严重流失。

举报信发出后，本报记者进一步获悉，陕西省委书记赵正永对此进行了专门批示，陕西省纪委、陕西国资委介入调查。

国资委5月出具的调查报告认为，不存在国有资产流失、合谋骗取国有资产等问题。但在国资委等部门的调查中发现，延长石油与陕西益业公司资产评估报告存在作假、将未取得使用证和采矿证的土地和矿权作价等问题。

实名举报与官方回应说法差别很大

赵发琦所属凯奇莱公司与西勘院的探矿权合同纠纷自2005年起至今仍未结案。但涉案波罗煤田仍被配置给陕西益业公司，延长石油并有意合作开发。在股权转让加速推进之时，赵发琦跳出来实名举报。

举报信称：延长石油集团和陕西中化益业能源投资公司在陕西榆横煤化学工业区一期在建项目中以虚假在建工程作价评估套取国有资产；延长石油和陕西中化益业能源公司共同委托陕西正德信资产评估公司以非法开采的波罗煤矿作价评估，涉嫌合谋骗取国有资产。

赵发琦认为,该在建工程总价值不值 10 万。陕西延长石油明知在建工程实际价值的情况下,仍按照评估结果与陕西中化益业能源投资公司进行合作并签署股权转让合同。陕西延长石油出资 1.3 亿元购买其 51% 的股权,致使上亿国有资产落入陕西中化益业能源投资有限公司的法定代表人等人之手。

此外,举报信称价值百亿的波罗井田探矿权却只被评了约 1.4 亿元人民币,涉及国有资产流失,目前尚不清楚赵发琦的举报动机。

陕西省政府文件显示,赵发琦实名举报后,陕西省纪委向陕西省委、省政府请示,责成陕西国资委对举报问题进行核查认定。该请示得到陕西省委书记赵正永的支持。

按陕西省纪委要求,陕西国资委主要负责调查,结果在今年 5 月 3 日作出。据本报了解,陕西省国资委《关于赵发琦实名举报延长石油集团有关国有资产流失问题的报告》认为,尚未发现双方合作及项目本身存在不合法、不合规的问题;到目前为止,因国资委尚未核准双方合作资产评估备案,延长石油集团没有完成对该公司 51% 股权的收购,在延长石油集团收购中化益业公司股权项目中,尚未造成国有资产流失。

关于延长石油集团垫付合作项目 7 962 万元资金的性质,陕西省国资委认为目前只是企业之间合作过程中债权债务关系;同时,尚未发现合谋骗取国有资产的问题,尚未发现违法违纪或应追究责任等问题。

国资委文件披露:资产评估报告作假

但问题亦存在。本报记者掌握的文件显示,2010 年 6 月,陕西国资委先后否决延长石油股权收购方案和资产评估报告。但在 2011 年 4 月 1 日,合作申请得到国资委批准,但合作资产评估并未完成。

陕西省国资委文件显示,2010 年 6 月延长石油向陕西国资委申请对收购资产评估报告备案。国资委审核发现,评估报告存在虚假、违规等问题,并对两份评估报告不予备案。

陕西省国资委产权管理处 2013 年 3 月 7 日出具一份《关于延长集团拟收购中化投资和中化能源有限公司 51% 股权资产评估报告备案审核情况的说明》,介绍备案审核全过程。

2010 年 7 月 21 日陕西省国资委审核意见载明:未见国资委对延长集团此次收购股权经济行为的备案或核准文件;延长集团未按照国务院国资委 12 号令、《陕西省企业国有资产评估管理暂行办法》规定办理机构委托手续,组织评估项目的实施,而将被委托方委托的评估机构出具的评估报告报发改委备案。

审核意见同时枚举,2009 年年初,延长集团在收购重庆硕润石化有限公司所持重庆东银壳牌石化有限公司 46% 股权时,曾提出用对方推荐的中介机构进行评估。

同时,评估机构陕西正德信资产评估有限公司不具有探矿权和土地使用权的评估资质;资产评估师非土地估价师及矿业权评估师,不能对土地及矿权进行评估。

评估报告涉及的土地及矿权没有合法的土地使用权证书和采矿权证书;委托方虽为陕西延长集团和投资公司、能源公司,但陕西延长集团并未盖章;投资公司、能源公司并未在评估报告书中对所提供的资产真实性、合法性和完整性作出承诺。

陕西国资委与评估机构西正德信资产评估有限公司沟通获知,评估报告并非其出具,报告及其中的印章等属伪造,并向国资委出具书面证明;延长集团称,资产评估报告为中化益业直接提供,并非评估机构直接提供。

陕西省国资委认为,延长集团在初审时对报告中存在的明显问题没有警觉,险些酿成数亿元资金(拟收购价款 24 990 万元)的安全隐患。此外,延长集团在项目未审批、评估报告未备案的情况下即在董事会决议中明确了收购股权的价款,决策不慎重、不严肃。

今年 3 月,陕西省国资委纪委《关于延长石油与中化益业项目合作过程的调查报告》再次指出,延长石油在 2010 年 6 月报送的资产评估报告存在严重问题。"经陕西正德信资产评估公司出具证明,两份评估报告及其中的印章等属于中化益业伪造。"

(资料来源:http://epaper. 21cbh. comhtml2013-07/18/content_71287. htm? div=－1)

本案例说明:

(1) 资产评估报告在企业的合作、联营、入股、并购、合资等企业行为中至关重要,不仅对相关资产的价值具有参考价值,在涉及国有资产评估时,对国有资产还具有管理职能。

(2) 资产评估报告的必须是具有评估资质的评估主体行为,没有资质的主体所提供的资产评估报告书无效的。在国有资产评估中,资产评估报告必须经过核准和备案。

(3) 资产评估必须遵循相关的法律、法规、制度、准则、程序和规范,否则资产评估本身就是没有意义的;资产评估主体必须扎实的理论知识、丰富的实践经验和良好的职业道德,做到资产评估报告有理有据、公平可靠,经得起市场和时间的检验。

知识测试与能力训练

一、单项选择题

1. 资源性资产具有使用价值,表示了资源性资产的(　　)。

    A. 自然属性　　　　　　B. 经济属性　　　　　　C. 法律属性　　　　　　D. 人文属性

2. 由于地质勘察技术的原因,导致探矿权所依托的地质勘察成果质量出现的问题,或者由于其他技术原因引起的已探明矿产储量的损失,这种贬值称为(　　)。

    A. 经济性贬值　　　　B. 实体性贬值　　　　C. 技术性贬值　　　　D. 功能性贬值

3. 关于无形资产收益期限说法不正确的是(　　)。

    A. 只存在无形损耗

    B. 也存在有形损耗

    C. 按照法定有效期限与受益年限孰短的原则确定

    D. 法律未规定有效期,企业合同规定有受益年限的,可按照合同规定的受益年限确定

4. 有关无形资产分成率的公式中能够成立的是(　　)。

    A. 销售收入分成率 $=\dfrac{销售利润分成率}{销售利润率}$

    B. 销售利润分成率 $=$ 销售收入分成率 $\times$ 销售利润率

    C. 销售利润分成率 $=\dfrac{销售收入分成率}{销售利润率}$

    D. 销售收入分成率 $=1-$ 销售利润分成率

5. 上市交易的债券最适合运用（　　）进行评估。

    A. 收益法　　　　　　　B. 成本法　　　　　　　C. 市场法　　　　　　　D. 重置核算法

6. 企业价值评估的一般范围是从企业（　　）角度界定的。

    A. 规模　　　　　　　　B. 产权　　　　　　　　C. 技术　　　　　　　　D. 位置

二、多项选择题

1. 下列属于非耗竭性资源的有（　　）。

    A. 陆地矿产资源　　　　　　　　　B. 气候资源

    C. 海洋矿产资源　　　　　　　　　D. 水资源

    E. 土地资源

2. 常用的无形资产超额收益的估算方法有（　　）。

    A. 直接估算法　　　　　　　　　　B. 差额法

    C. 分成率法　　　　　　　　　　　D. 要素贡献法

    E. 因素分析法

3. 长期投资性资产评估的特点有（　　）。

    A. 长期投资性资产评估是对资本的评估

    B. 长期投资性资产评估是对被投资企业获利能力的评估

    C. 长期投资性资产评估是对被投资企业偿债能力的评估

    D. 长期投资性资产评估是对企业重置成本的评估

    E. 长期投资性资产评估是对企业竞争能力的评估

4. 产成品或库存商品的评估，一般可采用（　　）。

    A. 成本法　　　　　　　　　　　　B. 市场法

    C. 收益法　　　　　　　　　　　　D. 分段法

    E. 年金法

5. 用加和法评估企业价值时，需要纳入评估范围的单项资产包括（　　）。

    A. 货币资金　　　　　　　　　　　B. 应收账款及预付款

    C. 存货　　　　　　　　　　　　　D. 产品销售收入

    E. 长期投资

三、思考题

1. 资源性资产的内涵及特点是什么？

2. 采用收益法评估无形资产时，无形资产收益额的确定可采用哪些方法？

3. 请说明流动资产产成品的评估有哪些常用方法？

4. 什么是企业价值评估？如何理解企业价值评估中的企业价值？

第七章
资产评估报告

Chapter 7

学习目标

1. 了解资产评估报告的概念、分类及作用
2. 了解资产评估报告的基本制度和基本内容

能力目标

1. 掌握资产评估报告的制作技能
2. 掌握不同资产评估报告的体例

章节导言

　　资产评估报告是资产评估行为的最终结果,也是资产评估机构和资产评估人员作为受托人向委托人提供的最终产品,评估主体一定要慎之又慎,因为评估结果最终要接受市场的检验。这就要求评估主体在编制评估报告时要规范、严谨。

案例导入

原"昂立"高管贪腐案再次开审:昂立贱卖别墅很离奇

　　2009 年 12 月 14 日 9 时 30 分,上海市第二中级人民法院的 C101 法庭半年内第三次为同一宗刑案开启。此前,这宗堪称 2009 年度上海耗时最长、最有悬念的原"交大昂立"元老贪腐案,已先后于 6 月 4 日、7 月 6 日启动过两轮庭审。

　　按照公诉机关的举证,曾红极一时的"昂立 1 号"保健品创始人兰先德及范小兵、叶文良在隐瞒"昂立房产"真实盈利的情况下,致使"交大昂立"放弃了对这家"亏损"公司的增资权。但该部分增资权由其个人低价购得后不久,便从房产销售的巨大盈利中获得超额回报。在上一轮庭审中,公诉机关为证明3被告通过共同贪污,实际侵吞原属"交大昂立"的资产价值,出具了一份2002年年底"昂立房产"资产估价为1.48亿元的评估报告,并以此推算出3被告共同贪污金额为4753万元。而这份资产评估,亦激起辩护人的激烈反应,上一轮庭审也因此受阻。当天开庭后,法庭依法传唤上海青诚资产评估有限责任公司总评估师徐建福到庭,对其出具的"昂立房产"2002年年底的资产构成进行公开解释。

徐建福介绍称,注册资金为1200万元的"昂立房产",在2002年年底的资产价值应当包括三块商品房项目的价值、设备资产等。其中,三块商品房项目的高额价值是该公司1.48亿元资产的关键构成。兰先德辩护律师陶武平就此表示,青诚公司在评估商品房项目时,所采纳的数据存在偏差。例如,在"祥和花园"小区的估价中,青诚公司采纳的建筑面积数据为11.6545万平方米,而当时该项目的规划许可证却只有10.4883万平方米。他还提出,青诚公司出具的资产评估报告,和司法审计报告中的相关数据存在多处差异,并坚持认为,"昂立房产"1.48亿元的当年估价,甚至超过了三年后该公司销售房产实得利润后的价值,该结论明显失常。

但徐建福也当庭指出陶武平等律师们在专业知识方面的"短板"。他指出,司法审计报告和资产评估报告相互间没有可比性,青诚公司基于"市场法""成本法"等修正计算出的"昂立房产"当时资产价值完全正确。徐建福还透露,他们的报告只对"昂立房产"于2002年底的资产估价有效,由于该公司在之后的房产销售中,出现过不少"几百平方米独栋别墅只卖三四十万"的离奇交易,所以该公司几年后的实际销售利润没能达到估价值并不奇怪。

（资料来源：新闻晨报 2009-12-15）

案例思考：

1. 一份资产评估报告的结论,对几名元老的定罪起着举足轻重的作用?

2. 什么是资产评估报告? 资产评估报告应具备哪些基本要素? 资产评估报告有何作用? 资产评估报告的编制要求是什么? 我们应如何使用资产评估报告?

第一节　资产评估报告概述

一、资产评估报告的概念

根据自2008年7月1日起施行的《资产评估准则——评估报告》,评估报告是指注册资产评估师根据资产评估准则的要求,在履行必要评估程序后,对评估对象在评估基准日特定目的下的价值发表的、由其所在评估机构出具的书面专业意见。资产评估报告是按照一定格式和内容来反映评估目的、假设、程序、标准、依据、方法、结果及适用条件等基本情况的报告书。这是一种狭义的解释,资产评估报告指的就是资产评估结果的报告书。它既是资产评估机构与注册资产评估师完成对资产作价,就被评估资产在特定条件下的价值所发表的专家意见,又是评估机构履行评估合同情况的总结,还是评估机构与注册资产评估师为资产评估项目承担相应法律责任的证明文件。而广义的资产评估报告是一种工作制度,它规定评估机构在完成评估工作之后必须按照一定程序的要求,用书面形式向委托方及相关主管部门报告评估过程和结果。我国目前实行的就是资产评估报告制度,即广义的资产评估报告。

思考:如何理解资产评估报告的概念?

二、资产评估报告的分类

根据资产评估的评估范围、评估对象和评估性质的不同,可以对资产评估报告作如下分类。

(一) 按评估范围分类

按资产评估的范围可将资产评估报告分为整体资产评估报告和单项资产评估报告,如图 7-1 所示。

图 7-1 资产评估报告按评估范围分类

整体资产评估报告是指对整体资产进行评估所出具的报告书;单项资产评估报告是仅对某一部分、某一项资产进行评估所出具的报告。由于整体资产评估与单项资产的评估在具体业务上存在一些差别,因而两种资产评估报告的基本格式虽然是一样的,但二者在内容上会存在一些差别。一般情况下,整体资产评估报告的报告内容不仅包括资产,还包括负债和所有者权益;而单项资产评估报告除在建工程外,一般不考虑负债和以整体资产为依托的无形资产等。

(二) 按评估对象分类

按评估对象可将资产评估报告分为资产评估报告、房地产估价报告、土地估价报告,如图 7-2 所示。

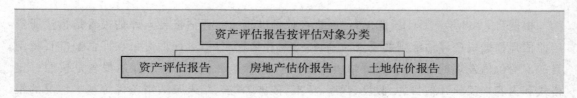

图 7-2 资产评估报告按评估对象分类

资产评估报告是以资产为评估对象所出具的评估报告。这里的资产可能包括负债和所有者权益,也可能包括房屋建筑物和土地。房地产估价报告则只是以房地产为评估对象所出具的评估价报告。土地估价报告是以土地为评估对象所出具的估价报告。鉴于以上评估标的物之间存在差别,再加上资产评估、不动产估价和土地估价的管理尚未统一,这三种报告不仅具体格式不同,而且在内容上也存在较大的差别。

（三）按评估性质分类

按资产评估的性质可将资产评估报告分为一般评估报告和复核评估报告,如图 7-3 所示。

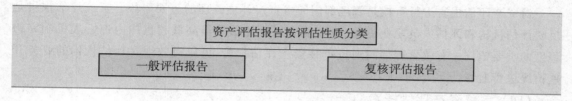

图 7-3　资产评估报告按评估性质分类

一般评估报告是指评估人员接受客户的委托,为客户提供的关于资产价值的估价意见的书面报告。而复核评估报告是指复核评估人员对一般评估报告的充分性和合理性发表意见的书面报告,是复核评估人员对一般评估报告进行评估和审核的报告。

除了上述评估报告的分类外,还有很多其他的分类方式,在此不再阐述。目前,国际上对资产评估报告的分类也是各种各样,如美国专业评估执业统一准则将评估报告分为完整型评估报告、概述型评估报告和限制使用型评估报告。不同类型的评估报告适用于不同的预期使用目的,并要求评估报告的内容与预期用途相一致。评估报告的类型应该朝着多类型方向发展,这样才能使评估人员更恰当地表达评估的过程和评估的结果。而我国目前还没有完全采用多类型的评估报告,所以我国应当加强对评估报告分类体系的研究,以适应我国资产评估准则特别是评估报告准则建立与完善的要求。

三、资产评估报告的作用（图 7-4）

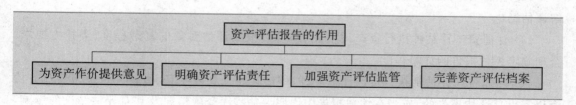

图 7-4　资产评估报告的作用

（一）为资产作价提供意见

资产评估报告是经具有资产评估资格的机构根据委托评估资产的特点和要求,组织评估师及相应的专业人员组成的评估队伍,并遵循评估原则和标准,按照法定的程序,运用科学的方法对被评估资产价值进行评定和估算后,通过报告的形式提出作价的意见。该作价意见不代表任何当事人一方的利益，是一种独立的专家估价意见，具有较强的公正性与客观性，因而成为被委托评估资产作价的重要参考依据。

（二）明确资产评估责任

资产评估报告是反映和体现资产评估工作情况，明确委托方、受托方及有关方面责任的依据，同时，资产评估报告也反映和体现受托的资产评估机构与执业人员的权利与义务，并以此来明确委托方、受托方有关方面的法律责任。当然，资产评估报告也是评估机构履行评估协议和向委托方或有关方面收取评估费用的依据。

（三）加强资产评估监管

对资产评估报告进行审核是管理部门完善资产评估管理的重要手段。资产评估报告是反映评估机构和评估人员职业道德、执业能力以及评估质量高低和机构内部管理机制完善程度的重要依据。有关管理部门通过审核资产评估报告，可以有效地对评估机构的业务开展情况进行监督。

（四）完善资产评估档案

资产评估报告是建立评估档案、归集评估档案资料的重要信息来源。评估机构和评估人员在完成资产评估任务之后，都必须按照档案管理的有关规定，将评估过程收集的资料、工作记录以及资产评估过程的有关工作底稿进行归档，以便进行评估档案的管理和使用。资产评估报告是对整个评估过程的工作总结，其内容包括了评估过程的各个具体环节及各有关资料的收集和记录。因此，不仅评估报告的底稿是评估档案归集的主要内容，而且撰写资产评估报告过程采用到的各种数据、各个依据、工作底稿和资产评估报告制度中形成有关的文字记录等都是资产评估档案的重要信息来源。

四、资产评估报告的基本要求

根据《资产评估准则——评估报告》的规定，资产评估报告的基本要求主要有以下几个方面。

（1）注册资产评估师应清晰、准确地陈述评估报告内容，不得使用误导性的表述。

（2）注册资产评估师应在评估报告中提供必要的信息，使评估报告使用者能够合理理解评估结论。

（3）注册资产评估师执行资产评估业务，可以根据评估对象的复杂程度、委托方要求，合理确定评估报告的详略程度。

（4）注册资产评估师执行资产评估业务，评估程序受到限制且无法排除，经与委托方协商仍需出具评估报告的，应当在评估报告中说明评估程序受限情况及其对评估结论的影响，并明确评估报告的使用限制。

（5）评估报告应当由两名以上注册资产评估师签字盖章，并由评估机构盖章。有限责任公司制评估机构的法定代表人或者合伙制评估机构负责该评估业务的合伙人应当在评估报告上签字。

（6）评估报告应当使用中文撰写。需要同时出具外文评估报告的，以中文评估报告为准。评估报告一般以人民币为计量币种,使用其他币种计量的,应当注明该币种与人民币的汇率。

(7)评估报告应当明确评估报告的使用有效期。通常,只有当评估基准日与经济行为实现日相距不超过一年时,才可以使用评估报告。

第二节 资产评估报告的基本内容

一、资产评估报告的主体

(一)封面
(1)评估项目名称:××公司××项目资产评估报告。
(2)评估报告编号:××评报(20＿＿＿年)字第＿＿＿＿号。
(3)评估机构全称:××资产评估有限公司或者××会计师事务所有限公司。
(4)评估报告提交日期:＿＿＿年＿＿＿月＿＿＿日。
(5)评估机构图形标志。

(二)声明和摘要

▶ 1. 声明

根据《资产评估准则——评估报告》的规定,资产评估报告的声明主要包括以下内容:

(1)注册资产评估师恪守独立、客观和公正的原则,遵循有关法律、法规和资产评估准则的规定,并承担相应的责任;

(2)提醒评估报告使用者关注评估报告特别事项说明和使用限制;

(3)其他需要声明的内容。

▶ 2. 摘要

摘要位于正文之前,目的是让各有关方面了解该评估报告的主要信息。该摘要与资产评估报告正文一样具有同等法律效力,由注册资产评估师、评估机构法定代表人及评估机构等签字盖章并署名提交日期。该摘要还必须与评估报告揭示的结果一致,不得有误导性内容,并应当采用醒目文字提醒使用者阅读全文。

(三)正文

根据《资产评估准则——评估报告》的规定,评估报告正文应当包括以下几个方面。

▶ 1. 委托方、产权持有者和委托方以外的其他评估报告使用者

评估报告使用者包括委托方、业务约定书中约定的其他评估报告使用者和国家法律、法规规定的评估报告使用者。报告正文的委托方与资产占有方简介应较为详细地分别介绍委托方、资产占有方的情况,当委托方和占有方相同时,可作为资产占有方介绍,同时要写明委托方和资产占有方之间的隶属关系或经济关系。无隶属关系或经济关系的,应写明进行评

估的原因,当资产占有方为多家企业时,还需逐一介绍。

2. 评估目的

评估目的部分应写明本次资产评估是为了满足委托方的何种需要,及其所对应的经济行为类型,并简要准确地说明该经济行为是否经过批准,若已获批准,应将批准文件的名称、批准单位、批准日期及文号写出。评估报告载明的评估目的应当唯一,表述应当明确、清晰。

3. 评估对象和评估范围

评估报告中应当载明评估对象和评估范围,并具体描述评估对象的基本情况,通常包括法律权属状况、经济状况和物理状况。评估资产为多家占有的,应说明各自的份额及对应资产类型。

4. 价值类型及其定义

评估报告应当明确价值类型及其定义,并说明选择价值类型的理由。

5. 评估基准日

评估报告应当载明评估基准日,并与业务约定书中约定的评估基准日保持一致。评估报告应当说明选取评估基准日时重点考虑的因素。评估基准日可以是现在时点,也可以是过去或者将来的时点。

6. 评估依据

这部分应当说明评估遵循的法律依据、准则依据、权属依据及取价依据等,对评估中采用的特殊依据应作相应的披露。

7. 评估方法

这部分应简要说明评估人员在评估过程中所选择并使用的评估方法,同时说明选择评估方法的依据或原因。对于所选择的特殊评估方法,应适当介绍其原理与适用范围。

8. 评估程序实施过程和情况

这部分应反映评估机构自接受评估项目委托起至提交评估报告的全过程,包括接受委托过程中确定评估目的、对象、范围、基准日和拟订评估方案的全过程,资产清查中的指导资产占有方清查、收集准备资料、检查与验证过程,评估估算中的现场检测与鉴定、评估方法选择、市场调查与分析过程,评估汇总中的结果汇总、评估结论分析、撰写报告与说明、内部复核过程以及提交评估报告等过程。

9. 评估假设

评估报告应当披露评估假设及其对评估结论的影响。

10. 评估结论

这部分是报告正文的重要部分,应使用文字和数字形式清晰说明评估结论,对资产、负债、净资产的账面价值、调整后账面价值、评估价值及其增减幅度进行表述。通常评估结论应当是确定的数值,经与委托方沟通,评估结论可以使用区间值表达。

11. 特别事项说明

这部分应说明在评估过程中已发现可能影响评估结论,但非评估人员执业水平和能力所能评定估算的有关事项,也应提示评估报告使用者注意特别事项对评估结论的影响,还应揭示评估人员认为需要说明的其他事项。评估报告的特别事项说明通常包括下列内容:产权瑕疵;未决事项、法律纠纷等不确定因素;重大期后事项;在不违背资产评估准则基本要求的情况下,采用的不同于资产评估准则规定的程序和方法。注册资产评估师应当说明特别事项可能对评估结论产生的影响,并重点提示评估报告使用者予以关注。

▶ 12. 评估报告使用限制说明

评估报告的使用限制说明通常包括下列内容:评估报告只能用于评估报告载明的评估目的和用途;评估报告只能由评估报告载明的评估报告使用者使用;未征得出具评估报告的评估机构的同意,评估报告的内容不得被摘抄、引用或披露于公开媒体,法律、法规规定以及相关当事方另有约定的除外;评估报告的使用有效期;因评估程序受限造成的评估报告使用限制。

▶ 13. 评估报告日期

评估报告应写明评估报告提交委托方的具体时间,评估报告原则上应在确定的评估基准日后的三个月内提交。评估报告载明的评估报告日通常为注册资产评估师形成最终专业意见的日期。

▶ 14. 签字盖章

这部分包括注册资产评估师签字盖章、评估机构盖章和法定代表人或者合伙人签字。

二、资产评估报告的评估说明

资产评估报告的评估说明以及撰写评估说明的目的,在于通过注册资产评估师和评估机构描述其评估程序、方法、依据、参数选取与计算过程,通过委托方、资产占有方充分揭示对资产评估行为和结构构成重大影响的事项等,说明评估操作符合相关法律、行政法规和行业规范的要求,在一定程度上证实评估结果的公允性,保护评估行为相关各方的合法利益。评估说明中所揭示的内容应同评估报告所阐述的内容一致。资产评估说明应按以下顺序进行撰写和制作。

▶ 1. 评估说明封面及目录

评估说明封面应载明该评估项目名称,该评估报告书的编号、评估机构名称、评估报告提出日期,若需分册装订的评估说明,应在封面上注明共几册及该册的序号。

▶ 2. 关于评估说明使用范围的声明

这部分应声明评估报告仅供资产管理部门、企业主管部门、资产评估行业协会在审查资产评估报告和检查评估机构工作之用,除法律、行政法规另有规定外,材料的全部或部分内容不得提供给其他任何单位和个人,不得见诸公开媒体。

▶ 3. 关于进行资产评估有关事项的说明

这部分是由委托方与资产占有方共同撰写并由负责人签字,加盖公章,签署日期。主要包括以下基本内容:

（1）委托方与资产占有方概况；

（2）关于评估目的的说明；

（3）关于评估范围的说明：

（4）关于评估基准日的说明；

（5）可能影响评估工作的重大事项说明；

（6）资产及负债清查情况的说明；

（7）列示资产委托方、资产占有方提供的资产评估资料清单。

▶ 4. 资产清查核实情况说明

这部分主要用来说明评估方对委托评估的企业所占有的资产和与评估相关的负债进行清查核实的有关情况及清查结论。这部分的基本内容如下：

（1）资产清查核实的内容；

（2）实物资产的分布情况及特点；

（3）影响资产清查的事项；

（4）资产清查核实的过程与方法：

（5）资产清查结论；

（6）资产清查调整说明。

▶ 5. 评估依据说明

评估依据说明主要用来说明进行评估工作时所遵循的具体行为依据、法律、法规、产权依据和取价依据。评估依据说明包括以下内容：

（1）主要法律、法规；

（2）经济行为文件；

（3）重大合同及产权证明文件；

（4）采用的取价标准；

（5）参考资料及其他。

▶ 6. 各项资产及负债的评估技术说明

这部分主要用来说明对资产进行评定估算过程的解释，反映评估中选定的评估方法和采用的技术思路及实施的评估工作。这部分的基本内容如下：

（1）流动资产评估说明；

（2）长期投资评估说明；

（3）机器设备评估说明；

（4）房屋建筑物评估说明；

（5）在建工程评估说明；

（6）土地使用权评估说明；

（7）无形资产及其他资产评估说明；

（8）负债评估说明。

▶ 7. 整体资产评估收益现值法评估验证说明

这部分主要说明运用收益法对企业整体资产进行评估来验证资产评估结果的有关情

况。其基本内容如下：

(1) 收益法的应用简介；

(2) 企业的生产经营业绩；

(3) 企业的经营优势；

(4) 企业的经营计划；

(5) 企业的各项财务指标；

(6) 评估依据；

(7) 企业营业收入、成本费用和长期投资收益预测；

(8) 折现率的选取和评估值的计算过程；

(9) 评估结论。

▶ 8. 评估结论及其分析

这部分主要总体概括说明评估结论,应包括以下内容：

(1) 评估结论；

(2) 评估结果与调整后的账面值变动情况及原因；

(3) 评估结论成立的条件；

(4) 评估结论的瑕疵事项；

(5) 评估基准日的期后事项说明对评估结论的影响；

(6) 评估结论的效力、使用范围与有效期。

三、资产评估明细表

(一) 资产评估明细表的基本内容

资产评估明细表是反映被评估资产评估前后的资产负债明细情况的表格。它是资产评估报告的组成部分,也是资产评估结果得到认可、评估目的得以实现并作为调整账目的主要依据之一。其基本内容如下：

(1) 资产及其负债的名称、发生日期、账面价值、评估价值等；

(2) 反映资产及其负债特征的项目；

(3) 反映评估增减值情况的栏目和备注栏目；

(4) 反映被评估资产会计科目名称、资产占有单位、评估基准日、表号、金额单位、页码、内容的资产评估明细表表头；

(5) 写明清查人员、评估人员的表尾；

(6) 评估明细表设立逐级汇总；

(7) 资产评估明细表一般应按会计科目顺序排列装订。

(二) 资产评估明细表样表的内容

资产评估明细表样表包括资产评估结果汇总表、资产评估结果分类汇总表、各项资产清查评估汇总表及各项资产清查评估明细表。

四、资产评估报告的附件

资产评估报告的附件没有具体的格式要求，但必须按照统一的规格装订，至少要包括以下基本内容：

（1）有关经济行为的文件；

（2）被评估企业前三年度包括资产负债表和损益表在内的会计报表（非企业或经济组织除外）；

（3）委托方与资产占有方营业执照复印件；

（4）委托方、资产占有方的承诺函；

（5）产权证明文件复印件；

（6）资产评估人员和评估机构的承诺函；

（7）资产评估机构资格证书复印件；

（8）评估机构营业执照复印件；

（9）参加本项评估项目的人员名单；

（10）资产评估业务约定合同；

（11）重要合同和其他文件。

第三节 资产评估报告的制作

一、资产评估报告的制作步骤

资产评估报告的制作是评估机构完成评估工作的最后一道工序，也是资产评估工作中的一个重要环节。制作资产评估报告主要有五个步骤，见表 7-1。

表 7-1　资产评估报告的制作步骤

序号	具 体 步 骤
1	整理工作底稿和归集有关资料
2	评估数据和评估明细表的数字汇总
3	评估初步数据的分析和讨论
4	编写评估报告
5	资产评估报告的签发与送交

（一）整理工作底稿和归集有关资料

资产评估现场工作结束后，有关评估人员必须着手对现场工作底稿进行整理，按资产的性质进行分类，同时对有关询证函、被评估资产背景资料、技术鉴定资料、价格取证等有关资料进行归集和登记。

（二）评估数据和评估明细表的数字汇总

在完成现场工作底稿和有关资料的归集任务后，评估人员应着手评估明细表的数字汇总。明细表的数字汇总应根据明细表的不同级别先明细汇总，然后分类汇总，最后资产负债表式地汇总。不具备采用电脑软件汇总的评估机构，在数字汇总过程中应反复核对各有关表格的数字的关联性和各表格栏目之间数字的钩稽关系，防止出错。

（三）评估初步数据的分析和讨论

在完成评估明细表的数字汇总，得出初步的评估数据后，应召集参与评估工作过程的有关人员，对评估报告的初步数据的结论进行分析和讨论，比较各有关评估数据，复核记录估算结果的工作底稿，对存在作价不合理的部分评估数据进行调整。

（四）编写评估报告

编写评估报告应该分步骤进行：首先，由各组负责人分别草拟出负责部分资产的评估说明，同时提交给全面负责、熟悉本项目的人员草拟资产评估报告；其次，各组分别草拟提交给总负责人全面草拟并与客户交换意见；最后，考虑是否修改，若需修改，修正后进行撰写。

（五）资产评估报告的签发与送交

评估机构撰写出资产评估正式报告后，经审核无误，按以下程序进行签名盖章：先由负责该项目的注册评估师签章（两名或两名以上），再送复核人审核签章，最后送评估机构负责人审定签章并加盖机构公章。资产评估报告签名盖章后即可连同评估说明及评估明细表送交委托单位。

二、资产评估报告撰写的基本要求（图 7-5）

图 7-5　资产评估报告撰写的基本要求

（一）客观性

资产评估的基本原则是"独立、客观、公正"，这就要求每个参加评估的人员在写评估报告时，必须站在独立、客观、公正的立场上，既不能站在资产所有者一方，也不能站在资产业务中其他任何一方，要按照公允的程序和计价标准，对具体的资产评估对象做出符合专业标准并反映客观实际情况的资产评估结论。评估结论应经得起推敲，所依据的各种资料数据应能证明其科学性，所选取的方法、参数应能反映其应用性和科学性，评估报告所使用的措辞和文字描述应反映第三者的公正立场。

（二）完整性

资产评估报告是对资产评估工作的全面概括和总结，因此，资产评估报告正文应能完整、准确地描述资产评估的全过程，反映资产评估的目的、所依据的前提条件、评估计价标准、评估的基本程序及选取的方法和参数等，并充分揭示被评估资产的真实情况，做到完整无缺，无一遗漏。另外，附件资料起着完善、补充、说明和支持正文的作用，所以在考虑正文内容齐全的同时，还应考虑与资产评估结论有关的各种附件。资产评估所涉及的内容一般比较繁杂，因此要求评估报告的文字表达要做到逻辑严密、格式规范、概念清晰准确、内容全面真实、叙述简明扼要、突出重点，切忌模棱两可、含混不清。

（三）及时性

资产评估工作具有很强的时效性。在一定条件下得出的资产评估结论往往是对某一时期或某一时点资产实际价值的计量。因此，这一评估结论往往在一定时期内为社会各方所认可，并具有法律效力。一旦时过境迁，由于货币具有时间价值，而且被评估资产本身也随时间、市场环境、政治、社会等因素的变化而发生很大变化，评估结论更难以反映其实际价值并失去应有的法律效力。所以，在编制资产评估报告时，必须要注明评估基准日，并且要求评估报告的编制应在委托评估合同约定时间内迅速、及时地完成。

三、资产评估报告制作的技术要点

（一）文字表达方面

资产评估报告既是一份对被评估资产价值有咨询性和公正性作用的文书，也是一份用来明确资产评估机构和评估人员工作责任的文字依据，所以它的文字表达技能要求既要清楚准确，又能提供充分的依据说明，还要全面地叙述整个评估的具体过程。在叙述过程中既要简明扼要，又要把有关问题说清楚，不得带有任何诱导、恭维和推荐性的陈述。当然，在文字表达上也不能带有概念模糊的语句，尤其是涉及承担责任的条款部分。

（二）格式和内容方面

对资产评估报告格式和内容方面的技能要求，必须严格遵循 2008 年 7 月 1 日实施的《资产评估准则——评估报告》。

（三）复核与反馈方面

资产评估报告的复核与反馈也是资产评估报告编制的具体技能要求。通过对工作底稿、评估说明、评估明细表和报告正文的文字、格式及内容的复核和反馈，可以将有关错误、遗漏等问题在出具正式报告之前予以修正。

对评估人员来说，资产评估工作是一项必须由多个评估人员同时作业的中介业务，每个评估人员都有可能因能力、水平、经验、阅历及理论方法的限制而产生工作盲点和工作疏忽，所以，对资产评估报告初稿进行复核是很有必要的。但是，对资产评估报告进行复核，必须建立起多级复核和交叉复核的制度，明确复核人的职责，防止流于形式的复核。

另外，就对评估资产情况的熟悉程度来说，大多数资产委托方和占有方对委托评估资产的分布、结构、成新率等具体情况会比评估机构和评估人员更熟悉，所以，在出具正式报告之前应该征求委托方的反馈意见。收集反馈意见主要是通过委托方或占有方熟悉资产具体情况的人员来进行。而且，对委托方或占有方的反馈意见，应谨慎对待，本着独立、客观、公正的态度去接受。

（四）具体的注意事项

除了需要掌握上述三个方面的技术要点外，资产评估报告的编制还应注意以下几个事项。

（1）实事求是，切忌出具虚假报告。报告必须建立在真实、客观的基础上，不能脱离实际情况，更不能无中生有。报告拟定人应是参与该项目并较全面了解该项目情况的主要评估人员。

（2）坚持一致性做法，切忌出现表里不一。报告文字、内容前后要一致，摘要、正文、评估说明、评估明细表内容与格式口径、格式甚至数据要一致，不能出现表里不一的情况。

（3）提交报告要及时、齐全和保密。在正式完成资产评估工作后，应按业务约定书的约定时间及时将报告送交委托方。送交报告时，报告书及有关文件要齐全。此外，要做好客户资料保密工作，尤其是对评估涉及的商业秘密和技术秘密，更要加强保密工作。

第四节　资产评估报告的应用

资产评估报告由评估机构出具后，资产评估委托方、资产评估管理方和有关部门对资产评估报告及有关资料要根据需要进行应用。

一、委托方对资产评估报告的应用

（一）根据评估目的，作为资产业务的作价基础

主要资产业务包括企业改制、上市、对外投资、中外合资合作、转让、出售、拍卖等产权变动的经济活动，以及保险、纳税、抵押、担保等非产权变动的经济活动和法律方面需要的其他目的的活动。

（二）作为企业进行会计记录或调整账项的依据

委托方在根据评估报告所揭示的资产评估目的使用资产评估报告资料的同时，还可依照有关规定，根据资产评估报告中的资料进行会计记录或调整有关财务账项。

（三）作为履行委托协议和支付评估费用的主要依据

当委托方收到评估机构正式评估报告的有关资料后，在没有异议的情况下，应根据委托协议，将评估结果作为计算支付评估费用的主要依据，履行支付评估费用的承诺及其他有关承诺的协议。

（四）作为法庭辩论和裁决的举证材料

在涉及经济纠纷时，资产评估结果可以作为有关当事人法庭辩论的举证材料和法庭作出裁决的证明材料。

当然，委托方在使用资产评估报告及有关资料时也必须注意以下几方面的问题。

（1）只能按报告所揭示的评估目的使用报告，一份评估报告只允许按一个用途使用。

（2）只能在报告的有效期内使用报告，超过报告的有效期，原资产评估结果无效。

（3）在报告有效期内，资产评估数量发生较大变化时，应由原评估机构或者资产占有单位按原评估方法作相应调整后方能使用。

（4）涉及国有资产产权变动的评估报告及有关资料必须经国有资产管理部门或授权部门核准或备案后方可使用。

（5）作为企业会计记录和调整企业账项使用的资产评估报告及有关资料，必须由有关机关批准或认可后方能生效。

二、资产评估管理机构对资产评估报告的应用

资产评估管理机构主要是指对资产评估进行行政管理的主管机关和对资产评估业自律管理的行业协会。对资产评估报告的应用是资产评估管理机构实现对评估机构的行政管理和行业自律管理的重要过程。由于资产评估报告是反映资产评估工作过程的报告，通过对资产评估报告资料的检查与分析，评估管理机构能大致判断该机构的业务能力和组织管理水平，另外，也可以据此对资产评估质量进行评价。资产评估管理机构通过对资产评估报告进行核准或备案，能够对评估机构的评估结果作出客观的评价，从而有效实现对评估机构和评估人员的管理。另外，资产评估报告还能为国有资产管理提供重要的数据资料。通过对资产评估报告的统计与分析，可以及时了解国有资产占有和使用状况以及增减值变动情况，为进一步加强国有资产管理服务。

三、其他有关部门对资产评估报告的应用

其他有关部门包括证券监督管理部门、保险监督管理部门及工商行政管理、税务机关、金融机构和法院等有关部门。证券监督管理部门对资产评估报告的应用主要表现在对申请上市的公司有关申报材料招股说明书的审核过程，以及对上市公司的股东配售发行股票时申报材料配股说明书的审核过程。根据有关规定，公开发行股票公司信息披露至少要列示以下各项资产的评估情况：

（1）按资产负债表大类划分的公司各类资产评估前账面价值及固定资产净值；

（2）公司各类资产评估净值；

（3）各类资产增减值幅度；

（4）各类资产增减值的主要原因。

公开发行股票的公司采用非现金方式配股，其配股说明书的备查文件必须附上资产评估报告。当然，证券监督管理部门还可运用资产评估报告和有关资料加强对取得证券业务评估资格的评估机构及有关人员的业务管理。

保险监督管理部门、工商行政管理部门及税务、金融和法院等部门也都能通过对资产评估报告的运用来达到实现其管理职能的目的。但是，这些部门在使用资产评估报告时，都要

清醒地认识到资产评估结果只是专家的估价意见,还应该结合本部门的资产业务自主地决策。

导入案例分析

(1) 资产评估报告在市场经济发展的各行各业中发挥着很重要的作用。资产评估的目的也不一定都是为了市场交易,还有保险、工商、税务、金融、法院等都可能通过资产评估报告书的运用来达到实现其管理职能的目的。

(2) 资产评估结果和审计、会计是不同的,资产评估的是资产的公允价值,是要把资产本身的质量和当地的市场充分结合起来的价值,可能是完全评估,也可能是限制评估。资产评估的结果是资产评估基准日的价值,而且因为评估机构和评估人员的不同,采用的方法、参数也可能有差异,其结果的误差允许在合理的范围内。

(3) 资产评估报告编制要合理、规范,评估机构和人员要能为资产评估结果做出合理的解释,避免由此产生争议。

本 章 小 结

资产评估报告是评估工作的最终成果。资产评估中的工作程序与事项、处理思路与技术路线、评估依据与评估前提、评估结论等都是报告中的重要内容。报告的完整性及其质量能够充分体现评估人员的工作能力和文案功夫。资产评估报告的编制既有格式的要求,又会因评估对象的不同或评估条件与方法不同而有其特别之处。资产评估报告编制实践中的难点主要有:准确表述评估思路与方法;恰当披露重要事项或瑕疵事项;简练优美的文辞修饰。

拓展案例

我国的资产评估工作,是改革开放后才起步的,人们对其接触少,了解得更少,加上缺乏宣传,所以在使用资产评估报告上常出现一些问题,主要有:

(1) 过期使用。根据《国有资产评估管理办法施行细则》第 36 条规定:"经国有资产管理行政主管部门确认的资产评估结果,除国家经济政策发生重大变动,或经济行为当事人另有协议规定之外,自评估基准日起一年内有效。"但有些被评估企业由于不知道这一规定,有的虽然知道却认为无关紧要。对评估报告中应该完成的评估目的,没有抓紧去完成,使评估报告超过了有效期,还遮遮盖盖地拿去使用,一旦被对方发现不予认可,甚至诉为欺诈行为。特别是组建中外合资、国内联营等项目上,企业往往因此而痛失良机。

(2) 没有办理好验证确认手续就去使用。国务院第 91 号令第 18 条规定:"委托单位收到资产评估机构的资产评估报告后，应当报其主管部门审查，主管部门同意后，报同级国有资产行政主管部门确认资产评估结果。"又在第21条中规定："资产占有单位收到确认通知书或裁定通知书后，应当根据国家有关财务、会计制度进行财务处理。"但有的单位没有按规定办事，在拿到资产评估报告后，未办理好验证确认手续，就急于进行经济活动，去办转让、拍卖等手续。而不知未经国资部门验证确认的资产评估报告是无效的，会计部门不能依之进行财务处理，上级主管部门和税务机关也绝对不会认可，相反，企业还要为此负相应的法律责任。

（3）当作产权证使用。有的企业拿资产评估报告去顶替产权证，或把资产评估报告作为相互借贷的抵押物。资产评估报告不是产权证，它仅证明在基准日某一资产的数量、质量与价值，不能证明产权归属，因此不能和产权证等同看待。

（4）当作移交清单册使用。有的企业在资产评估特别是整体资产评估后，正巧财务会计人员调动交接，为了省事，干脆将资产评估报告当作一份具体的财产交接清册来使用。这样做是不符合现行规定的，也是违法的。我国的《会计法》及财政部颁发的《会计基础工作规范》中，对会计的交接都有明确规定，其中规定："编制移交清册，列明应当移交的会计凭证、会计账簿、会计报表、印章、现金、有价证券、支票簿、发票、文件、其他会计资料和物品等内容。"而这些内容在资产评估报告上是没有的。一旦有误同样要负一定的法律责任。

（5）当作营业执照使用。有的企业没有按法定手续去变更营业执照上的注册资金，而把资产评估报告当营业执照使用，由业务员带着它到处去接洽供销业务，凭此来证明企业的资金实力。其实这种做法是不可取的。

资产评估报告的内容，涉及许多商业秘密和商业信息，如客户名称与地址、商品流向与产品成本等。这些秘密和信息的流失，无疑会给企业带来巨大的经济损失，有时甚至是毁灭性的，其后果不堪设想。这一点在国家国有资产管理局转发的《资产评估操作规范意见（试行）》第121条第13项中也有明文规定："未经评估机构同意，不得向委托方和评估报告审查部门之外的单位和个人提供。报告的全部或部分内容不得发表于任何公开媒体上。"

由此可见，资产评估报告只能根据资产评估特定的目的范围使用，而且一定要经过验证确认后在规定的使用期限内使用。

资产评估报告作为资产评估的最终结果是评估目的所要求的，也就是说资产评估目的确定了资产评估的价值类型、评估方法和最终的评估结果。因此资产评估报告一定要按一定的目的和要求去使用。当下还有很多行业的很多人对资产评估不甚了解，因此在资产评估报告的使用中出现很多问题，一方面要求有关部门对之加强督查的力度；另一方面也要求社会各界增加对资产评估行业和专业知识的关注和了解，促进资产评估行业健康、持续的发展。

（资料来源：王介刚．资产评估报告使用中的几个问题．浙江财税与会计，1999年第4期）

知识测试与能力训练

一、单项选择题

1. 广义的资产评估报告除指资产评估报告书外，还是（　　）。

A. 一种工作制度　　B. 评估准则　　C. 结果确认　　D. 立项审批

2. 资产评估结果有效期通常为一年，从（　　）算起。

    A. 提供评估报告日   B. 评估基准日

    C. 经济行为发生日   D. 以上都不对

3. 资产评估报告必须由（　　）名以上注册资产评估师签字。

    A. 1   B. 2   C. 3   D. 4

4. 下列说法中正确的是（　　）。

    A. 资产评估报告对委托评估的资产提供价值意见

    B. 资产评估报告对资产业务定价有决策的效力

    C. 在有效期内，一份评估报告可按多个用途使用

    D. 评估师在证明资料齐全时可对评估对象的法律权属提供保证

5. 评估机构三级复核制度中二级复核人指的是（　　）。

    A. 项目负责人   B. 总评估师

    C. 评估机构负责人   D. 国有资产管理部门

6. 关于资产评估报告摘要和正文二者关系表述正确的是（　　）。

    A. 资产评估报告摘要的法律效力高于资产评估报告正文

    B. 资产评估报告正文的法律效力高于资产评估报告摘要

    C. 二者具有同等法律效力

    D. 二者法律效力的高低由当事人协商确定

7. 按有关规定，资产评估说明中进行资产评估有关事项的说明是由（　　）提供的。

    A. 委托方   B. 受托方

    C. 资产占有方   D. 委托方与资产占有方

8. 资产评估报告基本制度规定资产评估机构完成国有资产评估工作后由相关国有资产管理部门对评估报告进行（　　）。

    A. 审核验证   B. 核准备案

    C. 结果确认   D. 立项审批

9. 资产评估项目档案管理包括立档、保管、使用和（　　）几个环节。

    A. 清理   B. 销毁

    C. 封存   D. 装订

二、多项选择题

1. 按资产评估的范围划分，资产评估报告可分为（　　）。

    A. 整体资产评估报告   B. 房地产评估报告

    C. 单项资产评估报告   D. 土地估价报告

    E. 机电设备评估报告

2. 资产评估报告的利用者一般有（　　）。

    A. 资产评估管理机构   B. 资产评估委托方

    C. 资产评估受托方   D. 有关部门

    E. 资产占有方

3. 按现行规定,资产评估报告应包括(　　)。
　　A. 资产评估报告正文　　　　　　　　B. 资产评估说明
　　C. 资产评估明细表及相关附件　　　　D. 资产评估结果确认书
　　E. 资产评估工作底稿

4. 下列有关资产评估报告中评估目的的说法正确的是(　　)。
　　A. 资产评估报告中应说明评估目的所对应的经济行为
　　B. 评估目的对应的经济行为一定要经过批准
　　C. 评估目的对应的经济行为不一定要经过批准
　　D. 无须说明评估目的所对应的经济行为
　　E. 评估目的是委托人对评估报告的使用用途

5. 下列文件中属于资产评估报告附件的是(　　)。
　　A. 重要合同文件　　　　　　　　　　B. 有关经济行为文件
　　C. 评估明细表　　　　　　　　　　　D. 资产评估业务约定合同
　　E. 评估底稿

6. 下列关于资产评估报告的说法正确的有(　　)。
　　A. 资产评估报告正文之前应有摘要
　　B. 评估基准日不应当由委托人确定
　　C. 资产评估报告中应适当阐明所遵循的特殊原则,不必写明遵循的公认原则
　　D. 资产评估报告中应列示行为依据、产权依据
　　E. 资产评估报告中应该列示评估方法的选择依据

7. 根据我国《资产评估报告基本内容与格式的暂行规定》,资产评估报告正文应当列示(　　)。
　　A. 评估范围和对象　　　　　　　　　B. 资产评估说明
　　C. 评估基准日　　　　　　　　　　　D. 特别事项说明
　　E. 评估目的

8. 资产评估报告正文中,应阐述的评估依据包括(　　)。
　　A. 行为依据　　　　　　　　　　　　B. 法律、法规依据
　　C. 取价依据　　　　　　　　　　　　D. 产权依据
　　E. 程序依据

9. 资产评估中,"关于进行资产评估有关事项的说明"具体包括(　　)。
　　A. 资产及负债清查情况的说明　　　　B. 实物资产分布情况说明
　　C. 在建工程评估说明　　　　　　　　D. 关于评估基准日的说明
　　E. 资产利用情况说明

10. 分析人员对评估报告的逻辑分析主要是(　　)。
　　A. 评估范围与资产权益之间的一致性
　　B. 评估目的与评估方法选择之间的一致性
　　C. 作价的前提条件与作价依据之间的一致性
　　D. 评估原则与评估结果之间的一致性

11. 下列( )主体在履行合法手续后可以查阅评估档案。

    A. 评估机构内部   B. 其他评估机构

    C. 法院   D. 行业主管部门

12. 资产评估报告书的制作步骤有( )。

    A. 整理工作底稿和归集有关资料   B. 评估明细表的数字汇总

    C. 评估初步数据的分析和讨论   D. 编写评估报告书

    E. 资产评估报告书的签发与送交

三、简答题

1. 编制资产评估报告应按照哪些工作步骤进行？

2. 资产评估报告对资产评估的委托者有什么用途？

3. 资产评估报告的作用主要体现在哪些方面？

4. 简要叙述我国现行法律、法规对资产评估报告的有关制度规定。

参考文献

[1] 中国资产评估协会. 资产评估[M]. 北京:中国财政经济出版社,2014.

[2] 于艳芳,宋凤轩. 资产评估理论与实务[M]. 北京:人民邮电出版社,2013.

[3] 朱萍. 资产评估学教程[M]. 上海:上海财经大学出版社,2012.

[4] 俞明轩. 资产评估[M]. 北京:中国人民大学出版社,2009.

[5] 汪海粟. 资产评估[M]. 北京:高等教育出版社,2007.

[6] 姜楠,孙燕. 资产评估[M]. 大连:东北财经大学出版社,2007.

[7] 于鸿君. 资产评估[M]. 北京:北京大学出版社,2006.

[8] 美国评估促进会评估准则委员会. 美国评估准则(2008—2009)[M]. 王诚军,编译. 北京:中国人民大学出版社,2009.

[9] 中华人民共和国财政部. 中国资产评估准则.2013.

[10] 唐建新,周娟. 资产评估[M]. 武汉:武汉大学出版社,2011.

[11] 陈建西. 资产评估[M]. 成都:西南财经大学出版社,2010.

教师服务

感谢您选用清华大学出版社的教材！为了更好地服务教学，我们为授课教师提供本书的教学辅助资源，以及本学科重点教材信息。请您扫码获取。

≫ 教辅获取

本书教辅资源，授课教师扫码获取

≫ 样书赠送

会计学类重点教材，教师扫码获取样书

 清华大学出版社

E-mail: tupfuwu@163.com
电话：010-83470332 / 83470142
地址：北京市海淀区双清路学研大厦 B 座 509

网址：http://www.tup.com.cn/
传真：8610-83470107
邮编：100084